合肥市职业教育研究与实践

李德才　王曲云　著

合肥工业大学出版社

前　言

　　职业教育是国民教育体系和人力资源开发的重要组成部分，肩负着培养多样化人才、传承技术技能、促进就业创业的重要职责。因此，大力发展职业教育既是推动经济快速发展的重要举措，也是促进就业、造福民生的重要抓手。

　　有关调查显示，73.8％的企业反映"技术人才缺乏"，现有高新技术制造企业人员"懂机器的不懂软件，懂软件的不懂机器"，智能制造领域技术复合型人才稀缺。教育部、人力资源和社会保障部、工业和信息化部三部门印发的《制造业人才发展规划指南》预测：到2025年，高档数控机床和机器人等制造业十大重点领域的人才缺口将进一步扩大到3000万人左右。作为制造业大国，中国要在全球价值链上占据更大份额，必须培养出更多的高技能人才。

　　职业教育对社会发展和个人成长都具有重要意义。对社会而言，大力发展职业教育不仅是缓解就业结构性矛盾的关键一招，也是解决"技工荒"、高技能人才供不应求等问题的重要方法。职业教育在稳就业保民生、助力乡村振兴等方面发挥着重要作用。对个人而言，职业教育开拓了成长成才的路径，在高等教育之外，为个体主动融入国家发展大局、实现人生价值提供了另一种选择。放眼全球，西方一些国家制造业发达，很大程度上归功于拥有成熟的职业教育模式。可以说，发展职业教育是我国解决当前诸多问题的共同方案。

　　从历史的维度看，我国的职业教育发展与国家改革开放和经济社会发展的步伐基本一致。一方面，随着经济的日益繁荣，职业教育的规模不断壮大，质量逐步提升，国家和广大人民群众对职业教育的认识逐步提高；另一方面，职业教育的发展为国家培养了大批技术性人才，有力支撑了经济发展，经济社会发展与职业教育关联的紧密程度越来越高。二者相辅相成，相得益彰。从这个意义上看，职业教育对经济社会发展和国家建设的贡献度是很大的。但是，从现实的维度看，由于科学技术的创新大大促进了经济形态的变化和产业结构的调整，这在客观上要求技能型人才的知识结构、素质结构、能力结构也应随之而变化，进而要求职业院校也应进行创新性发展，即在专业设置、人才规格、培养模式等各个方面都要发展变革。在这个层面上讲，目前职业教育的办学水平，还不能够充分满足经济社会发展的需要。

　　当前，高质量发展职业教育的呼声越来越高，这不仅是经济高质量发展和产业结构快速调整的需要，而且也是广大学生想要接受高质量教育的呼唤，同时还是职业院校自身发展的要求。毫无疑问，高质量发展职业教育必须建立在对职业教育的深入系统研究之上，这包括对职业教育发展历史、发展规律的研究，对国家经济发展结构、状态的分析，以及对经济发展、技术进步、人才培养、职业教育等几者互动发展关系和态势的研究，等等。

一座城市或一个地区的发展程度，既取决于这座城市或这个地区的经济基础，也取决于它的人才素质与科技发展水平。一般来说，经济发达地区的职业教育发展情况都比较好，如珠三角地区和长三角地区的职业教育水平较高，都聚集了大批科技创新型人才和高技能型人才。在强调发展实体经济和注重发展服务业的城市，更是需要数以万计的技能型人才，这就要求大力发展职业教育。

合肥是安徽省的政治、经济、教育、金融、科技和交通中心，是皖江城市经济带核心城市，同时也是国家综合交通和通信枢纽之一。全面融入长三角后，合肥将迎来新一轮承接产业转移的重大发展机遇。从发展趋势看，长三角城市由于受土地、人口等方面的要素瓶颈制约，已开始出现以龙头企业和大企业为核心的组团式转移，或产业链整体转移。作为长三角城市群副中心，合肥与南京、杭州的发展阶段并不在一个层次上。南京、杭州已经进入后工业化时代，产业基础厚重，经济总量和工业总量均领先于合肥，因此，具有后发优势的合肥将很可能成为龙头企业的首选之地。从产业比较来看，合肥与南京、杭州不在一个起跑线上，但彼此都是长三角城市群副中心，又不得不站在同一个竞技场上。合肥必须实现跨越式发展，才能跟上长三角一体发展的步伐。产业是城市发展的第一支撑，合肥想要比肩南京、杭州，化解长三角产业分工边缘化的危险，提升产业竞争力是必由之路。产业竞争力的提升，一靠科技，二靠人才，这二者都离不开教育，当然更离不开高质量的职业教育。

合肥市的发展定位是"大湖名城，创新高地"。迎着改革开放大潮激流勇进，如今的合肥，一批国家实验室及大科学装置全面启动，一批重大前沿及产业创新平台加快建设，继上海之后，合肥获批成为第二个综合性国家科学中心。中国科学技术大学、中国科学院合肥物质科学研究院等一批科研院所为合肥注入了创新活力。截至2022年，合肥已集聚两院院士100余人，专业技术人才近90万人，各类人才总量约180万人。同时，合肥充分发挥自身科技创新优势，优化自主创新环境，做强企业，一大批原创性重大成果不断涌现，在创新发展之路上开出了一朵又一朵"芬芳之花"，"合肥智造"的各类"高精尖"产品，正向更多领域进军，开辟更为广阔的市场。因此，合肥"创新高地"的桂冠已名副其实。

《中共合肥市委关于制定国民经济和社会发展第十四个五年规划和二〇三五年远景目标的建议》提出了打造"五高地"的目标，即"具有国际影响力的创新高地、全国重要的先进制造业高地、具有国内比较优势的数字经济高地、具有重要影响力的改革开放新高地、优质优良宜居宜业的生态高地"。在此目标之下，进一步确立了发展壮大战略性新兴产业的主攻方向，即"立足产业优势，实施'2833'工程，打造新一代信息技术、汽车和智能网联汽车2个五千亿级产业集群，打造家电和智能家居、高端装备制造、节能环保、光伏新能源、生物医药和大健康、新材料、绿色食品、创意文化8个千亿级产业集群，打造3个千亿级龙头企业，培育300个左右专精特新'小巨人'和'冠军'企业。培育布局量子科技、第三代半导体、精准医疗、超导技术、生物制造、先进核能等未来产业，抢占发展制高点"。建设"五高地"需要大量技能型人才，无论是进行科技创新，还是发展新兴产业，甚或是走向绿色转型发展之路，都既需要研究型人才，也需要技能型人才。研究型人才靠高等院校培养，技能型人才靠职业院校培养。相比于创新教育的能力和水平，合肥市的职业教育发展还不够充分；相对于经济社会发展对技能型人才的需求，合肥市职业院校的数量和质量都还有很大的发展空间。职业教育要坚持立足地方，以服务于地方的经济社会发展作为重要使命，主动对接地方发展战略和产业发展布局，更好地服务于地方高质量发展。要突出技能型人才培养定位，按照市场需求设置特色专业，深化课程体系和教学内容改革，构建高标准的应用型人才培养体系。

　　总之，面对新的发展形势和机遇，基于自身的发展定位和发展阶段，合肥市都必须高质量发展职业教育。高质量发展职业教育，必须按照"坚持立德树人、德技并修，推动思想政治教育与技术技能培养融合统一；坚持产教融合、校企合作，推动形成产教良性互动、校企优势互补的发展格局；坚持面向市场、促进就业，推动学校布局、专业设置、人才培养与市场需求相对接；坚持面向实践、强化能力，让更多青年凭借一技之长实现人生价值；坚持面向人人、因材施教，营造人人努力成才、人人皆可成才、人人尽展其才的良好环境"的总体要求，结合当地的实际情况，走出一条特色化发展之路。

李德才

2022 年 8 月

目　　录

第一章　绪　论

第一节　研究背景与意义

一、职业教育的内涵

准确理解职业教育的内涵，可从教育类型和教育层次两个维度来进行。一般而言，我国的教育体系从低向高由学前教育、基础教育（包括中小学阶段）、职业教育（包括中高职教育）、高等教育（包括大学专科、本科和研究生教育）、继续教育（成人教育）等几个阶段构成。其中，职业教育较为特殊，不仅涵盖中等职业教育和高等职业教育两个层次，而且在层次上中等职业教育与高级中学教育阶段相平行、高职教育与大学专科相并列、职业本科教育与普通本科教育阶段相平行。

职业教育，顾名思义是以就业为目的、以职业为指向的教育，它是一种教育类型。换言之，职业教育是让受教育者获得某种职业或生产劳动所需要的职业知识、技能和职业道德的教育，即面向经济社会发展和生产、建设、管理、服务第一线，培养技术技能型人才的教育类型。职业教育包括中等职业教育和高等职业教育，二者都是为生产、建设、管理、服务一线培养技术技能人才，以服务于地方经济社会发展和推动行业技术进步为目标，以促进学生就业为导向的教育类型。彼此的区别主要体现在层次上，中等职业教育属于中等教育阶段（如职业高中、中等专业学校），高等职业教育则属于高等教育范畴，是高等教育新的类型（如高职高专、职业本科院校）。高等职业教育和中等职业教育都是职业教育，这是其教育的类型属性。在类型属性上冠以"高等"和"中等"，则是其教育的层次属性。

高等职业教育，"高等性"是其培养目标定位的基准，"职业性"是其培养目标定位的内涵，概括地说，在界定高职人才培养目标时，应考虑人才的高等性、知识能力的职业性、人才类型的技术性。高职的培养目标应以就业为导向，以服务为宗旨，培养面向经济建设主战场、生产服务第一线的适用性技能型的高层次人才。高等职业教育主要分为高职高专、职业本科、专业硕士三个层次，前者是高等专科教育，后者是研究生教育，居于中间的职业本科教育是以培养高级技术技能型人才为目标，与学术型本科教育、应用型本科教育相并列、同层次的一类新型本科教育形态。大力发展职业本科教育，是近年来党和政府作出的重大决策，这对于高质量发展职业教育，提升其办学层次，提高毕业生就业率等，都具有重要意义。有学者认为，从科学与技术关系的变化、我国本科教育发展状况以及世界本科教育发展趋势角度来考察，在本科层次分化出职业教育类型具有历史必然性。职业本科是定位于培养技术应用型人才，且应归类于高等职业教育的教育类型。目前，我国的职业教育已经形成了一个完备的体系，从中等职业教育到高等职业教育一直延伸到研究生阶段的教育，这为培养高层次技术技能型人才打下了坚实的基础。

中国高等职业教育发源于职业教育。据调查，80%～85%的高等职业院校是由中职"升格"而来的。整体来看，高等职业教育不是从高等教育领域里衍生出来的，而是职业教育领域内生的产物。中国高等职业院校的前身是职业大学，是在1980年左右独立设置的，1995年5月被纳入国民教育体系，由原国家教委发布的《关于推动职业大学改革与建设的几点意见》（教职〔1995〕12号文）正式确定。高等职业院校一开始由原国家教委职业教育司管理，此后，1998年至2011年，改由高等教育司管理，但其始终是作为高等教育层次中具有强烈的"职业性、开放性、实践性"的教育类型得以继续发展，同时也经历了传统高等学校严谨规范办学的洗礼。2011年重新由职业教育与成人教育司管理。

职业教育与普通教育是两种不同教育类型，但是具有同等重要的地位，且彼此的价值作用互补。改革开放以来，职业教育为我国经济社会发展提供了有力的人才和智力支撑，现代职业教育体系框架全面建成，服务于经济社会发展的能力和社会吸引力不断增强，具备了基本实现现代化的诸多有利条件和良好工作基础。随着我国进入新的发展阶段，产业升级和经济结构调整不断加快，各行各业对技术技能人才的需求越来越紧迫，职业教育的重要地位和作用越来越凸显。

二、职业教育迎来新的发展机遇

2019年年初，国务院印发《国家职业教育改革实施方案》（国发〔2019〕4号），把职业教育摆在教育改革创新和经济社会发展中更加突出的位置，彰显了党中央、国务院大力发展职业教育的坚定决心，这无疑是职业教育高质量发展的新机遇。

在全面建设社会主义现代化国家的新征程中，职业教育前途广阔、大有可为。职业教育是一项关系经济社会发展全局的基础性工作，经济社会越发展，职业教育就越重要。发展职业教育，是将巨大的人口压力转化为强大的人力资源优势的必由之路，也是加快经济结构战略性调整的必然选择。进入新时代，职业教育蓬勃发展，为服务于国家经济转型升级和加快地方经济社会发展培养了大量高素质技术技能人才，特别是高等职业教育已经成为中国高等教育的半壁江山。近几年，高等职业教育呈现出前所未有的发展势头，高等职业院校数、在校生数和毕业生人数持续增长，其规模已占普通高等教育的一半左右，为实现高等教育大众化发挥了基础性和决定性作用，成为加快推进现代职业教育体系建设的中坚力量。随着经济社会的发展和经济结构的优化调整，围绕国家发展战略和地方发展需求，切实促进职业教育持续健康发展，是实现社会经济高质量发展、办人民满意教育的重要举措。

2014 年 5 月，《国务院关于加快发展现代职业教育的决定》提出："引导普通本科高等学校转型发展。采取试点推动、示范引领等方式，引导一批普通本科高等学校向应用技术类型高等学校转型，重点举办本科职业教育。建立高等学校分类体系，实行分类管理，加快建立分类设置、评价、指导、拨款制度。招生、投入等政策措施向应用技术类型高等学校倾斜。"

《现代职业教育体系建设规划（2014—2020 年）》把"建立职业教育质量保障体系"作为现代职业教育体系建设的 12 项重点任务之一，提出了 7 个方面的具体要求，即：以学习者的职业道德、技术技能水平和就业质量为核心，建立职业教育质量评价体系；完善学校、行业、企业、研究机构和其他社会组织共同参与的职业教育质量评价机制；各地要加强对职业教育的督导和评估，开展以人才培养质量和服务贡献为主要内容的职业院校绩效考核；职业院校要建立内部质量评价制度，强化质量保障体系建设；注重发挥行业作用，支持行业协会开展职业院校人才培养质量评估，提高人才培养质量和机构与行业需求的匹配度；鼓励企业、用人单位开展毕业生就业质量、满意度等评价；积极支持各类专业组织等第三方机构开展质量评估。

《中国教育现代化 2035》提出健全职业教育人才培养质量标准，《国家教育事业发展"十三五"规划》指出，大力发展现代职业教育和继续教育，加快培养经济社会发展急需的人才。《国家职业教育改革实施方案》（国发〔2019〕4号）强调："把发展高等职业教育作为优化高等教育结构和培养大国工匠、能工巧匠的重要方式，使城乡新增劳动力更多接受高等教育。高等职业学校要培养服务区域发展的高素质技术技能人才，重点服务企业特别是中小微企业的技术研发和产品升级，加强社区教育和终身学习服务。"这不仅为大力发展高等职业教育提供了政策支持，而且也为如何发展高等职业教育指明了方向。

2019 年被誉为高职教育"双高"计划实施元年，同时也是高职百万扩招的第一年，"双高"计划和百万扩招为我国高职教育内涵建设和外延发展注入了新的活力，中国高职教育也由此进入一个新时代。"双高"计划对接国家阶段性战略发展目标，对高职教育发展做出战略规划：一是要为职业教育改革发展和培养以千万计的高素质技术技能人才发挥示范引领作用，使职业教育成为支撑国家战略和地方经济社会发展的重要力量，形成一批有效支撑职业教育高质量发展的政策、制度、标准；二是中国特色高等职业教育的品牌和优势进一步彰显，引领职业教育实现现代化，为促进经济社会发展和提高国家竞争力提供优质人才资源支撑；三是使高职教育成为建设教育强国和人才强国的骨干力量，为促进全球经济社会发展和构建人类命运共同体贡献更多中国元素、中国智慧和中国方案。

"双高"计划是新时代高等职业院校发展的战略举措，是我国高职教育从创新发展到中国品牌、走高质量内涵发展道路的必然选择，对高职教育服务于国家重大发展战略具有极强的带动作用。"双高"计划的实施，必将推动我国高职教育扎根中国、放眼世界、面向未来，推动一批优质高职学校和专业群率先发展，引领职业教育服务于国家战略、融入区域发展、促进产业升级，带动培养以千万计的高素质技术技能人才，为建设教育强国、人才强国做出重要贡献，造就具有世界领先水平的高职教育"中国模式"新品牌。

全国职业教育大会对职业教育改革发展更是具有里程碑意义。现在全国职业教育界都在深入贯彻习近平总书记关于职业教育的重要指示，全面落实全国职业教育大会精神，坚持立德树人、德技并修，优化职业教育类型定位，把握教育质量生命线，突出教师素质、教材改革、教法创新重点，聚焦人才培养、办学体制、考核评价、保障机制，打造纵向贯通、横向融通的现代职业教育体系，为促进经济社会发展和提高国家竞争力提供有力的人才和技能支撑。

2021年4月，习近平总书记对职业教育工作作出重要指示，他强调，要稳步发展职业本科教育；李克强总理批示指出，努力建设高水平、高层次的技术技能人才培养体系。《职业教育法（修订草案）》规定，"高等职业学校教育是高等教育的重要部分，由专科、本科教育层次的职业高等学校和普通高等学校实施"。开展职业本科教育，是新时代国家进一步优化教育结构、深化职业教育改革发展、建设现代职业教育体系的重要战略举措，对建设现代化经济体系、凸显职业教育类型特色、推动中国职业教育走上国际舞台具有重要作用和意义。

2022年5月1日新修订实施的《中华人民共和国职业教育法》，不仅为我国职业教育的长足发展提供了更加可靠明确的法律保障，而且为职业教育的未来发展指明了方向。该法规定，职业教育是与普通教育具有同等重要地位的教育类型，国家统筹推进职业教育与普通教育协调发展，职业教育是为了培养高素质技术技能人才，职业学校学生在升学、就业、职业发展等方面与同层次普通学校学生享有平等机会。这些条款规定必将大大促进职业教育的创新与进步。

目前，各级政府与全社会都把职业教育摆在与普通教育同等重要的位置，落实新增教育经费向职业教育倾斜的要求，扩大学校在专业设置、教师评聘、教学改革等方面的自主权，完善社会评价机制，增强职业教育吸引力；坚持内涵发展，实施中职办学条件达标工程，推动高职提质培优，稳步发展职业本科教育；以"职教高考"拓宽技能人才成长通道，以"岗课赛证"引领"三教"改革，建设一批高水平的职业学校，实现产业、专业、就业一体化。这些利好政策环境为职业教育大发展提供了前所未有的重大机遇。

三、合肥经济转型发展需要职业教育支撑

安徽立足在中部地区的战略定位和发展态势，提出要着力打造"三地一区"的发展目标：一是持续打造具有重要影响力的科技创新策源地；二是聚力打造新型产业集聚地，加大招商引资、招才引智等"双招双引"力度，深入开展好十大新兴产业高质量发展行动，培育壮大头部企业、平台企业、龙头企业，做好产业补链固链强链文章，加快打造以"芯屏器合"为标识的现代产业体系，着力形成一批高质量的千亿级企业、万亿级产业；三是着力打造改革开放新高地；四是全力打造经济社会发展全面绿色转型区。

合肥市是安徽省会，也是合肥经济圈、皖江城市带承接产业转移示范和合芜蚌自主创新综合配套改革试验区核心城市，正在努力建设长三角世界级城市群副中心，打造"大湖名城，创新高地"和全面深化改革先行先试"合肥版"。作为中部新兴发展城市，合肥还是国家"一带一路"和"长江经济带"双节点城市，在经济发展方面，高度重视战略性新兴产业的培育和发展，竭力打造全国重要战略性新兴产业的聚集地，为实现新时期合肥经济腾飞创造了极为有利的条件。目前，围绕国家长三角一体化战略对安徽"新兴产业聚集地"的定位，合肥着力打好产业基础高级化、产业链现代化攻坚战，培育壮大以"芯屏器合"为标识的新兴产业、以"大智移云"为牵引的未来产业。为了瞄准主攻方向，合肥必须以职业教育为联动轴，助力产业链、人才链、创新链等多链协同共进。

（一）战略性新兴产业蓬勃发展

近年来，合肥市大力培植培育战略性新兴产业，新型平板显示、智能语音等产业呈现爆发式增长。以此为依托，合肥制造业快速发展壮大，成为全国重要的先进制造业基地。为了推动战略性新兴产业发展，合肥市将战略性新兴产业集聚发展基地（以下简称"基地"）作为提升产业竞争力的切入点和突破口。基地根据自身优势项目和资源，找准发展定位，厘清发展思路，突出重点、优化布局、整合资源，着力发挥集聚效应，为创新发展提供了强大前进动力，力争提高国际化发展水平。新型平板显示基地对标国际产业集群，着力打造世界级新型显示产业基地；集成电路基地通过全产业链建设，力争将合肥打造成"中国 IC 之都"；创意文化基地通过全业态发展，着力打造"全国文化产业示范区"；智能语音基地进一步加快新一代人工智能生态体系建设；新能源汽车、生物医药基地全面建

设成全国领先的产业集聚发展基地。基地一批重点项目建设加快，晶合12英寸晶圆制造基地项目一期、通富微电公司封装测试一期等项目已建成投产或试产，京东方10.5代线产品点亮并试产，江淮大众新能源汽车首款车型上市。六大基地共集聚重点企业近600家，大量的企业入驻使得基地产业链更加完善。新型显示基地实现了"从沙子到整机"的整体布局，集成电路基地形成了研发设计、生产制造、封装测试、材料设备的完整产业链，智能语音基地包括了基础平台、物联网、智能客服、穿戴式设备的完整产业链。

战略性新兴产业是构成现代产业体系的基础，是新时代经济社会发展的主导力量。合肥市作为省会城市，改革开放以来，已经逐渐发展成为中部地区的重要城市，经济实力不断增强，并逐渐成为中部崛起的中坚力量。同时，合肥市作为长三角城市群副中心城市，在长三角经济快速发展的带动下，城市的经济地位得到了进一步提升，城市的影响力迅速上升。然而，在改革开放之初，合肥市为了加快提高经济发展水平，迫于经济发展的压力，大量引进外资，一些高能耗、高污染的产业进驻合肥，并逐步发展成为合肥经济发展的重要支撑。在这些产业中，主要是以橡胶制品业、化学制品及化学原料、石油加工、造纸业等传统产业为主导。这些传统产业的兴起，在带动合肥经济发展的同时，也造成了一定的负面影响，不仅消耗了城市大量的有限资源，同时还给城市造成了严重的污染，给城市环境带来了巨大的压力，严重制约了合肥经济的持续健康发展。为此，近年来，为了适应现代城市发展的需要，提高城市产业发展的技术水平，倡导绿色发展理念，合肥市开始进行产业结构调整，大力发展战略性新兴产业，一批高端新兴产业开始在合肥落户发展，战略性新兴产业在产业发展中的主导地位开始确立，战略性新兴产业规模化发展趋势日益加强。

合肥市战略性新兴产业的兴起，带动了合肥经济的发展，一些具有较高科技含量的产业迅速成长发展起来，当前最具世界发展潮流的新兴产业，如新型显示、机器人、集成电路、生物制药等逐渐成为合肥经济发展的引擎，为合肥经济的发展带来了强劲的后力。在此基础上，伴随着战略性新兴产业实力的增强，合肥市的创新能力逐渐提升，协同创新创业平台建设进一步加快，具体在集成电路、新能源汽车、公共安全、生物育种、农业物联网等方面的创新能力得到了有效增强，并逐渐发展成为这些领域的佼佼者，加快了合肥现代产业新体系的构建。习近平总书记在党的十九大报告中明确指出："创新是引领发展的第一动力，是建设现代化经济体的战略支撑。"目前，合肥市作为创新型发展城市，创新能力正在稳步提升，一些战略性新兴产业纷纷落户合肥，带动了合肥新兴产业基地建设的进一步加快，已基本形成了4个具有国际影响力的战略性新兴产业集聚基地和10个以上省级集聚发展基地，战略性新兴产业集聚发展态势日益显现。

伴随着合肥市战略性新兴产业的快速崛起，合肥市新兴产业规模不断扩大，战略性新兴产业集聚发展态势逐渐形成，集聚发展基地建设进一步加快，战略性新兴产业在产业发展中的比重日益加大。在合肥市战略性新兴产业发展过程中，创新、协调、绿色、开放、共享的发展理念得到了进一步的巩固和发展，在新的发展理念引导下，合肥市战略性新兴产业发展成效已经凸显出来，产业创新能力进一步提高，社会经济发展后劲更足。当前，合肥市战略性新兴产业的发展，给合肥市的经济发展注入了新的活力，有助于合肥市作为长三角副中心城市地位的提升，增强了合肥市经济发展的辐射力，发挥出合肥市在经济发展中的龙头引领作用，有效带动安徽经济稳步前进，为安徽经济的崛起输送源源不断的能量。

长期以来，合肥市作为中部省会城市，经济发展主要以传统产业为主，工业基础相对薄弱，产业创新能力不足，自主发展能力较弱。近年来，随着国家中部崛起战略的实施，战略性新兴产业开始在合肥生根发芽，合肥的经济发展也逐渐步入现代产业发展的轨道，尤其在合肥市被确立为长三角世界级城市群副中心城市以来，合肥市利用长三角经济快速发展带来的契机，积极推进产业转型升级，加大战略性新兴产业的投资力度，通过筑巢引凤，大批战略性新兴产业开始落户合肥，新兴产业的规模不断扩大，产业的技术含量进一步提高，产值也越来越大，有力促进了合肥战略性新兴产业的发展，逐步迈上新台阶。在这样的背景下，合肥经济发展水平得到了快速提高，城市的影响力也在不断提升。日前，合肥市已经成为中部崛起的典型，城市规模不断扩大，在省会城市中的经济地位排名不断攀升，一些战略性新兴产业已经在全国处于举足轻重的地位。例如，新能源汽车的应用推广、光伏产业的发展等在全国已经处于领先地位。另外，合肥市还正在积极打造半导体、软件等其他战略性新兴产业基地，这使得战略性新兴产业在合肥经济增长中的支撑作用更加凸显。

（二）战略性新兴产业对职业技能型人才需求旺盛

合肥的转型升级离不开现代职业教育人才的智力支持。坚持"以服务发展为宗旨，以促进就业为导向"的职业教育办学方针，积极发挥特色和优势，持续对接地方需求，建设现代职业教育体系是合肥面向未来、实现科学发展和跨越式发展的必然选择。

合肥市发布的《2018年度高新技术企业人才白皮书》显示，合肥市的战略性新兴产业职业技能型人才非常匮乏。该白皮书主要包含"合肥市2018年度高新技术企业人才需求目录""合肥市2018年度外国高端人才引进需求计划"两部分。不同于往年，合肥市2018年度高新技术企业人才需求目录以合肥市科技局等权威机构发布的近三年合肥市高新技术企业认定名单中的731家企业为调查范围，并首次以产业为分类标准，汇总了新一代信息技术、新能源、高端装备制造、生物/化工、节能环保、新材料、智能语音及人工智能、新能源汽车、家用电器等合肥市战略性新兴产业和现代农业、现代服务业等主导产业，共分类统计出了 11 个重点产业大类下的用人需求情况。调查最终整理出的产业紧缺人才包含普通类职位 5634 人、高级类职位 1996 人、外国高端人才 82 人。普通类职位需求最多的三个产业为高端装备制造 1447 人、家用电器 898 人、新一代信息技术产业 821 人，高级类职位需求最多的三个产业为高端装备制造 563 人、新一代信息技术产业 390 人、节能/环保产业 285 人，外国高端人才需求最多的三个产业为高端装备制造产业 39 人、新一代信息技术 19 人、家用电器 7 人。由以上数据，我们可以看出，一方面是产业发展对高技能型人才的需求旺盛，另一方面是战略性新兴产业发展中专业人才短缺严重。首先是领军人才队伍数量严重不足。领军人才队伍，应是"技术素质过硬、专业贡献重大、团队效应突出、引领作用显著"的高层次专业人才队伍。尤其在新材料产业方面，缺乏高层次原创型、复合型、工程开发型、营销推广型领军人才；在生物医药、生物育种领域，短缺基础研究、市场转化等方面的领军人才；在电子信息产业，急缺集成电路、信息服务等方面的领军人才；在节能环保产业，对干法脱硫、消石灰制备系统、脱硫灰渣处理等关键技术人才的需求尤为迫切；在新能源汽车产业，充实动力电池系统、控制系统、充电系统等方面领军人才更是当务之急。其次是领军人才队伍结构不够合理。发展新兴产业需要多方面的领军人才，从产业类型看，不仅需要产业层级的领军人才，还需要行业和领域层级的领军人才，不仅需要企业层级的领军人才，还需要重点项目和重点产品层级的领军人才；从企业类型看，不仅国有大中型企业需要领军人才，民营中小企业更需要领军人才；从职业类别看，不仅需要基础研究类领军人才，还需要应用开发类领军人才和经营管理类领军人才。

所有这些问题都表明，随着产业的升级换代，经济的发展对技术技能型人才的需求越来越旺盛，对职业教育的要求也越来越高。

四、开展职业教育研究是地方经济社会发展的需要

高等职业教育作为我国高等教育的一个新类型，在推进社会主义现代化建设、推动我国建设人力资源强国的进程中，在培养高素质技术技能型专门人才和为地方经济服务上有着不可或缺的作用。要使高等职业教育更好地服务于社会经济发展需要、更好地服务于广大学生的就业和发展需要，并且实现自身的可持续发展，必须加强对职业教育的研究。首先，要全面系统地总结近年来高等职业教育改革与发展的经验和做法，分析在发展过程中出现的问题，汲取其教训；其次，深入研究职业教育发展与经济社会发展的关联性，从"供给侧"的视角调整职业教育的发展思路，与此同时，在新的历史条件下把握住发展机遇；再次，进一步探求新时期高等职业教育的规律性，创建有中国特色的高等职业教育的理论体系，用新理论、新理念、新观点、新思维、新对策推进我国高等职业教育的持续发展。

长期以来，我国高等教育受传统教育理念的影响，大多数高校把办学目标定位为研究型大学，即便是一些职业技术类院校，也不甘心从事真正的职业人才的培养，可以说，很多高校对当前新兴产业发展急需的应用型人才的培养并不"感冒"，似乎沾上"应用"和"职业"就降低了自身地位。这也是近年来一些职业技术类院校想方设法通过升格或改名，借以摆脱职业技术类院校标签的主要动因。当前，我国仍然处于社会主义初级阶段，社会发展更加需要大量的具有较高技能的应用型人才，这才是当前我国人才培养的发展战略。因此，合肥在战略性新兴产业发展过程中，要有效把握世界经济发展的大趋势和人才需求规律，紧密关注合肥经济社会发展的现实需求，因需设教，为合肥战略性新兴产业的发展培养大量的技能型人才，这是合肥市战略性新兴产业发展能否取得成效的关键。因此，在新的发展形势下，职业院校应当正确把握战略性新兴产业发展的趋势，把培养技能应用型人才作为发展方向。

战略性新兴产业是高科技产业，需要大量的技能型人才支撑；同时，政府作为战略性新兴产业发展的倡导者，应当充分发挥其主导作用，给予战略性新兴产业发展更多的政策支持，积极推动不同力量参与到产业发展中来，努力打造产学研一体化的发展模式，促进战略性新兴产业有序发展。当前，产学研一体化体系建设还面临着许多问题。高校办学、企业生产仍然是各自为政，相互沟通少，难以达成人才培养与产业发展之间的有效对接。很多职业院校的办学理念跟不上新时代的发展要求，危机意识不强，人才培养模式单一，在专业设置、实用培训等方面还停留在闭门造车阶段，缺少对社会实际问题的有效关注，这当然难以满足社会发展的现实需要。因此，难以实现产教融合、校企合作，更谈不上通过订购式培养模式实现企业与高校对人才培养的共享共建。这样也就难以在校企之间形成人才培养的合力，无法满足战略性新兴产业发展的需要。

《国家职业教育改革实施方案》指出：促进产教融合、校企合作育人，坚持知行合一、工学结合，借鉴"双元制"等模式，总结现代学徒制和企业新型学徒制试点经验，校企共同研究制订人才培养方案。合肥市有关部门为提高对职业技能型人才的培养质量，对高职院校人才培养状况进行分析，了解社会对岗位职业能力的要求，探讨人才质量标准，在此基础上针对高职院校专业体系、课程体系、评价体系等进行研究，以求更好地满足社会及企业的需求，培养德智体美劳全面发展的高素质的技术技能型人才。

随着我国高等职业教育的不断发展，高职教育得到了越来越多的关注。但目前许多高职院校的人才培养模式和当前的经济发展状况不相适应。本书有助于读者对产业结构升级优化与高等职业教育发展规律的认识，有助于深化读者对产业结构、人才结构、专业结构调整等相互关系的认识。在市场经济环境下，高等职业教育与经济产业的关系更加紧密。人才与市场的契合能够为企业、行业提供源源不断的发展动力，促进经济的持续发展。

合肥市"十四五"规划的制定和出台将会大力促进长三角一体化发展战略在本地区的实施，加快地方产业结构调整的步伐。以"芯屏器合"为标志的新兴产业形成、以新型"铜墙铁壁"为代表的传统产业转型升级、以"融会贯通"为主体的现代服务业的快速发展、以"大智移云"为牵引的数字经济兴起，都离不开高质量技能型人才的支撑。伴随着产业结构的调整和变化，合肥市将需要大量高素质技术技能型人才，而高等职业院校作为培养高素质技能人才的基地必须承担起这一责任。目前，合肥市职业教育的发展状况不能够满足产业经济发展的要求，这将直接影响到本地区经济能否保持健康稳定的发展。从这个意义上说，本书无论是对高质量发展地方经济，还是对促进合肥市职业教育高质量发展，都显得非常必要。

第二节　研究思路与内容

一、研究思路

进入新发展阶段，必须贯彻新发展理念，构建新发展格局，走高质量发展之路。本书在党和国家关于高质量发展职业教育以及促进经济社会协调发展的宏观政策指引下，基于合肥地区提高职业教育发展质量，着力打造"三地一区"的现实需要，较为系统地梳理了合肥职业教育发展历程，总结发展经验，重点探讨合肥经济社会发展与职业教育的有机联系，找出规律性，明确未来发展方向。研究的目的是以新发展理念推动职业教育高质量发展，进而为合肥地区的经济社会发展服务。

本书重点探讨的问题及逻辑思路如下：

第一，较为系统地考察、梳理职业教育发展的历程，尤其是合肥地区职业教育发展的过程、取得的成就和积累的经验，为未来高质量发展职业教育提供咨询依据。研究历史是为了以史为鉴，为未来发展提供有益的启示。改革开放以来，我国的职业教育得到长足发展，取得了辉煌成就，其间也经历过曲折，总之，积累了正反两方面的经验与教训，值得深入研究。

第二，研究探讨合肥地区当前产业发展对人才的需求状况。经济的发展和产业的升级，离不开科技的支撑特别是科技人才的支持，其中技能型人才对于产业发展具有最直接的相关性。本书将对本地区三次产业生产总值、产业结构分布、三次产业贡献率、三次产业对地区 GDP 增长的拉动及其从业人员构成进行调查，并做定量分析；同时，对合肥地区产业发展及特色进行定性研究，进一步了解其三次产业发展特征；在此基础上，分析本地区经济社会发展对人才培养提出的新要求，以此作为规划职业院校专业布局的前提。

第三，分析探索职业院校专业设置和产业结构的适应性。职业教育应该服务于经济社会发展，从这个意义上说，职业教育应该以就业为导向，职业院校的专业设置必须满足产业调整的需要。在这方面的研究包括专业结构与产业结构的适应性分析，产业结构与就业状况的关联性分析，职业院校学生毕业后从事的工作与其所学专业匹配的情况分析等，以便探寻职业院校专业设置和产业结构的内在逻辑关系。

第四，研究分析合肥地区职业院校专业设置的现状及其存在的问题。笔者通过对职业院校的专业数、专业点数和各专业招生人数、毕业生数的情况进行全面的资料收集，找出专业设置结构存在的主要问题，然后对形成原因从历史和现实的维度予以分析，提出对策性建议。

基于上述研究，本书寻求高质量发展职业教育对促进本地区经济社会发展的规律，探索适合合肥实际的职业教育与区域经济和谐、持续的高质量发展之路，为政府推动高职院校发展的决策提供咨询，也为职业院校的自身建设提供参考意见。

二、内容与框架

本书围绕高质量发展合肥地区职业教育这一主题，从历史和现实两个维度比较系统地总结分析本地区职业教育发展的经验、存在的问题以及新时代带来的重大发展机遇和迫切现实需求。本书成果集史料性、学术性、对策性于一体，既可以看作是对合肥地区职业教育发展个案的研究，也可以视作对职业教育一般意义上的探讨。全书主要有六章，具体架构如下。

第一章为绪论。第二章为理论基础，第三章为职业教育发展概况，第四章为合肥市职业教育发展历程，第五章为合肥市职业教育发展现状，第六章为合肥市职业教育未来发展展望。第二章内容包括职业教育相关理论概述、核心概念界定。这是本书的主要依据，也是研究成果具有学术性的体现。第三章内容包括我国职业教育总体发展脉络、安徽省职业教育发展情况。这是本书的历史背景，也是研究成果具有史料性的体现。第四章内容包括合肥市职业教育发展脉络、合肥市职业教育发展成就。这是本书的逻辑起点。第五章内容包括合肥市职业教育当前状况、合肥市职业教育存在的主要问题。这是本书的现实基础。第六章内容包括国家发展职业教育的政策导向、合肥市产业发展的基本走势、合肥市技能型人才供需状况、合肥市发展职业教育的思路与对策。这是本书的主要落脚点，即研究目的之所在。

三、研究方法

(一) 文献研究法

通过查阅中国知网等数据库、到有关机构查阅文献，笔者收集有关职业教育发展特别是合肥地区职业院校专业设置和产业结构的资料，了解掌握专业设置与产业结构关系的最新信息，借鉴已有的研究成果和较为成熟、系统的方法，研究梳理合肥地区职业教育发展的历史与经验，为本书提供资料支撑和论据支持。

(二) 统计分析法

通过数据整理，笔者重点研究合肥地区职业院校招生计划，进而了解本地区职业教育发展的现状，对职业院校的专业数、专业点数和各专业招生人数的情况进行了统计分析，然后对照本地区经济发展的数据，包括三次产业的生产总值及所占的比重、三次产业从业人员的数量及对应比例等情况，对专业设置和产业结构的整体适应性进行分析。

(三) 调查研究法

本书以合肥地区职业院校和用人单位为调查对象，了解职业院校专业设置情况、职业院校毕业生就业情况（包括就业率和就业质量），特别是新兴产业对技能型人才的需求情况，深度了解专业设置与产业的关系，讨论专业设置合理化建议，分析其中存在的现实问题，为提高高职院校专业设置与产业结构的适应性提供现实支撑。

第二章 理论基础

第一节 职业教育相关理论

一、职业教育价值论

所谓教育价值，是指作为客体的教育现象的属性与作为社会实践主体的人的需要之间的一种特定的关系，对这种关系的不同认识和评价就构成了人们的教育价值观。

职业教育起源于古代的手工业学徒制，发轫于工业化，它与经济社会的联系最为紧密。职业教育产生的根本动因是工业化发展的需要，培养技能型人才也是为了满足经济社会发展的需要。1918年，黄炎培在上海创办中华职业学校，开始了民族化职业技术教育的实验，学校贯彻"手脑并用、做学合一"的方针，为民族工业的发展培养了大批管理人才和技术人才。黄炎培先生指出："职业教育，以教育为方法而以职业为目的者也。"他明确提出职业教育的目的在于为个人谋生之准备，为个人服务社会之准备，为国家及世界提高生产力之准备。这为我们研究职业教育提供了宝贵的启示。

有学者认为，职业教育具有培养个体的职业能力、塑造个体的职业人格、关照个体终身发展的价值；职业教育具有规范职业群体行为的价值；职业教育具有影响社会道德导向的价值等。还有学者认为，职业教育的现实价值作用体现在以下方面：第一，发展职业教育是实施科教兴国战略、实现经济与社会可持续发展的重要途径；第二，发展职业教育是加快人力资源开发、全面提高劳动者素质的必然要求；第三，发展职业教育是提高就业创业能力、促进劳动力就业和再就业的重要举措；第四，发展职业教育是推进农业产业化经营、实现农业现代化的根本要求。

二、职业教育与经济发展关系论

在各类教育中，职业教育与经济发展的联系最紧密、最直接。人力资本理论表明：职业教育是提升人力资本水平的重要途径。职业教育可以使受教育者获得在某一领域中能从事工作所需要的广泛知识和基本技能，甚至在一生中可以从一个活动领域转向另一个活动领域；可以为受教育者从事的第一个工作提供充分的专业上的准备，并提供有效的在职培训；可以使个人具备在其职业生涯的各阶段中都可以继续学习所需要的能力、知识和态度。人力资本理论认为，人力资源是一切资源中最主要的资源。在经济增长中，人力资本的作用大于物质资本的作用。人力资本的核心是提高人口质量。教育是提高人力资本水平的主要手段，高技术知识程度的人力带来的产出明显高于低技术知识程度的人力。

人力资本理论高度重视人的能力在经济中的作用。提高劳动力的质量，无论对社会经济的增长还是对劳动者个人收入的提高，都会带来巨大的效益。人力资本的形成主要靠家庭、企业、学校和政府等进行专门的教育、培训，也靠个人日常学习和积累。其中，职业教育培训是人力资本投资的主要渠道。因此，大力开展职业教育，提高劳动者的专业技能和职业道德，是提高人力资本水平的重要途径，开展职业教育能有力地提升经济竞争力。

三、职业教育体系论

现代职业教育体系是一个极其复杂、多元动态的系统。构建适应社会经济发展的多元化现代职业教育体系，已经成为我国职业教育改革和发展的重要战略任务。

之所以要建设现代职业教育体系，一是为国家产业升级提供人才支撑；二是为教育实现科学发展建立一个合理的结构；三是为解决高考的"独木桥"问题搭建技能型人才发展的立交桥。在现代职业教育体系中，涉及政府、职业院校与应用型本科学校、行业、企业、社会培训机构、社区等，各组成主体对整体功能的实现会产生积极或消极的影响，因此，要克服用线性、简单的思维来研究职业教育发展问题。

在现代职业教育体系中，要重点推进深化人才培养模式改革的"五个对接"，即专业与产业对接、课程内容与职业标准对接、教学过程与生产过程对接、学历证书与职业资格证书对接、职业教育与终身学习对接。

在动态的职业教育体系中，职业教育内部也要提高自身系统的耦合与动态度，随着社会经济发展而调试人才培养体系，要打通人才上升的通道，搭建学生终身发展的"立交桥"，优化现代职业教育体系的发展环境。构建和完善职业技术教育的人才培养系统，应该实现学历教育从中职到高职、职业本科、专业学位研究生以及职业技能人才培养从初级工到中级工、高级工、技师、高级技师的纵向衔接；还应该实现普通教育与职业技术教育、学历证书与职业资格证书的横向融通，以便提高人才培养质量，着力推进职业教育内涵式发展。

第二节 现代职业教育核心概念

一、现代职业教育

现代职业教育是与传统职业教育相对应的一个概念，它以现代化的教育理念、教育内容及教育手段为基础，以产教融合、校企合作为依托，以培养适应企业需求、满足现代社会市场经济发展需要的有知识、懂技术、高素质的技能型人才为己任，通过培养技能型人才促进经济增长，从而推动国家现代化进程的新型职业教育类型。

现代职业教育要求现代化的教育思想、现代化的人才培养、现代化的就业保障机制以及"双师型"的教师队伍，它要求职业院校要有先进的办学理念、鲜明的办学特色、灵活的办学机制以及完善的人才培养模式。

现代职业教育的特征主要表现为：一是先进的办学理念。职业教育要以先进办学理念为向导，依托当前实体经济，主动与企业行业开展多元化、多层次、有深度的教育合作交流，最终实现有效的服务社会发展需求。二是适应市场需求设置专业。设置市场需求、社会需求的主干专业，是实现职业教育现代化的重要途径，学校应结合当地经济发展需求，设立相关专业；同时，要根据经济市场的发展趋势，对专业进行适当调整，以确保专业的可持续性发展。还要根据当地经济发展变化情况，重点培养支撑型专业，打造精品专业，创建品牌专业，为当地发展建设提供品德好、技术硬的高素质人才。三是具有鲜明特色的人才培养模式以及灵活的办学机制。现代职业教育的鲜明特色在于校企合作、产教融合。技能型人才培养必须有校企双方的密切合作。与此同时，灵活的办学机制是确保市场变化的最好应对机制，掌握办学主动权，制定切实可行的办学目标，确保主干专业持续发展，为社会培养更多高素质、实用的人才。多元的办学机制可以促进教育教学质量快速提高，学校要开展行业资格培训、短期主题培训、职业发展再培训等多种教育模式，以实现高技能人才培养的适应性。

现代职业教育是一个完整的体系。从教育各阶段的构成上看，它涵盖中等职业教育、高职专科教育、职业本科教育以及专业硕士阶段教育；从学生的身份上看，可以分为普通职业教育和职业培训教育；从教育内容上看，又可以分为技术技能教育、知识和素质教育，等等。我们要构建有中国特色的现代职业教育培养体系，一方面要遵循职业教育的一般规律，为国育才；另一方面要立足于中国大地办教育，为党育人。

二、职业本科教育

职业本科教育是以培养高级技术技能型人才为目标，与学术型本科教育、应用型本科教育相并列、同层次的一类新型本科教育形态。"职业本科教育"中的"职业"强调的是教育的类型，"本科"强调的是教育的层次。"职业本科教育"与"普通本科教育""应用型本科教育"相对应，突出了职业本科教育与普通本科教育、应用型本科教育是不同类型、同一层次的教育。

潘懋元先生认为，职业教育体系应该与普通教育体系一致，包括专科、本科，甚至上移到硕士、博士层次。根据联合国教科文组织批准的《国际教育标准分类法》（1997 年修订），职业本科教育与普通高等教育一样，应相应设置专科（5B1）、本科（5B2）和硕士教育（5B3）三个层次，其中本科层次（5B2）为职业本科教育。就教育类型而言，职业本科教育应归入《国际教育标准分类法》的 5B2 教育。从科技关系的变化、我国本科教育的现状和世界本科教育的发展趋势来看，对本科阶段的职业教育类型进行区分是历史的必然，本科职业教育是定位于技术应用型人才培养的教育类型，应归入高等职业教育。基于此，职业本科教育是职业教育延伸到本科层次的结果，是完全按照职业教育人才培养模式开办的本科教育。

在社会上包括在高等教育界，有不少人往往把"职业本科教育"与"应用型本科教育"混为一谈，认为是同一种教育形态的不同称谓，实在是一种误解。无论是从起源上看，还是从人才培养规格上看，二者都具有明显区别。"职业本科教育"由高职高专升格而来，是较高层次的职业教育，其培养的是技能型人才；而"应用型本科教育"起源于国外（一般认为发源于德国），是属于学习引进的一种高等教育类型，其培养的是应用型人才。应用型人才更加注重科学应用和创新产品开发，技能型人才更加强调技术方案设计和实践能力。之所以人们会产生这样的误解，可能是因为职业本科教育和应用型本科教育在人才培养过程中都非常强调产教融合、校企合作。

习近平总书记在全国职业教育大会中强调要稳步发展职业本科教育，国务院《关于加快发展现代职业教育的决定》以及《国家职业教育改革实施方案》都提出大力发展"本科层次职业教育"。职业本科教育概念的提出既是时代的呼唤，也是职业教育自身发展的需要。在宏观层面，它满足了社会产业转型发展和技术进步对高层次技术技能人才的需要；在中观层面，它是完善现代职业教育体系和职业教育高质量发展的时代应答；在微观层面，它是学生对实现高质量就业和接受更高层次教育的强烈需求。

三、"双创"教育

"双创"即"大众创业、万众创新"。李克强总理于 2014 年 9 月在达沃斯论坛上的讲话中提出，要在中国大地上掀起"大众创业""草根创业"的新浪潮，形成"万众创新""人人创新"的新势态，激发民族的创业精神和创新基因。从此，"大众创业、万众创新"成为我国高等教育和职业教育人才培养的重要指向。

"双创"教育的本质是综合素质教育，核心是价值观念、思维模式、能力培养相结合的教育，体现了知行合一、理实交融的教育理念。

"双创"教育是新时代人才成长的一种新范式。它要求脑体并用，知识、素质、能力一体化提升，德智体美劳全方位进步，"在学中做，在做中学"，学有所用、学有所为。

"双创"教育是高等教育特别是职业教育模式的重大变革，要求教育教学模式由单纯的知识传授向素质教育和能力培养转变、人才培养由学校单一主体向学校和企业"双主体"转变。"双创"教育不仅能够有效地促进产教融合、校企合作，有利于形成新的人才培养模式，而且能够有力地促进专业学习、产业发展、学生就业的深度结合，甚至可以说，"双创"教育可以从更高层面解决高校毕业生的就业问题。

四、现代学徒制

学徒制是一种传统的技能型人才培养模式，即师傅带徒弟，耳提面命式、手把手地传授技艺。现代学徒制是一种将传统学徒制与现代职业教育相结合的育人模式，旨在深化产教融合、校企合作，进一步完善校企合作育人机制。现代学徒制于2014年正式被提出来，目的主要是进一步推动完善现代校企一体化合作育人机制，创新技术技能型人才培养办学模式。现代学徒制通过学校、企业深度合作，教师、师傅联合传授，对学生以技能培养为主的现代人才培养模式。现代学徒制更加注重技能的传承，由校企共同主导人才培养，设立规范化的企业课程标准、考核方案等，体现了校企合作的深度融合。现代学徒制有利于促进行业、企业参与职业教育人才培养全过程，实现五个对接：专业设置与产业需求对接，课程内容与职业标准对接，教学过程与生产过程对接，毕业证书与职业资格证书对接，职业教育与终身学习对接，以提高人才培养质量和针对性。

建立现代学徒制是职业教育主动服务于当前经济社会发展要求、推动职业教育体系和劳动就业体系互动发展、打通和拓宽技术技能人才培养和成长通道、推进现代职业教育体系建设的战略选择；是深化产教融合、校企合作，推进工学结合、知行合一的有效途径；是全面实施素质教育，把提高职业技能和培养职业精神高度融合，培养学生社会责任感、创新精神、实践能力的重要举措。

现代学徒制以校企合作为基础，一个优质的企业能够为学徒提供优质的专业实践资源、良好的薪资待遇以及专业性更强的企业导师。在这种人才培养模式下，学生拥有"学生、学徒、准员工"三重身份。

双导师制也是现代学徒制的一大特点，即学生在校学习期间与在企业实践期间均各自由不同的导师进行指导。其中企业导师负责学生岗位核心课程和企业文化课程教学，学校导师则负责学生基本理论知识与基本技术的教学。学生通过采用工学交替方式，在学校与企业完成整个专业知识技术学习过程。

五、"双元制"教育

所谓"双元制"，即在人才培养过程中学校和企业共同发挥作用，理论教学与实践教学同步实施，理论教学主要在学校进行，实践教学则转至企业进行，是一种"双主体、两场景"交替开展人才培养的合作育人模式。

当前，"双元制"职业教育成为教育界研究的一个热点。之所以如此，在于这种人才培养模式具有诸多优势，可使职业院校与企业在人才培养上密切合作、融为一体。通过这种合作育人机制，职业院校获得了企业丰富的实践教学资源和成果研发条件；学生得到了专业实践和实景式学习机会，提高了职业适应能力；企业则赢得了选人、用人先机及学校富有的合作研发必需的人才资源优势和科技信息资源。

众所周知，"双元制"职业教育起源于德国。《2020年德国职业教育报告》对"双元制"高等教育进行了描述："双元制高等教育把大学学习和职业培训或者反复出现的、超出一个实践学期范畴的实践阶段进行相互结合。"由此可见，双元制高等教育位于学术教育和职业教育的交叉地带，它是一种兼具学术性和职业实践性的人才培养。

高质量发展职业教育的核心要素就在于培养高质量的技能型专业人才。何为高质量的技能型专业人才？起码需要具备两方面的素养：一是要有很强的实践能力和很好的职业岗位适应性；二是具有较为系统的专业知识和较好的技术素养。"双元制"职业教育可以通过把在一家企业的实践训练和在一所职业学院的学习相互结合，使学生在毕业时可以在这样一个经过系统性协调的学习项目中获取基本的实践经验。高质量发展职业教育应以"双元制"职业教育为抓手，形成校企合作育人机制。

工学交替，是一种重要的"双元制"人才培养模式的具体表现形式，坚持"知行合一、产教融合"的基本思想，实现理论知识和动手实践的检验和协同论证。在教育教学过程中，学生"在学中做"与"在做中学"交替进行，学习理论知识和实践实训工作交叉开展；学校教学体现出"生产性"需要，企业生产体现出"教学性"功能，学生在掌握知识的同时提高实践能力。

六、产业学院

产业学院指的是为直接服务于产业和社会发展需要，高校或高等职业院校与行业、企业、地方政府等用人单位或组织融合资金、专业、平台、基地、人才管理等多种合作资源及要素，以行业专门人才培养、企业员工培训、科技研发、文化传承等为共同目标指向而构建的全程融入行业、企业元素的二级学院或以二级学院机制运作的办学机构。产业学院是高校或高等职业院校与行业、企业深度融合的重要载体和组织形式，通过产业学院，高校或高等职业院校可以便捷地利用企业的产业技术资源、生产设备、研发条件、生产与经营管理环境培养直接服务于行业、企业需要的高技能型人才；企业、行业则可以依托高校或高等职业院校的品牌、教育教学资源、育人环境及学科专业优势培养高层次专门人才、培训员工，同时提升研发创新能力。举办产业学院是深化产教融合的重要途径。

产业学院兼具产业属性和教育属性，但本质上是培养高技能型人才的机构。产业学院是新时代办学体制机制创新的产物，这种教育组织形式构建了高校或高等职业院校、地方政府、行业、企业互相协作、优势互补、资源整合、开放共享的协同育人体系。举办产业学院是深化产教融合、培养高素质高技能型人才的必由之路。在目前的办学条件下，离开行业、企业的参与，仅仅依靠高校是无法培养出具有很强实践能力的高技能型人才的；与此同时，行业、企业如果没有高校或高等职业院校的支持与帮助，也不可能得到大量高素质的高级人才资源和人力资源。职业教育的一大突出特点就是与经济社会发展的结合度高，与行业、企业的联系紧密，对科技创新的反应速度快。职业教育高质量发展的主要评价标准，也应主要考察其是否能为地方及国家经济社会发展输送高质量、能力强的技能型高级专业人才，以及是否能够研发出为市场需要的应用性成果。实践表明，举办产业学院是深化产教融合、培养高素质技能型高级专业人才的有效途径。

产业学院建设必须在政府的支持下，充分调动高校或高等职业院校及行业、企业的积极性，最大限度地发挥多元办学主体的作用，明确产业学院的宗旨和定位，明晰各方权利与义务，在多方共赢、互惠互利、责权利共担共享的理念下，推动专业共建、基地共设、资源共享、团队共组、方案共制、事务共商、成果共创、人才共育。就高校或高等职业院校而言，产业学院建设需要提升支撑和服务于区域产业发展所需的新技术成果、新研发方案的能力，以及能够输送高素质、实践能力强的技能型专业人才；积极探索跨业界、跨学科、跨专业整合教学资源，打造应用性交叉学科专业，构建贴近新兴产业、契合行业需要、推动经济社会发展的人才培养体系，努力形成校企深度融合的应用型人才培养共同体。

七、"项目制"学习

以"项目制"学习为突破口，培养大学生的应用能力。"项目制"学习，是在实践中探索新知和培养能力的教育模式，这是以学生为中心设计执行项目的教学和学习模式，能够更大程度地提升学生的学习效果，有利于培养学生的实际工作能力和研发能力。当下，这种人才培养模式在全球发展势头正劲。

"项目制"学习与传统教学模式相比具有许多区别。首先，在人才培养理念上，"项目制"学习以学生为主，而传统教学理念则是以教师为主。以学生为主，即学生需要什么，教师则要提供什么或在这些方面予以帮助；以教师为主，恰恰相反，教师要求学什么和干什么，学生就要完成相应的任务。显然，"项目制"学习能够充分调动学生学习的积极性和能动性。其次，在人才培养过程上，"项目制"学习由学生选择计划、提出一个项目构想，通过同学之间的研讨、合作来解决实际问题，从而实现能力的提高；而传统教学模式则是由教师安排教学内容、组织教学活动、控制教学节奏，学生是被动式的学习。再次，在人才培养效果上，"项目制"学习不仅能够有效提高学生的学习效率，而且在实践过程中提高了学生的社会情感技能，还培养了他们的社会责任感；而传统教学模式则是侧重于传授系统的专业理论知识、培养应试能力。

当然，"项目制"学习仍然是在教师指导下的学习方式，只不过教师和学生在教学过程中的角色与传统教学模式不同，教师充当学生学习的帮助者、服务者和引导者。在一个具体的"项目制"学习过程中，有提出问题、设计谋划、解决方案、评价反思等关键环节。教师在每一个环节中，都要为学生提供思路上的帮助，并起到引导、启发的作用。如在项目选题上，教师要引导学生对社会重要现实问题进行观察与思考；在方案设计方面，要为学生提供信息咨询和参考材料；在总结反思阶段中，要与学生一起对所学的知识要点、基本原理、项目完成的有效程度进行温故、评价，帮助学生总结经验、吸取教训，找到需要改进和提高的地方。

总之，"项目制"学习是"以项目为主线、教师为主导、学生为主体"的教学新模式，它能够改变"教师讲，学生听"的被动学习局面，创造了学生主动参与、自主协作、探索创新的良好学习状态，对应用型高校以及职业院校培养学生的应用水平及实践能力尤为有效。

八、"双师型"教师

"双师型"教师是高职教育教师队伍建设的特色和重点，大力加强"双师型"教师队伍建设，已经成为社会和教育界的共同呼声。对于什么是"双师型"教师，目前还没有一个权威性的界定。

"双师型"教师，简单的理解就是"双证"教师或"双职称"教师，即拥有"教师资格+中级以上技术资质（或职业资格）"，如"教师+技师（会计师、律师、工程师等）"。有的学者将"双师型"教师理解概括为三种：一是"双证书"，认为具有工程师、工艺师等专业技术职务的人员，取得教师资格并从事职业技术教育工作即为"双师型"教师；二是"双能力"，认为既能胜任理论教学、又能指导学生实践的教师就是"双师型"教师；三是"双融合"，即既强调教师持有"双证"，又强调教师"双能力"。

一般来说，高职院校"双师型"教师的要求条件比较高，最好具备以下几个方面的素质和能力（同时具备几种）：

（1）有良好的职业道德，既能教书育人，又具有职业指导等方面的素质和能力。

（2）具备与讲授专业相对应的行业背景和职业素质，要求具备宽厚的职业教育基本理论、基础知识和实践能力。有学者还提出，"双师型"教师应能按照市场调查、市场分析、行业分析、职业及职业岗位群分析，调整和改进培养目标、教学内容、教学方法、教学手段，注重学生行业、职业知识的传授和实践技能的培养，能进行专业开发和改造等。

（3）具备较丰富的经济常识、熟悉并深刻领会"人力资本""知识资本"等经济理论，具有市场观、质量观、效益观、产业观等经济理论知识，并善于将经济常识、规律等贯穿于教育教学的全过程。

（4）具备相当的社会沟通、交往、协调能力，既能在校园内交往与协调，又能在企业内与行业从业人员进行交流和沟通。

（5）具备相应的适应能力和创新能力，即要适应资讯、科技和经济等快速变化的时代要求，具备良好的创新精神，善于组织和指导学生开展创造性活动。

九、职业教育一体化

职业教育一体化，是基于系统论思想和技能型人才成长规律，对职业教育人才培养体系进行整体化设计，实施贯通式培养技能型人才，使之进阶式成长的职业教育模式。

构建职业教育一体化人才培养体系是历史发展的必然，符合高素质技术技能人才成长规律，有利于完善现代职业教育体系，有利于彰显职业教育类型特征。一体化职业教育人才培养体系构建的核心内涵在于，以立德树人为目标定位，以能力开发为逻辑主线，以课程体系为重要载体，以评价反馈为关键动力。1985年，《中共中央关于教育体制改革的决定》首次提出，逐步建立起一个从初级到高级、行业配套、结构合理又能与普通教育相互沟通的职业技术教育体系。21世纪以来，我国正式提出构建现代职业教育体系。2005年，《国务院关于大力发展职业教育的决定》提出，进一步建立和完善适应社会主义市场经济体制，满足人民群众终身学习需要，与市场需求和劳动就业紧密结合，校企合作、工学结合，结构合理、形式多样，灵活开放、自主发展，有中国特色的现代职业教育体系。2014年，教育部等六部门印发的《现代职业教育体系建设规划（2014—2020年）》明确提出，系统构建从中职、专科、本科到专业学位研究生的培养体系，满足各层次技术技能人才的教育需求，在确有需要的职业领域，可以实行中职、专科、本科贯通培养。至此，我国初步完成了现代职业教育体系的顶层设计。

构建一体化职业教育人才培养体系，培养高素质技术技能人才，是我国职业教育改革的重要方向。2021 年，中共中央办公厅、国务院办公厅印发的《关于推动现代职业教育高质量发展的意见》指出："一体化设计职业教育人才培养体系，推动各层次职业教育专业设置、培养目标、课程体系、培养方案衔接，支持在培养周期长、技能要求高的专业领域实施长学制培养。"这为职业教育进一步优化类型定位、强化类型特色，探索构建职业教育一体化人才培养体系指明了方向。

具体而言，构建职业教育一体化人才培养体系有利于解决以下四个方面的问题：一是专业设置不衔接的问题。在缺乏一体化设计的情况下，同一专业大类内中职、高职所设专业时常出现区别不大、甚至交叉重复的现象，导致专业教学资源的巨大浪费。二是培养目标不衔接的问题。所谓培养目标不衔接，主要是不同层次职业教育在人才培养定位上没有体现出一定的差异，学生毕业后所从事的岗位也没有体现出层次上的较大差异。三是课程体系不衔接的问题。由于课程体系缺乏一体化设计，常出现课程内容重复、难以体现进阶性的现象。四是培养方案不衔接的问题。长期以来，受限于各自独立的人才培养方案，往往导致由中职升入高职的学生无法实现快速适应与过渡，也无法实现学习内容上的有机衔接和能力发展上的进阶式成长。

中高职人才培养相衔接，是职业教育一体化的题中应有之义。这种人才培养模式是指中等职业技术学校学生后续的学习和发展可以扩展、延续到高等职业技术学校。目前中等职业学校学生学习的课程，主要是进行能力培养与基础知识建设，可以看作是衔接高级阶段职业教育学习的重要部分；高等职业教育主要是要培养高级技能型人才，中高职在教育上进行衔接是非常重要的，这有利于人才培养的持续性。当前，我国基本形成了中高职业教育相衔接、职普教育相融通的现代职业教育体系框架。

十、"双高"计划

"双高"计划是中国特色高水平高职学校和专业建设计划的简称，是党中央、国务院为建设一批引领改革、支撑发展、中国特色、世界水平的高等职业学校和骨干专业（群）的重大决策建设工程，被称为"高职双一流"。"双高"计划旨在打造技术技能人才培养高地和技术技能创新服务平台，引领职业教育服务国家战略、融入区域发展、促进产业升级。

2019 年 1 月 24 日，国务院印发《国家职业教育改革实施方案》，提出将启动实施中国特色高水平高等职业学校和专业建设计划，由教育部和财政部共同研究制定并联合实施，自此，"双高"计划正式启动。同年 4 月 1 日，教育部、财政部发布《关于实施中国特色高水平高职学校和专业建设计划的意见》，4 月 4 日，全国深化职业教育改革电视电话会议在北京召开，国务院总理李克强作出批示，指出要着力培育发展一批高水平职业院校和品牌专业。

"双高"计划是新时代落实国家职业教育发展战略布局的具体行动，要集中力量建成一批高水平技术技能人才培养培训基地和技术技能创新服务平台，形成中国高职教育的模式和标准以及具有国际竞争力的人才培养高地，必将推动具有中国特色、世界水平的高职教育在创新发展的基础上向"世界一流"迈进。"双高"计划的实施，必将高职教育推向中国品牌建设的新阶段。

十一、订单式人才培养

订单式人才培养模式也称作"人才定做"培养模式，是学校以产业发展为指向，以就业为导向，按照企业"订单要求"开发构建的一种复合型人才培养新方式。具体而言，是企业通过与职业院校签订订单的方式，提出人才培养规格要求，学校根据企业的需求，共同制订人才培养方案，在遵循教育教学规律的前提下，以复合型人才的岗位需求，组织教育教学活动，"量身定做"地进行人才培养。其主要合作方式包括紧密的订单人才培养模式、直接订单人才培养模式、间接订单人才培养模式、1+1+1 订单人才培养模式等等。

十二、新兴产业

新兴产业是随着新的科研成果和新兴技术的诞生并应用而出现的新的经济部门或行业，即是由新技术产业化形成的产业。

新技术一开始属于一种知识形态，在发展过程中其成果逐步应用于生产领域并使之产业化，最后形成一种产业；或者是用高新技术改造传统产业而形成的新产业。前者如 IT 产业，由于数字技术的发展，形成了一个新的朝阳行业；后者如通过改造钢铁行业形成的新材料产业，以及生产复合材料和抗酸、抗碱、耐磨、柔韧性好的新兴材料，等等。

当前所说的新兴产业主要有节能环保、新兴信息产业、生物产业、新能源、新能源汽车、高端装备制造业和新材料等领域。与传统产业相比，它们具有高技术含量、高附加值、资源集约等特点。新兴产业的出现，对人才的需求提出了相应的要求，标志着人类社会进入了技术革命的新阶段。

新兴产业是先进生产力的标志，一方面能够极大地促进经济的发展，另一方面也对高素质技能型人才的培养提出了更高要求。

第三章 职业教育发展概况

第一节 我国职业教育总体发展脉络

一、高等职业教育发展情况

（一）发展历程

新中国的高等职业教育诞生于 1978 年改革开放之时。为适应地方经济发展对技术型人才的迫切需求，一种新型高等院校——专科层次、学制三年的职业大学应运而生。

1980 年，全国第一个高等职业院校——南京金陵职业大学成立。随后广东、河南、湖北、福建等省纷纷成立职业大学。

1983 年 4 月，国务院批转教育部、国家计委《关于加速发展高等教育的报告》，倡导经济发展较快的大中型城市、国有大企业要举办高等专科学校和短期职业大学，并为本地区与本单位培养技术人才。

1985 年 5 月，《中共中央关于教育体制改革的决定》（简称《决定》）首次将高等职业教育纳入国民教育体系，被视为我国教育体制改革的开端。《决定》不仅首次对高等职业技术教育进行了阐述，而且将职业技术教育与高等职业技术院校作为发展重点，力图形成结构合理的职业技术教育体系。

1993 年 2 月，《中国教育改革和发展纲要》（简称《纲要》）出台，标志着我国高等职业教育体制改革进入了一个全新阶段。《纲要》阐述了职业技术教育的发展目标，强调"各级政府要充分调动各部门、企事业单位和社会各界的积极性，形成全社会兴办多形式、多层次职业技术教育的局面"，提出将社会各界参与到高等职业教育办学体系中，以形成全方位的办学格局。

1994 年 6 月，国家召开第二次全国教育工作会议，决定"通过现有的职业大学、部分高等专科学校或独立设置的成人高校改革办学模式、调整培养目标来发展高等职业教育，在仍不满足时，经批准，利用少数具备条件的重点中等专业学校改制或举办高职班作为补充来发展高等职业教育"，即高职教育"三改一补"（"三改"是指对高等专科学校、职业性大学以及成人高等院校进行改革，"一补"是指中等专业学校举办成人高等职业教育班）发展路径，确立了高职教育在我国高等教育中的重要地位。

1995 年 10 月，国家教委在强调教育质量问题的基础上又阐述了高等职业教育在教育体系中的作用与地位，并颁布《关于推动职业大学改革与建设的几点意见》的政策文件。

1996 年 5 月，《中华人民共和国职业教育法》（简称《职业教育法》）正式颁布，不仅标志着我国高等职业教育以法律形式固定了下来，而且也是我国实施依法治教的重要体现。《职业教育法》颁布之前，高等职业教育和高等技术教育统称为高等职业技术教育。

1997 年 9 月，国家教委发布《关于高等职业学校设置问题的几点意见》，文件提出：要提升高等职业教育的质量，制定高等职业学校发展的详细标准。

1998 年，教育部印发《面向 21 世纪教育振兴行动计划》，提出下放部分责任和权力给省级政府和学校的计划；同时，要求建立普通高等教育与职业技术教育之间的立交桥，"允许职业技术院校的毕业生经过考试接受高一级学历教育"。同年 8 月，《中华人民共和国高等教育法》应运而生，在此法的相关条款中不仅确立了高等职业教育的法律地位，全面系统地回答了高职教育发展中的重大问题，而且也为我国高等职业教育走上依法治教的道路提供了重要的法律依据与法律保障。

1999 年是国家大力推动高等职业教育发展之年。1 月，国务院批转教育部《面向 21 世纪教育振兴行动计划》，明确提出要积极发展高职教育。之后，开始了全国高等院校大规模扩招，其中，当年安排 10 万人参加试办高等职业技术教育。同时，国家计委与教育部联合印发《试行按新的管理模式和运行机制举办高等职业技术教育的实施意见》，提出了高职毕业生不包分配、不发教育部印制的毕业证内芯、不发普通高等学校毕业生的就业派遣报到证，教育事业费以学生缴费为主、省级财政补贴为辅，即"三不一高"教育政策。6 月，《中共中央国务院关于深化教育改革　全面推进素质教育的决定》进一步指出："要大力发展高等职业教育，培养一大批具有必要理论知识和较强的实践能力，生产、建设、管理、服务第一线和农村急需的专门人才。"关于高等职业教育培养目标的表述尽管几易其词，其基本内涵没有发生变化。11 月，全国高职高专教学工作会议决定，高等职业学校（简称高职学校）与高等专科学校（简称高专学校）合称为高职高专学校。

1999 年以后，国家把职业技术学院审批权下放给地方，充分发挥了地方办学的积极性，释放出社会办学的能量，各地高职院校如雨后春笋般建立起来，部分地方本科学校也设立职业技术学院，标志我国高职教育进入快速发展时期。

2000 年，国家继续深入推进高等职业教育发展。教育部连续颁发几份文件，其中，《教育部关于加强高职高专教育人才培养工作的意见》提出了高职高专在人才培养模式上的基本方针和基本思路，明确高职教育"以培养高等技术应用性专门人才为根本任务"。《高等职业学校设置标准（暂行）》对高等职业学校校系两级领导的配备、专兼职教师队伍建设、土地和校舍面积、实习实训场所、教学仪器设备和图书资料的要求，以及专业与课程设置、基本建设投资和经常性经费等基本条件做出了规定。《关于加强五年制高等职业教育管理工作的通知》对五年制高职进行了界定："五年制高等职业教育是我国高等职业教育的组成部分，招收初中毕业生，学制五年"，提出了五年制高职的人才培养目标。

与此同时，国务院办公厅颁布《关于国务院授权省、自治区、直辖市人民政府审批设立高等职业学校有关问题的通知》（国办发〔2000〕3 号），对进一步深化教育管理体制改革，促进各类高等教育更快发展，发挥地方办学的积极性，促使高等教育更好地为地方经济建设和社会发展服务起到重要推动作用。地方政府也认识到产业发展所需的教育支撑越来越重要，于是纷纷将高等职业教育纳入经济社会发展的总体规划中。

2002 年 3 月，《教育部关于进一步办好五年制高等职业技术教育的几点意见》提出："独立设置的职业技术学院及有关高等学校可根据社会对五年制高职人才的需求，在自身条件满足不了办学需求的情况下，可利用优质的中等职业教育资源进行五年制高职前三年的教育教学工作，但后两年高职教育阶段必须在高等学校举办。"同年 8 月，《国务院关于大力推进职业教育改革与发展的决定》（简称《决定》），对我国高等职业教育的长足发展具有重要意义。《决定》明确规定了我国高等职业教育发展的新目标、改革的新工作等内容，明确指出要不断扩大我国职业教育办学规模数量，从而进一步构建现代化职业教育体系等。《决定》提出，力争在"十五"期间初步建立起适应社会主义市场经济体制，与市场需求和劳动就业紧密结合，结构合理、灵活开放、特色鲜明、自主发展的现代职业教育体系。《决定》确立了高职教育以"服务为宗旨，以就业为导向，走产学研结合"的发展道路，标志着高职教育发展在办学体制、管理体制、运行机制和教育教学改革上的历史性转折。同年，我国高等教育毛入学率达到 15.2%，进入大众化阶段。

2004 年 4 月，教育部印发《关于以就业为导向　深化高等职业教育改革的若干意见》指出，"高等职业教育应以服务为宗旨，以就业为导向，走产学研结合的发展道路"；"为推动高等职业院校正确定位，加快高技能紧缺人才培养，要把高等职业教育的学制由三年逐步过渡为两年"。同年，《2003—2007 年教育振兴行动计划》进一步提出，"大力发展职业教育，大量培养高素质的技能型人才特别是高技能人才"；"以就业为导向，大力推动职业教育转变办学模式"。

2005 年 11 月，全国职业教育工作会议召开。之后，下发的《国务院关于大力发展职业教育的决定》中首次对重点建设 100 所示范性职业院校以及 1000 所示范性中职学校的未来发展战略进行部署。

2006 年 11 月，《关于全面提高高等职业教育教学质量的若干意见》对提高高等职业教育质量问题具有很强的理论与实践意义。该文件十分详尽地将教育教学质量问题加以分析，并提出要加强课程建设、大力推行工学结合、注重学生实践能力的培养等方面的改进措施，力求保证高职院校教育教学质量。

2008 年 4 月，教育部印发《高等职业院校人才培养工作评估方案》。

2009 年 2 月，教育部印发《关于加快高等职业教育改革 促进高等职业院校毕业生就业的通知》，其内容主要是围绕高等职业教育毕业生的就业率问题进行阐述。

2010 年 7 月，《国家中长期教育改革和发展规划纲要（2010—2020 年）》（以下简称《纲要》）颁布实施，对我国教育事业的发展具有纲领性作用。《纲要》对当前我国职业教育的发展进行了全新规划，同时将提升教育质量作为工作重点，着力提出校企合作等。《纲要》提出，"统筹中等职业教育与高等职业教育发展"，强调指出，教育质量的提升是当前职业教育工作的重点，详细阐述了人才培养目标、师资队伍建设、质量保障体系建设等内容。

2011 年 9 月和 12 月，教育部接连颁发《关于推进高等职业教育改革创新引领职业教育科学发展的若干意见》和《关于推进中等和高等职业教育协调发展的指导意见》两份文件，预示着高职教育被赋予了新的使命、责任、任务、内涵和要求，高职教育不再是被推动式的发展，开始由被动转向主动积极的建设和不断提高质量，从而起到引领职业教育科学持续向前发展的作用。

2013 年，《中共中央关于全面深化改革若干重大问题的决定》指出，"要加快现代职业教育体系建设，深化产教融合、校企合作，培养高素质劳动者和技能型人才"。

2014 年 6 月，我国《现代职业教育体系建设规划（2014—2020 年）》发布，高职教育增加了本科和研究生教育，因而形成了三个层次，依次为高等职业专科教育、应用技术本科教育和专业学位研究生教育。文件提出到 2020 年"本科层次职业教育达到一定规模"的规划，这是从我国经济转型发展对更高层次技术技能型人才培养出发而做出的政策抉择。同年 5 月，《国务院关于加快发展现代职业教育的决定》（国发〔2014〕19 号），进一步扩大省级政府教育统筹权和学校办学自主权，引导高等职业学校科学合理设置专业，促进高等职业教育人才培养与经济社会发展实际需要更加吻合。

2015 年 10 月，教育部印发《高等职业教育创新发展行动计划（2015—2018 年）》（简称《行动计划》），这是高职战线深入总结"十二五"发展经验，面向

"十三五"布局改革任务，引导和推动高职院校制定和执行好"十三五"规划的重要行动指南，也是教育部第一个专门针对高职教育全面系统规划改革发展的指导文件。《行动计划》指出，到2018年支持地方建设200所办学定位准确、专业特色鲜明、社会服务能力强、综合办学水平领先、与地方经济社会发展需要契合度高、行业优势突出的优质专科高等职业院校。《行动计划》强调指出，开展优质专科高等职业院校建设是深化高职内涵建设、增强高职吸引力的明智之举。《行动计划》还提出，要"完善质量保障机制""逐步形成政府依法履职、院校自主保证、社会广泛参与，教育内部保证与教育外部评价协调配套的现代职业教育质量保障机制"。这是对新时期高职质量保障制度建设的顶层设计，系统规划了多元主体参与、内外部协调的质量保障新格局。

2016年4月，国家发展和改革委员会、教育部与人力资源和社会保障部联合发布《关于编报"十三五"产教融合发展工程规划项目建设方案的通知》，启动实施职业教育产教融合工程规划项目，提出"十三五"期间投入50亿元，支持100所左右高职院校深化产教融合、校企合作，加快建设现代职业教育体系，全面增强职业教育服务经济社会发展的能力。同年5月，教育部等七部门印发《职业学校教师企业实践规定》，明确了职业学校教师企业实践内容形式、组织管理、保障措施、考核奖惩的具体要求，为职业院校教师定期到企业实践、提升实践教学能力提供了制度保障。

2019年4月，国务院常务会议通过了《高职扩招专项工作实施方案》，百万扩招计划得以实现，人才培养有序进行。同年3月，《教育部、财政部关于实施中国特色高水平高职学校和专业建设计划的意见》（简称"双高"计划）印发，提出"集中力量建设50所左右高水平高等职业学校和150个左右高水平专业群，打造技术技能人才培养高地和技术技能创新服务平台，支撑国家重点产业、区域支柱产业发展，引领新时代职业教育实现高质量发展"。即集中力量建设一批引领改革、支撑发展、中国特色、世界水平的高职学校和专业群，引领职业教育持续深化改革、强化内涵建设，推进高职教育由优向精发展，进入中国品牌建设阶段。这一年是高职教育"双高"计划实施元年，同时也是高职百万扩招的第一年，"双高"计划和百万扩招为我国高职教育内涵建设和外延发展注入了新的活力，中国高职教育也由此进入一个新时代。

高等职业教育的发展历程表明，从其诞生的那一天起就与中国经济发展紧密相连，就带有浓厚的、深刻的中国特色的烙印，是中国改革开放的重大成果。中国高等职业教育的出现，丰富了世界高等教育的内涵和形式。伴随着经济发展而出现的独具中国特色的高等职业教育，有许多经验和规律需要总结和提炼。

（二）主要发展阶段

从20世纪90年代初开始，我国高等职业教育发展进入快车道，大致经历了探索实践、规模扩张、质量提升、创新发展四个阶段，闯出了一条符合中国国情、具有中国特色和世界水准的发展道路。

1. 探索实践阶段（1991—1999）

这是我国高等职业教育发展的起步阶段。高职教育是我国改革开放后为适应国家经济转型升级而探索出的一种新的高等教育类型，具有高等教育和职业教育的双重属性，是具有中国特色的一种办学形式。1994 年，国家决定"通过现有的职业大学、部分高等专科学校或独立设置的成人高校改革办学模式、调整培养目标来发展高等职业教育，在仍不满足时，经批准利用少数具备条件的重点中等专业学校改制或举办高职班作为补充来发展高等职业教育"，即高职教育"三改一补"的发展路径，确立了高职教育在我国高等教育中的重要地位。1996 年 5 月，《中华人民共和国职业教育法》颁布，从法律上确立了高职教育的地位和作用。1999 年以后，国家把职业技术学院审批权下放给地方，各地高职院校如雨后春笋般建立起来，部分地方本科学校也设立职业技术学院，标志着高职教育进入快速发展时期。

2. 规模扩张阶段（2000—2010）

这一阶段，我国高等职业教育在院校数量、学生规模、办学条件等方面均获得迅速发展。2000 年 1 月，《教育部关于加强高职高专教育人才培养工作的意见》颁布，提出了我国高职教育的办学指导思想、人才培养工作重点和思路，明确高职教育"以培养高等技术应用性专门人才为根本任务"。2002 年，《国务院关于大力推进职业教育改革与发展的决定》提出了改革发展职业教育的目标、任务，确立了高职教育以"服务为宗旨，以就业为导向，走产学研结合"的发展道路，标志着高职教育发展在办学体制、管理体制、运行机制和教育教学改革上的历史性转折。同年，我国高等教育毛入学率达到 15.2%，进入大众化阶段。

从 2004 年开始，教育部启动高职院校人才培养水平评估工作，围绕"以评促建、以评促改、以评促管、评建结合、重在建设"的方针，引导学校准确定位，对我国高职教育的整体发展产生了重大而深远的影响。

"十五"期间，我国高职教育规模得到迅速扩大，2005 年，我国高职院校数量已占普通高等院校数量的 51.39%，高等教育毛入学率达到 21%。2010 年，全国独立设置高职学校 1246 所，招生数 310 万人，毕业生数 316 万人，在校生数 966 万人。

3. 质量提升阶段（2011—2014）

这是高等职业教育内涵提升阶段。《国务院关于大力发展现代职业教育的决定》要求，"完善职业教育质量评价制度，定期开展职业院校办学水平和专业教学情况评估，实施职业教育质量年度报告制度"。教育质量既是当前经济社会质量的重要内容，又关系未来经济社会的发展质量。这一阶段，中国正把经济社会发展推向"质量时代"。在这一时代主题下，提高质量是高等职业教育发展核心和工作重心，完善质量保障制度、构建质量提升长效机制，是现实而又迫切的重大任务。在这一阶段，产教融合不断加强，高等职业教育的发展与区域内产业体系的完备程度以及经济发达程度的关系日益紧密。事实表明，区域内产业体系越完备、经济越发达，当地高职院校就越容易在人才培养、应用技术研究、技术服务等方面获得与企业的合作，产教融合就越深入。

2010年7月出台的《国家中长期教育改革和发展规划纲要（2010—2020年)》更是对教育质量保证提出了要求，主要包括：制定教育质量国家标准，建立健全质量保障体系；建立健全职业教育质量保障体系，吸收企业参加教育质量评估；开展由政府、学校、家长及社会各方面参与的教育质量评价活动。

2006—2015年，为大力发展职业教育，全面提升高等职业院校服务经济社会发展的能力，教育部、财政部联合分两轮实施了"国家示范性高等职业院校建设计划"。通过"示范（骨干）校"建设，高职教育整体发展水平得到大幅提升，在办学体制机制创新、人才培养模式改革、增强社会服务能力、优质教育资源跨区域共享等方面取得了显著成效，人才培养质量整体提高，社会美誉度和吸引力显著提升，高职教育进入新的发展阶段。"示范建设"期间，教育部、财政部实施"高等职业学校提升专业服务产业发展能力"项目，以提升专业服务产业发展能力为目标，提高高等职业学校办学水平和人才培养质量，提高高职教育服务于国家经济发展方式转变和现代产业体系建设的能力。高职院校"发展能力"建设，优化了区域专业布局，推动高等职业院校调整专业结构、凝练专业特色、打造专业品牌，持续深化人才培养模式改革，不断创新办学体制机制，为国家现代产业体系建设培养高素质技术技能人才，高职院校专业发展水平和服务产业能力整体提升。总之，该计划的实施，有力提升了项目院校的办学实力、管理水平和培养质量，为高等职业教育创新发展发挥了示范引领作用。

4. 创新发展阶段（2015—）

到2015年，全国独立设置的高职院校达1341所，招生数348万，毕业生数322万，在校生数1048万，占到高等教育的41.2%，全年为社会提供技术培训超过2000万人次。高等职业教育已成为高等教育的半壁江山，为适龄青年提供了进入高校学习并掌握就业技能的机会，对高等教育从精英阶段进入大众化阶段发挥了重要作用。

职业教育规模和数量的扩大，一方面解决了广大学生上大学的难题，另一方面也带来了人才培养质量不高的问题。化解规模发展与质量提升的矛盾，是亟须研究的重大课题。据此，在这一阶段，国家出台了一系列文件，制定相应的制度，加快推进职业教育创新发展。包括《国务院关于加快发展现代职业教育的决定》《现代职业教育体系建设规划（2014—2020年)》《关于引导部分地方普通本科高校向应用型转变的指导意见》《关于深化职业教育教学改革全面提高人才培养质量的若干意见》《中等职业学校德育大纲》《关于建立职业院校教学工作诊断与改进制度的通知》《关于深入推进职业教育集团化办学的意见》《关于开展现代学徒制试点工作的意见》《职业院校数字校园规范》等等。

从 2015 年开始，教育部以《高等职业教育创新发展行动计划（2015—2018 年）》和《职业院校管理水平提升行动计划（2015—2018 年）》为抓手，明确扩大优质教育资源、增强院校办学活力、加强技术技能积累、完善质量保障机制、提升思想政治教育质量五大发展目标，开展突出问题专项治理、管理制度标准建设、管理队伍能力建设、管理信息化水平提升、学校文化育人创新、质量保证体系完善等有机衔接和互为贯通的六大行动，以"教育部规划管理、省级统筹保障、院校自主实施"的管理机制，全面推动高职教育创新发展，加快实现高职院校治理能力现代化。

同年 6 月，教育部印发的《关于建立职业院校教学工作诊断与改进制度的通知》（教职成厅〔2015〕2 号）和《高等职业院校内部质量保证体系诊断与改进指导方案（试行）》（教职成司函〔2015〕168 号），对构建职业院校教学工作内部诊断改进制度，适应管办评分离的政策背景，进一步完善职业教育内部质量保证制度体系和运行机制，强化职业院校落实第一质量主体责任，推动教育行政部门加强事中事后监管、履行管理职责，持续提高技术技能人才培养质量。

2016 年 3 月，国务院教育督导委员会办公室印发《中等职业学校办学能力评估暂行办法》《高等职业院校适应社会需求能力评估暂行办法》，按照统一标准、统一程序、客观公正、注重实效的原则，委托第三方机构基于学校相关数据信息和省级评估报告，运用测量工具进行分析评估，形成国家评估报告。

2019 年 2 月，《国家职业教育改革实施方案》颁布，明确要求完善现代职业教育体系服务军民融合发展。高职学校正成为军民融合发展战略实施的一支中坚力量。强化职业教育内涵建设，引领新时代中国职业教育实现创新发展。

《中华人民共和国国民经济和社会发展第十四个五年规划和 2035 年远景目标纲要》指出：突出职业技术（技工）教育类型特色，深入推进改革创新，优化结构与布局，大力培养技术技能人才。完善职业技术教育国家标准，推行"学历证书+职业技能等级证书"制度。创新办学模式，深化产教融合、校企合作，鼓励企业举办高质量职业技术教育，探索中国特色学徒制。实施现代职业技术教育质量提升计划，建设一批高水平职业技术院校和专业，稳步发展职业本科教育。深化职普融通，实现职业技术教育与普通教育双向互认、纵向流动。

在这一阶段，我国的高等职业教育得到了大发展。如 2019 年我国高招的毛入学率超过50%，实现高等教育普及化，其中，高职扩招100 万，成为高等教育普及化的"临门一脚"，直接推动我国高等教育迈入普及化阶段。至此，我国已建成了世界上规模最大的职业教育，体系框架初步成型，高职教育基本形成了以专业目录、专业教学标准、课程教学标准、顶岗实习标准、专业仪器设备装备规范等五个部分构成的国家教学标准体系，迈向了高质量发展的新阶段。

二、中等职业教育发展概况

中等职业教育（简称"中职"）肩负着为社会培养初、中级技能型人才的重任。我国中职教育主要包括中专、技校、职高三种类型，是我国教育事业的重要组成部分。

改革开放以来，我国中职教育得到了很大的发展，为社会主义现代化建设培养了大量的有用人才。全国每年数以万计的中职毕业生走上工作岗位　改善了劳动力资源结构不合理的现状。近年来，随着社会经济的快速发展和产业结构的升级，对技能型人才的需求更加迫切。

在不同的历史阶段，随着我国经济社会发展的变化，中职教育也经历了一个"起步、发展、辉煌、萎缩"的曲折过程。1985—1998 年，中职教育由起步到兴起再到大发展。当时的中职很受欢迎，中职毕业生包分配，工作无忧，并且毕业后获得干部身份，因此在校生数持续上升。此外，中职比普高见效快，不仅可以尽快就业，而且普高的"不可预期性"令人担忧，对于社会弱势群体家庭的孩子来说极具吸引力。2000 年前后，中职教育急剧萎缩，在校生数连续下降。这是因为始于 1999 年的高校扩招催生了"普高热"。同时，高校招生并轨，中职毕业生不再包分配，学生毕业后由于学历较低，就业困难，中职逐渐失去了往日的优势。人们开始放弃对职业教育的追求，出现"普高热"。2002 年 8 月，《国务院关于大力推进职业教育改革与发展的决定》发布，对职业教育工作做出全面部署，中职在校生数又慢慢恢复增长。2002—2010 年，中职在校生数连续上升，2010 年达到最大值，为 2238.5 万人。之后，从 2011 年开始，中职在校生数又开始下滑。其原因一方面是初中毕业生减少；另一方面也是中职质量不高和中职生社会地位的降低，影响了人们对中职的热情。根据《中国职业教育发展报告》，2018 年我国中等职业教育（含技工学校）学校共有 1.03 万所，其中民办中职学校有 1993 所（不含技工学校）；在校生 1551.84 万人，比 2017 年下降 2.55%；专任教师 83.43 万人，比上年下降 0.59%。

中国特色社会主义进入了新时代，我国经济发展也进入了新阶段，经济发展由高速发展转向高质发展势必对于我国劳动力提出了更高层次的要求，国内的中等职业教育力量的提升也显得尤其重要。目前，我国中等职业教育的发展呈现良好的发展态势。近年来，国家的政策不断给职业教育带来福音，促进了中等职业教育不断扩展生源；加之，家长观念逐步转变也壮大了中等职业教育的发展，使得目前的中等职业教育与普通高中同步发展。

当然，中等职业教育在发展过程中也确实存在一些问题，需要我们高度重视和深入研究。一是生源质量不高。大多数学生是因为没考上高中才选择职业教育，后进生的不断堆积也给中等职业学校带来管理的难度，甚至有些中等职业学校只要求学生不闹事就行，对于他们没有任何的学习要求，使得中等职业教育很难有很大的教育突破。二是部分中等职业学校过分追求利益。学校作为培养人的重要场所，不能忽视育人的职责，更不能把学生当成赚钱的工具，在还没有学到基本的文化知识和基本的职业技能的情况下，就将他们输送到企业，这不仅限制和阻碍了学生的发展，也违背了职业教育的初衷，且损害了企业的利益，不利于行业的发展。三是部分中等职业学校的体系不完善。部分学校没有形成完备的培养职业技术人才的体系，缺乏完善的课程体系；同时，教师队伍水平不高，缺乏实践经验，学校对所聘教师的专业要求低，如此等等。这些问题都直接制约了中等职业教育的长足发展。

第二节　安徽省职业教育发展情况

一、高等职业教育发展状况

1999 年 1 月，国家出台《试行按新的管理模式和运行机制举办高等职业技术教育的实施意见》后，安徽省抢抓机遇，被列为首批试点省份。为保证试点工作的顺利实施，结合安徽省实际，安徽省政府颁布了《安徽省举办高等职业技术教育的实施意见》，在招生录取、户粮关系迁移、毕业证书发放、毕业生派遣等方面制定了优惠政策。这一年芜湖联合大学更名为芜湖职业技术学院，后来成为全省第一所国家级示范性职业技术学校。

进入 21 世纪，安徽省的高等职业教育快速发展，较好适应了全省经济社会发展的需要。大量新技术、新工艺、新设备的采用和引进，对生产、建设第一线的从业人员的技术水平、能力结构提出了更高的要求，急需通过发展高等职业教育培养具有较高技能又有一定理论知识的高等技术实用性人才。

从 2001 年起，普通专科教育和高等职业教育在招生计划、招生办法、收费机制、户籍管理、毕业证书发放、就业指导政策等方面实行六个统一，在招生计划的形式上统称为高等职业教育。2010 年，安徽又有 5 所高职院校成为国家骨干高职院校，并通过其示范作用，带动安徽高等职业教育的改革和发展。短短数年间，安徽高等职业教育培养出了大批具有高技能的实用性人才，对全省经济发展和社会进步作出了初步的贡献。

发展现代职业教育，既是一个教育问题，也是一个经济问题，更是一个社会问题。一个地区职业教育的发展程度，决定着这个地区经济发展的潜力和未来。在皖江城市带承接产业转移的背景下，安徽省提出了"融入长三角，依靠高科技，开发两流域（长江、淮河），唱响黄（山）梅（煤）戏"发展方略，规划了"一轴双核三带"的产业布局，出台了一系列支持安徽职业教育发展的文件和政策，同时，采取措施促进职业教育的快速发展。一是充分调动地市政府、行业厅局、企事业单位和公民个人举办高等职业教育的积极性。以新的管理模式和运行机制举办高等职业教育，有效地培养面向基层、面向生产（建设、管理、服务）第一线的实用性人才，缓解高中毕业生的升学压力，开拓安徽省高等教育发展的新途径。二是加强建设，规范管理，保证质量。安徽省教育厅从 1999 年起，设立了高等职业教育专项经费，首批遴选了 21 个专业进行示范建设试点。有 10 校 13 个专业被批准为国家级示范专业建设试点。安徽省教育厅设立了师资培养专项经费，用于高职学校教师提高学历层次和更新知识结构；同时，在专业设置、教学计划制订、教学管理等方面加强宏观监控，规范日常管理，保证人才培养质量。三是面向社会，立足行业，服务一线。高等职业教育主要以技术应用能力和基本素质的培养为主线构建教学体系，这种培养模式重点提高学生的基本素质、职业岗位能力、应变能力等。实践教学在人才培养计划中占有较大比例，强调通过学校与社会的结合，教学与生产、科研的结合，建立产学合作的新的办学模式。要求师资队伍具有教师和工程师的双重素质，并且对学生实行"双证书"（即学历证书和岗位职业技能证书）培养。以就业为导向的高等职业教育快速发展，不仅为安徽省实现高等教育大众化作出了重要贡献，也顺应了人民群众接受高等教育的强烈意愿，更为现代化建设培养了大批高素质技能型专门人才。四是坚持内涵与外延发展相结合，多主体、多形式地发展高等职业教育。首先，通过对部分普通高等专科学校、短期职业大学和成人高校进行改革、改制、改组，组建了 29 所职业技术学院；其次，在部分有条件的本科高校设立了二级职业技术学院；再次，将部分条件较好的国家和省级重点中专，挂靠普通高等学校实行合作办学，举办高等职业教育。

通过上述举措，安徽省高等职业教育规模、结构、质量、效益走向协调发展，成为高等教育一个重要组成部分。到 2005 年，全省独立设置的高等职业学校的数量发展到 30 所左右，其中民办学校发展到 10 所左右；在校生规模发展到 20 万人左右，校均规模达到 3500 人以上。原则上每个地市和每个人才需求量大的行业都举办 1 所高等职业学校。2006 年，已有 53 所学校举办高等职业技术教育，招生 9 万余人，是 1999 年招生总量的近 20 倍。2007 年，安徽省高等职业教育在校生已达 21.8 万余人，比 1999 年增加 20.98 倍。安徽省高等职业教育的快速发展，提高了职业教育的层次，职业教育成为安徽省高等教育具有活力的一支生力军。与此同时，中等职业教育也进入新的发展阶段。2007 年，安徽省中等职业学校共招生 336231 人（应届生 301679 人），其中普通中专 102808 人，成人中专 23401 人，职业高中 210022 人。全省累计培训学生 221262 人。这意味着安徽省职业教育不仅遏制了下滑的势头，而且已经接近历史上发展最好的年份。

2008 年年初，为适应全面建设小康社会对高素质劳动者和技能型人才的迫切要求，安徽省委、省政府提出了建设职教大省的重要战略目标。安徽省教育厅积极会同省发展改革委等部门，研究制定职教大省建设规划和相关配套文件，形成了《安徽省职业教育大省建设规划（2008—2012 年）（草案）》，提出了"形成体系完整、布局合理、灵活开放、人民满意的职业教育发展新局面，为促进富民强省和奋力崛起提供有力的智力支撑和人才保障"的发展目标；同时，努力推动形成较完整的职业教育体系，不断增强职业教育服务于经济社会发展的能力，使培养的人才符合社会需求。

2009 年 7 月，安徽省人民政府印发《安徽省职业教育大省建设规划（2008—2012 年）》，要求着力提高高等职业教育质量，不断扩大培训规模，努力推进职业教育向相关领域渗透。经过多年的建设、改革、发展，安徽高职教育为推动安徽省的科技发展和加速崛起提供了有力的智力支撑和人才保障。

2012 年 7 月，安徽省人民政府印发《关于开展省级政府教育统筹综合改革试点的实施意见》（皖政〔2012〕81 号）发布；2014 年 11 月，安徽省人民政府印发《关于加快发展现代职业教育的实施意见》（皖政〔2014〕81 号）出台。这些文件积极促进中等和高等职业教育协调发展，探索建立对接紧密、特色鲜明、有效衔接的中高职课程体系，加快现代职业教育体系建设，更好地服务于经济社会和人的全面发展。同时，安徽省委、省政府及相关主管部门，又制定、出台了一系列文件，大力推进职业教育发展。具体包括《安徽省人民政府办公厅关于深化高等学校创新创业教育改革的实施意见》《安徽省高职院校面向社会人员扩招专业人才培养方案制订和实施工作的指导意见》《关于全面深化新时代教师队伍建设改革的意见》《关于对地方技能型高水平大学项目、省级实习实训基地项目和〈高等职业教育创新发展行动计划〉项目（任务）建设情况进行检查的通知》《安徽省高等职业院校教学工作诊断与改进复核方案（试行）》等等。这些文件内容涉及分类制订高职院校扩招人才培养方案；引导高职院校紧扣经济社会发展需求，调整优化专业结构；积极推进创新创业教育改革，深化校企合作发展；有效推动职业教育课程内容与职业标准对接；健全质量保证体系等重要方面。

2015 年 10 月，安徽省财政厅、教育厅联合发布《关于建立以改革和绩效为导向的高职院校生均拨款制度的实施意见》（简称《意见》），明确从当年起，开始实施高职院校生均拨款制度。2015 年生均财政拨款不低于 9600 元，2016 年不低于10800元，2017年达到12000元。该项制度覆盖所有独立设置的全日制普通公办高职院校。《意见》提出，在建立高职院校生均拨款制度过程中，经费的安排体现改革和绩效导向，不搞"大锅饭"，经费安排向改革力度大、办学效益好、就业质量高、校企合作紧密的学校倾斜，向管理水平高的学校倾斜，向紧贴产业转型升级急需的专业以及农林水地矿油等艰苦行业专业倾斜，引导高职院校合理定位，办出特色和水平。各市、各有关部门应积极推动高职院校围绕发展现代高职教育转变办学理念，合理确定办学定位，调整和设置专业，改革人才培养模式，积极推进校企合作制度化，将产教融合理念贯穿于人才培养工作各个环节。

党的十八大以来，安徽省以习近平总书记关于教育特别是职业教育的重要论述为根本遵循，在全国做到"五个率先"职业教育改革。在助力青年实现技能成才梦，助力脱贫攻坚和乡村振兴，服务区域经济高质量发展中，探索、积累出了具有自身特色的"安徽经验"，为全国职业教育改革发展贡献了"安徽智慧"。一是率先开展"市统筹县整合"管理体制改革，出台加强职业教育市级统筹的指导意见，增强市级政府统筹权，打破条块分割，推进县域职业教育和培训资源及资金整合，促进职业教育集约发展、内涵发展和融合发展。二是率先推进中职布局结构调整，安徽省教育、发改、财政等部门联合指导各地编制中职学校布局结构调整规划，对接区域经济发展，调整优化专业布局，逐市逐县逐校审核并督促指导各地将规划调整实施到位。全省中职学校由2015年的412所调减为2020年的255所、校均办学规模由2033人增加至3103人。三是率先统一规范各类中职学校类别名称，统一为普通中等职业学校，并在学费标准、编制标准和职称评聘等方面实现政策统一。四是率先建立全省统一的中职网上招生录取平台，改革中职招生录取制度，将各级各类中职学校的招生录取全部纳入全省中职网上招生录取平台，打破生源封锁，规范招生管理。五是率先出台省级升级版中等职业学校办学标准，制定分类评估指标体系，开展分类达标和示范建设。高质量分类推进中职学校达标和示范建设，首批认定6所安徽省优秀中等职业学校、71所安徽省合格中等职业学校。此外，安徽省率先成立"1+X"证书制度试点工作协调推进办公室，高质量推进"1+X"职业技能等级证书制度试点，统筹推进岗课赛证综合育人，全省参与试点院校231所、证书240种、专业427个、学生24.6万人次。

2018年，《安徽省教育厅关于进一步推进对口支援新建高职院校工作的通知》印发，要求组织9所高校继续对口支援15所新建高职院校，提高受援院校的办学水平和服务能力。同年，发布《2018年安徽省高校高职专业布局和需求分析报告》，引导高职院校设置服务一产、二产专业和技术含量高的三产专业，侧重增设服务全省主导产业和战略性新兴产业发展的专业，主动调减或停招社会需求量小和就业率低的专业。与此同时，安徽省积极探索现代学徒制的人才培养模式和管理制度。按照《教育部办公厅关于做好 2018 年度现代学徒制试点工作的通知》（教职成厅函〔2018〕10 号）要求，成立了现代学徒制试点单位验收和年检工作小组，对安徽省第一、第二批共计 12 所试点院校进行了验收和年检。

"十三五"期间，安徽省紧紧围绕美好安徽建设，深化职业教育改革创新，在技术技能人才培养的管理体制、资源配置、体系建设、培养模式、教育质量等方面形成了许多具有地域特色的实践成果和制度成果，在全国的影响和地位明显提高。

在管理体制上，率先在全国建立职业教育"市统筹县整合"的管理体制，增强了市级政府统筹发展职业教育的主体作用；打破条块分割、各自为政的政策壁垒，组建 46 个省内职教集团和长三角国际商务职教集团，入选首批国家产教融合型城市试点建设省份。同时，率先在全国统一规范中职学校类别名称，实现在学费标准、编制标准和职称评聘等方面的政策统一。各地收紧拳头、汇聚力量，重点打造了一批高起点、上水平的骨干中职学校，改变了职业教育小而弱的局面。

在资源配置上，教育、财政、发改等部门联动，率先在全国推进中职布局结构调整，共撤并中职学校 119 所。对接区域经济，优化专业布点，新增专业点 2235 个。打破条块分割，优化整合区域内各类职教要素资源及资金，完善功能分工，有效促进了职业教育集约发展、内涵发展和融合发展。

在教育体系上，坚持学历教育和职业培训并重，建立完善"纵向贯通、横向融通"现代职业教育体系。改革中职招生录取制度，率先在全国实现全省统一的中职网上招生录取；创新方法思路，强化部门协同，打出了高职扩招系列政策"组合拳"，连续两年超额完成扩招任务。创新发展应用型本科教育、专业学位研究生教育、非学历继续教育以及中高职贯通培养规模持续扩大。全省职业院校每年向社会输送各类技术技能人才 40 余万人、开展职业技能培训逾 80 万人次，有力地服务于区域经济社会高质量发展。

在改革培养模式上，完善产教融合、校企合作政策体系，建设了 9 个行业指导委员会、10 个校企对接平台、1 个国家级产教融合试点城市、127 家产教融合型企业、124 家校企合作示范企业，政企校社实现多方联动。149 所学校获批国家、省及市级现代学徒制试点，9.6 万名学生参与"1+X"证书制度试点，人才培养模式改革有序推进。

在办学质量上，聚集技术技能人才培养的核心要素，创造性实施职业教育质量提升工程、职业学校分类达标示范建设、高职扩招人才培养质量保障工程、高等教育振兴计划，分类建立地方特色高水平大学、地方应用型高水平大学、地方技能型高水平大学建设标准以及中职学校分类办学标准，引领带动职业院校整体提升办学水平。7 所院校入选全国职业院校管理 50 强，教学成果入选国家职业教育教学成果一等奖，13 所高职院校入选国家优质校或教育部"双高计划"，39 所中职学校入选国家改革发展示范校，职业院校技能大赛成绩居全国第一方阵。安徽省技术技能人才供给质量得到大幅提高。

近年来，安徽省经济增长较快，2020 年生产总值达到 38680.6 亿元，产业结构从 2013 年的 10.6：49.7：39.7 的"二三一"结构，调整为 2020 年的 8.2：40.5：51.3 的"三二一"结构。展望未来，安徽省将在推动经济高质量发展方面展现更大作为，推进深度融入长三角进程，高质量地承接产业转移，高质量地发展重点产业、支柱产业，在推进优势产能向中高端演进方面取得新进展。毫无疑问，经济结构的转型以及新兴产业的发展，都需要高技能人才的支持。

面向未来，安徽省教育厅制定《教育现代化 2035》和《加快推进安徽教育现代化实施方案（2018—2022 年）》，推进高校全面贯彻党的教育方针，认真落实立德树人的根本任务，立足江淮大地，服务新型工业化、信息化、城镇化、农业现代化对技术技能人才的新要求，深化教育改革，提高教育质量，加速推进职业教育提质培优，加快教育现代化，大力推进高教强省建设，办好人民满意的教育。

2021 年 9 月，安徽省职业教育大会在合肥召开，会议深入学习贯彻习近平总书记关于职业教育的重要指示和全国职业教育大会精神，强调要大力发展职业教育，着力提升适应性和现代化水平，为新阶段现代化美好安徽建设培养更多高素质技术技能人才。

二、中等职业教育发展简况

安徽省有着悠久的职业教育历史，1948 年上半年，安徽省就有 36 所中等职业学校，在校学生 5810 人。新中国成立后的 1950 年，皖北、皖南行署根据教育部第一次全国教育工作会议关于"中等学校在今后若干年内，应该着重向中等技术学校发展，以培养大批中级建设干部"的精神，开始对中等学校进行整顿，逐步将其改组为中等专业学校。至 1956 年年底，安徽的中等专业学校由原来的 15 所增至 25 所，在校生增加至 14106 人。到 1979 年开始进入改革开放时期，中等技术学校达 54 所。

改革开放初期，安徽中等职业技术教育稳步发展。进入 20 世纪 90 年代，安徽职业教育的规模和数量有很大发展，1995 年，职业中学达 737 所，在校生有 36.14 万人。至 2000 年年底，全省已建有国家级重点中等职业学校 29 所，省级重点中等职业学校 71 所，县、市级示范职高 76 所。

安徽地处我国中部地区，是典型的农业大省，劳动力资源丰富，具有发展职业教育的人力和区域优势。为了使农村富足劳动力得到妥善安置，从 20 世纪 80

年代初开始，安徽省政府从省情出发，把发展职业教育的重点放在农村，农村职业教育得到迅速发展。20世纪90年代初，安徽农科教统筹实施"燎原计划"，取得了显著成效。进入"九五"时期，安徽启动了一系列发展农村职业教育的政策措施。一是开启农村职教"二次创业"工程试点工作；二是在新发展的农村集镇建立职业技术教育联合体，担负本区域各主要行业初中级职工培训任务；三是通过改革教育教学内容、紧抓师资队伍建设、完善政策和管理导向，培养和造就了一批有文化、懂技术、会管理、善经营的农村劳动力，初步实现了劳动力与产业的优化配置。

1996年，《中华人民共和国职业教育法》正式实施，标志着职业教育进入法制化时代。随后，安徽中等职业教育也进入了一个快速发展阶段。至2022年，安徽省中等职业学校办学资质清查结果统计显示，安徽省具备招生资质的中等职业学校230所（含4所高职中专部），设置2933个专业点，涉及18个专业大类223个专业。中等职业教育2933个专业点共涉及18个专业大类，专业点数占比较高的专业大类为装备制造大类、电子与信息大类、财经商贸大类、文化艺术大类及交通运输大类，占比依次为15.07%、13.88%、12.82%、10.91%、10.80%。专业点数占比较低的专业类为生物与化工大类、资源环境与安全大类、食品药品与粮食大类、能源动力与材料大类、水利大类，占比依次为0.89%、0.65%、0.61%、0.44%、0.03%。2933个专业点覆盖第一产业共1个专业大类、23个专业、200个专业点，覆盖第二产业共6个专业大类、96个专业、973个专业点，覆盖第三产业共11个专业类、104个专业、1760个专业点。第一、第二、第三产业覆盖的专业点占比分别为6.8%、33.2%和60%。

2021年，安徽省中等职业教育平均就业率达98.13%，比2020年高0.54%。就业率最高的是资源环境类、石油化工类、能源与新能源类，为100%。所有专业大类就业率均超过94%。在直接就业的毕业生中，从事第一、二、三产业的占比分别为9.7%、31.49%、58.81%。

第四章　合肥市职业教育发展历程

第一节　合肥市职业教育发展脉络

合肥职业教育起步于 20 世纪 80 年代初期，经过 40 多年的努力发展，经历了开始起步、扩大规模、调整规范、质量提升、创新发展等几个阶段。

一、开始起步阶段（1978—1984）

1978 年，为了贯彻全国教育工作会议精神，合肥市对中等教育进行改革。1980 年成立了中等教育结构改革领导小组，并在 5 所普通中学内试办了 6 个专业、8 个职业班，招生 382 人，开创了合肥中学教育结构改革的新局面，改变了中等教育结构单一的模式，迈出了艰难的第一步。1982 年，合肥市委、市政府联合发布《关于加速合肥市中等教育结构改革　大力发展职业技术教育的通知》，文件规定发展职业教育，走联合办学之路。联合办学有利于职业学校解决录用、就业安置问题，也可减少专业设置的盲目性，按需培养人才。可以看出，20 世纪 80 年代初，合肥市职业教育的发展水平总体比较低。但是，尽管这一阶段合肥市职业教育刚刚起步，处于艰难缓慢发展阶段，可一开始就走上了校企合作、订单培养人才的正确道路。

二、扩大规模阶段（1985—1992）

1985 年 5 月，《中共中央关于教育体制改革的决定》颁发，揭开了我国教育体制改革的序幕。我国教育事业进入新的发展阶段，合肥市的职业教育也随之进入新的发展时期。

为了改变教育与经济不相适应的状况以及人们对职业教育错误的认识，针对存在的职业高中办学与经济建设"两张皮"的苗头，合肥市委、市政府共同研究提出中等教育结构和劳动用工制度同步改革的意见，在全市实行"中等教育结构改革与劳动用人制度同步改革"，从政策上确立了先培训、后就业，先招生、后招工的原则。明确规定，无论是全民企业还是集体企业招工，一律从经过职业技术培训的合格人员中择优录用，没有经过职业技术培训的不予招工，毕业生不包分配。政策上的突破为职业教育注入了活力，使合肥市的职业教育迅速走出困境。随后，合肥市政府积极鼓励多主体进行办学，推动企事业单位和社会力量一同举办职业教育。在实施同步改革的过程中，合肥市政府对市区职教发展在规模和速度上加强宏观调控，提出了"三个不低于80%"的目标，即每年初中毕业生的升学率不低于80%，其中职教招生数至少应相当于普高招生数；职业学校每年毕业生的录用率不低于80%（全民招工指标）；每年社会招工的总量中，经过职业技术培训的人员比例不低于80%，使职业教育的稳定发展得到进一步保证。在这一措施下，截至1986年年底，市区有职业高中5所，开设职业高中和职业中专班的学校有21所，企事业单位和社会力量举办职业教育13处，年招生数达2500多人；连同中专、技工学校，职业类招生总数为4000多人，与普通高中招生数的比例达到1.02∶1；应届初中毕业生升入高中阶段各类教育的比例超过80%。职业教育规模上有了突进式的发展，招生人数随之不断增加。职业学校内部也进行改革，各职业高中设置的专业和工种得到了迅速发展。此外，每年招收3000余人进行短期职业技术培训，以适应企业当年用工的急需。职业学校毕业生和结业生95%以上被用人单位录用，为合肥企事业单位培养了一大批有文化、懂技术、会操作的新型劳动者。

合肥市贯彻国务院《关于大力发展职业技术教育的决定》，落实"积极鼓励、大力支持、正确引导、加强管理"的十六字方针，进行办学体制改革，在原有政府办学、企事业单位办学的基础上，发动社会各界兴办职业教育。社会力量办学的兴起，大大促进了职业教育的发展，不仅改变了国家包揽办学的旧体制，同时更重要的是对当前教育经费困难、师资严重不足的局面起到了重要缓解作用。1992年，合肥市决定撤销市职工教育办公室，将其人员和业务划归市教委，在教育管理体制上形成了基础教育、职业教育和成人教育"三教"统筹的新格局。这进一步促进了职业教育实现跨越式发展，各类职业学校招生数增至6460人，与普通高中招生数之比为1.7∶1，应届初中毕业生升入高中阶段各类学校的比例达到95.3%，一举实现市区高中阶段教育的基本普及。政府重视、统筹管理再次给职业教育带来了活力，特别是历年的毕业生到企事业单位就业工作后的良好表现，大大改变了职业技术教育在人们头脑中的形象，职业类学校招生人数逐年递增，数年超过普高招生人数，并出现了一批像长丰庄墓职高、肥西金桥职高、肥东建筑职高这样的特色学校。

政府统筹、部门协调、教育和劳动两部门齐抓共管职业教育的管理体制改革经验，得到了国家教委的肯定。在全国职业技术教育工作会议上，合肥市被指定为经验交流单位，市职业技术教育办公室被授予"全国职教工作先进单位"称号。

三、调整规范阶段（1993—2004）

合肥市职业教育在规范调整中发展。从1994年到1996年，国家先后颁布并施行《中华人民共和国教师法》《中华人民共和国教育法》《中华人民共和国职业教育法》，加快了教育法制建设，促进了教育改革的不断深入，推动了教育工作的全面开展，为合肥市职业教育提供了法律保障。为落实教育部印发的《关于调整中等职业学校布局结构的意见》中提出的中职学校可以与高职学校、普通高中实施合并、共建、联合办学等途径来改变其结构布局，合肥市在1999年基本形成政府、企业、社会团体和公民个人共同办学的局面，这大大促进了职业教育办学和管理体制的改革，优化了教育资源的配置。为进一步提高职业学校的教学质量和管理水平，合肥市教委组织开展创建省级重点职业高中、国家级重点职业学校的迎评、复评工作。经过积极努力，教育部认定合肥市职教中心为首批国家级重点中等职业学校；经安徽省人民政府批准，安徽省教育厅认定合肥金融学校、合肥旅游学校、合肥电子学校、合肥城建学校等5所学校为省级重点职业学校。同时，合肥市教委重视职教教学模式改革，加强职教与普教相互沟通，在省级重点职业学校试办职业综合高中班。2000年年初，合肥市政府颁发了《关于加快职业教育改革和发展的实施意见》，提出坚定不移地实施科教兴市战略，切实加快职业教育的改革和发展，培养和造就一支高素质的劳动大军，增强经济竞争实力和发展后劲，努力为促进合肥市经济的持续快速健康发展和社会的全面进步做出更大的贡献。

这一阶段，由1999年全市拥有各类中等职业学校108所，其中职业高中75所、中专学校（含师范）8所、技工学校23所（含省直），到2000年拥有各类中等职业学校106所（不含省部属中专学校、成人中专），表明合肥市职业教育在不断规范、优化，中等教育结构趋于合理。与此同时，农村职教"3+X"教学模式试点工作也取得良好效果，职业学校毕业生很受用人单位欢迎。

在职教专项资金投入方面也逐年增长，2001年投入230万元用于三县职教中心的改造，2004年投入1600万元继续创建重点职业学校和重点专业，并且连续4年每年安排200万元资金支持农村职业教育示范专业和示范基地建设。随着职业教育管理体制、办学体制、投入体制和招生、教学改革的逐步推进，城乡职业教育招生强势回升。在这一阶段，还开展了"绿色证书"教育，培养出一大批有知识、懂技术、善经营的实用人才，并在社区教育工作中开始终身教育体系，这些举措使合肥市职业教育办学活力不断增强。

四、质量提升阶段（2005-2013）

这一时期，合肥市确立了"工业立市"的发展战略。为了不让相对滞后的职业教育拖住合肥市大发展的"后腿"，合肥市把发展职业教育纳入国民经济和社会发展"十一五"规划，进行统筹安排，提出大力发展职业教育、提升职业教育的质量。

2006年，合肥市在职业教育方面加强重点学校、重点专业、重点实训基地建设，实施品牌学校建设工程，打造"一校一特色"和"学在合肥"的职业教育品牌。经过努力，合肥电子学校被教育部命名为"国家级职业教育实训基地"和"全国半工半读试点学校"，合肥服装学校通过国家级重点职业学校资格省级认定。之后，合肥市成为全国著名的"科教城市"之一，除拥有一批闻名全国的高等教育机构、科研院所外，还拥有100多所各类中等职业学校，50多所职业技术学院，职业教育资源丰厚。但是，由于多种原因，合肥地区高等、中等职业学校在校生规模大而办学空间狭小的矛盾十分突出；同时，布点凌乱和重复建设现象严重。针对这些问题，中共合肥市委第九次党代会提出"规划建设职教基地，把合肥建成全国重要的技能型人才培养基地"的要求，这既呼应了当时安徽省委、省政府提出的"十一五"期间高等教育"双百"发展战略，适应了安徽省工业化和城市化进程加快产生的人才培养需求，也合理解决了合肥地区职业学校在校生规模大而办学空间狭小的矛盾，提高了职业教育的办学效益。

2007年1月17日，合肥市职业教育基地正式开工，基地占地7万平方公里，计划总投资30亿元以上，可容纳20万师生入住。基地建设以"世界眼光、中国一流、合肥特色"的理念定位设计，统一规划、综合开发，大力吸引国内外各级各类职业学校进驻，基地建成后实现公共配套设施资源共享。之后，合肥市进一步加大职业教育资源整合力度，合肥职教分校并入合肥职教中心，合肥建设学校分校并入合肥建设学校。职教基地建设快速推进，中等职业学校的招生规模不断扩大，2008年招生人数突破6万人，全市高中阶段教育的职普招生比例基本达到1∶1。实施市属中等职业学校"阳光招生"，杜绝虚假广告、有偿招生等不规范行为，营造真实、规范、便民、利民的职业教育招生环境。2009年中职教育招生31425人，完成安徽省教育厅下达给合肥市的中职招生任务；同时，组织首期中职教师创业教育培训，创业教育纳入中职学校教学计划。合肥市还坚持中等职业教育"以服务为宗旨，以就业为导向"的办学方针，着力推进"2+1"办学模式，即2年在学校、1年顶岗实习，真正为企业输送有用之才。2009年，安徽省具有普通高等学历教育招生资格的高职（专科）院校64所，而合肥市就拥有其中的35所，占据了安徽高职教育的半壁江山。合肥市电子学校、合肥市物流学校、合肥旅游学校等3所中等职业学校率先搬入磨店新校区正式办学。2012年年底，在磨店职教基地办学已达10所院校、9万余师生入驻，累计完成投资40多亿元。

在高等职业教育方面，2012年经安徽省人民政府批准，巢湖职业技术学院更名为合肥职业技术学院，填补了合肥市高等职业教育学校的空白，还成立了市属职业学校磨店新校区建设工作现场办公室，全力推进市属职业高校建设。

在农村职业教育方面，建成6个乡镇的农村成人文化技术学校和2个新技术试验示范基地，肥东、肥西、长丰三县职教中心顺利通过省级评估验收。职业培训再上新台阶，技术培训、就业培训、农村劳动力转移培训达20万人次，乡镇成人文化技术学校对本乡镇劳动力培训达20%以上。农村职业教育在不断壮大，不断向市区职业教育的发展靠拢。

在办学格局上，形成了民办和公办并举的形式，积极引导民办教育健康有序发展，全年新增民办教育机构12所，全市民办教育机构达517所，基本形成了普教与职教、学历教育与职业培训、文化教育与技能教育的全方位、多层次的立体化办学格局。

同时，积极推进职教资源整合，进一步促进市属公办职业学校的大调整（如安徽冶金技工学校、合肥建设管理学校的整合）。提升校企合作水平，促进专业与产业对接，重点建设了25个专业，安排90名职业学校文化课教师参加转岗培训，选派75名职业学校教师到企业实践锻炼。

在办学思路上，改革考试考核办法，由普通教育模式下的文化统考，改为技能竞赛，严格实行技术等级考核，全面实施"双证制"即职业学校学生毕业后凭毕业证书和技术等级考核证书就业，并推行职业学校毕业生一律进入劳务市场双向选择、择优录用的制度。合肥"职业学校有大赛"的办学思路也为校企合作搭建了一个很好的对接平台。合肥市通过组织技能竞赛，促进了学校办学模式的改革，各级技能竞赛都引入企业参与，参赛学校积极与行业企业进行合作，将企业实际生产中的新技术、工艺、材料带入日常教学，学生在技能学习中掌握了生产技能，同时也为企业量身定制培养合格人才。

合肥还在磨店职教城建设一所开放式、共享型的公共实训基地，统一进行培训、考证、推荐就业"一条龙"服务，让更多学生获得一技之长，更好地适应社会发展需求。2011年，职业教育办学模式改革进一步加快，成功承办安徽省第二届皖江城市带职业教育办学模式改革校企对接会。合肥市教育局与市经信委、人社局建立合作机制，共同举办本市校企对接会，促进职业教育服务于本地区经济社会发展；同时，加大职业学校教师的培训力度，要求职业学校文化课教师参加转岗培训，职业学校教师到企业进行实践锻炼，提升教师的教育教学能力和技术实践能力。

在学生的资助方面，合肥市积极贯彻执行国家有关职业学校学生的资助政策，全面落实中等职业学校家庭经济困难学生资助制度，制定《合肥市中等职业学校家庭经济困难学生资助制度实施方案》和《合肥市中等职业教育国家助学金管理暂行办法》，成立资助工作领导小组，严格按政策界定资助对象，规范数据统计和档案管理工作，加大监管力度，确保补助资金专款专用。截至 2008 年年底，全市共有 3.45 万名中等职业学校学生获得资助，资助金额达 2569 万元，形成了以国家助学金为主体的学生资助体系。该项政策的实施对促进合肥职业教育发展起着巨大推动作用并产生深远影响。

在教材编写方面，注重加强中高职学生职业规划教育。合肥经管学校编写的《赢在创业》教材入选全国"魅力校园"中等职业学校职业素养系列教材。该校完成创业教育教材的编写，推进创业教育进课堂，激发学生的创业潜能，培养学生的创业意识。

在这个阶段，合肥市综合施策，持续发力：一是在继续推动职教事业发展基础上，着力改善办学条件，提高办学水平，同时创建一批有特色的重点、骨干示范学校。如 2005 年合肥经济管理学校被认定为国家级重点中等职业学校，合肥旅游学校、肥东县职成教中心、长丰庄墓职业中学等 7 所学校被评为省级示范职业学校。二是根据产业结构的变化和市场的需求调整原有专业规模，扩大专业门类。在 2012 年重点建设了 25 个专业，2013 年提升校企合作水平，促进专业与产业对接，建设 13 个市级示范专业。三是加强教育教学的管理和指导，加强对职业学校的教学指导，成立职教研究会，组建三级教学研究网络，推行学分制试点，制定合肥市国家科技创新试点城市职业教育配套方案。四是调动社会各方面的积极性兴小职业学校，打破了由政府包揽办学的局面。

这一阶段，合肥市深入贯彻全市教育工作会议精神，紧紧围绕合肥市"新跨越、进十强"的总体要求和"大湖名城、创新高地"的战略定位，全面推进教育改革，着力促进教育公平，切实提高教育质量，实现了人民群众对教育满意度的进一步提升。

五、创新发展时期（2014 年至今）

合肥市全面贯彻实施《国家中长期教育改革和发展规划纲要（2010—2020年）》和《国务院关于加快发展现代职业教育的决定》，制定了《合肥市"十三五"职业教育发展规划（2017—2020）》（简称《规划》）。《规划》指出，职业教育要以服务于经济社会发展和人的全面发展为宗旨，重点实现职业教育"五化一创"，即体系化、集团化、师资专业化、国际化、信息化和创新创业。《规划》强调，教育主管部门要参照普通教育体系结构，结合职业教育的现状，重新设计职业教育体系，构建职教本科与应用型研究生这两个新的职业教育层次，加大职教的改革力度；打造职业教育体系新框架，在部分高校进行职教本科专业建设尝试，着力解决职业教育的上升渠道问题，扭转"断头教育"的局面；要依托科教城的优势，发挥合肥高等教育的办学实力，积极开展应用型职教研究生教育体系建设，探索学术型研究生教育与应用型研究生教育的融合。

合肥市政府统筹，不断推进职教创新发展。加大市级统筹力度，根据区域产业发展统筹优化全市职业教育布局结构，职教资源进一步整合。2014 年，合肥市整合市属原合肥市职教中心、合肥市金融学校、合肥市旅游学校、合肥市电子学校和合肥市物流学校 5 所公办职业学校，组建成合肥市经贸旅游学校之后，2016 年又整合了原合肥经济管理学校（国家级重点学校）、合肥建设学校（省级示范学校）和安徽合肥服装学校（省级示范学校）3 所市属公办职业学校组建合肥工业学校，9 月整体搬迁进入磨店新校区。合肥市中等职业教育突进式发展，告别过去中等职业教育"小、散、弱、差"的窘境。

2015 年，合肥市委、市政府出台《关于加快发展现代职业教育的实施意见》等系列文件，成立了合肥市现代职业教育改革与发展领导组和合肥市现代职业教育集团及其理事会，组建了 8 个行业职业教育教学指导委员会，启动了首批 28 个专业校校合作、77 个专业校企合作项目。在职教集团内 11 家企业挂牌职业院校实习实训基地。积极推动县域职教资源整合。安排 7500 万元专项经费，推动市域内各县（市）按照"一县一特色"的原则，依托县级职教中心整合职教资源。落实职业教育发展专项资金的实施项目，开展市属中等职业学校和县级职教中心的数字校园建设。谋划合肥职业技术学院"一校两区"建设规划和黄麓师范学校扩建规划工作。组织职业院校编写"3+4""3+2"和高职与应用型本科人才培养方案。支持合肥职业技术学院、合肥幼儿师范高等专科学校创建地方技能型高水平大学。积极规范中职学校办学行为。截至 2015 年年底，全市具有办学资质的职业学校共有 65 所，比 2014 年增加了 10 所。2015 年，全市规模以上企业首批遴选组建 441 人的全市职业教育"双师型"教师人才库，建立高技能人才进入职业院校兼职任教的绿色通道。

2019 年，为了贯彻落实《国家职业教育改革实施方案》，合肥市出台了《合肥市深化职业教育校企合作实施意见》《合肥市中等职业学校智慧校园建设方案》；2020 年 2 月，编制《合肥市推进产教融合校企合作实施办法》。建设一批初中起点、中高职一体化培养的五年制专业，打造一批产教深度融合、服务区域主导产业或新兴产业的职业教育优势专业、新兴特色专业。全市重点建设了一批职业学校实训基地和校企合作企业基地，升级改造一批职业学校的专业实训室。满足地方服务需求，不断提升专业建设水平。深入推进产教融合和校企合作，实施了现代学徒制试点。组织申报国家产教融合型城市试点。坚持产城融合、创城融合、学城融合，推进职业教育集团化，完成市现代职教集团扩容提质强服务行动，不断完善现代职业教育集团的运行机制，新增加了 1 个行业职业教育教学指导委员会和 7 家实训基地。吸收 17 所中高职院校、40 家规模以上企业和市现代职教集团公共实训中心为集团成员单位。在集团内开展产学研联盟和教师创新团队遴选，完成集团内企业年度考核。合肥市现代职业教育集团成功申报省级示范职业教育集团。合肥市经贸旅游学校首获教育部"1+X"证书制度试点院校。深化产教融合校企合作，出台《合肥市职业院校实习实训基地认定和管理办法》，探索建立校企"联合招生、合作培养、定向就业"的技术技能人才培养体制机制。科大讯飞、京东方等企业与职业院校建立校企合作关系。以合肥职业技术学院、合肥经贸旅游学校为主体，开展中德合作培养汽车专业（电动汽车维修方向）"五年一贯制"中德电动汽车维修高技能人才联合培养试点。

与此同时，制定《合肥市职业院校教师队伍建设实施办法》，实施能工巧匠进校园工程，建立兼职教师人才库，鼓励学校引进、聘请高技能人才。鼓励优秀专业教师跨系统、跨学校、跨区域开展教学、科研工作，在12所学校建有31个名师坊。坚持质量为重，不断优化帅资队伍结构。拓宽"双师型"教师能力建设渠道。加强国际交流与合作，出台《合肥市职业院校师生出国（境）研修交流管理办法》，组织第一批职业院校21名专业课教师成功赴德国执行高端研修。2019年组织职业院校专业课教师暑期到企业开展实践活动，共有20多所职业院校的200多名教师深入全市25家企业30个实践基地参加活动，教师的技能得以提升。积极开展职业教育宣传，组织开展了合肥市2015年首届职业教育活动周，启用全省中职招生录取平台。编印了职业教育进校园宣传资料《选择》读本和《报考指南》。在《合肥日报》等媒体上连续专版宣传职业教育，与合肥市经信委、市商务局联合开展专项校企对接会，为企业招到好的技能人才搭建平台。规范中职学校办学行为，完善"中等职业学校专业设置管理与公共信息服务平台"建设。

2020年，合肥市政府印发了《合肥市职业教育改革实施方案（2020—2022年)》，明确指出要以特色发展中等职业教育；调整优化高中阶段教育结构，把发展中等职业教育作为普及高中阶段教育和建设现代职业教育体系的重要基础，落实好职普比大体相当要求。

第二节　合肥职业教育发展成就

合肥市委、市政府一直对职业教育高度重视，采取了一系列重要举措，这大大促进了本地区职业教育和经济社会发展，取得了令人瞩目的成就。

2015年，合肥市成立现代职业教育集团（简称"合肥职教集团"），推动校企合作，促进产教融合。集团积极谋划，把握市域经济转型升级的重大机遇，主动谋划校企深度合作，促进产教融合，推进落实各项职教保障措施，搭建了校企合作、招生与就业、专业与产业、资源共享等信息平台，取得了丰硕的实践成果，也大大促进了职业教育的发展。至2016年，仅独立设置的中等职业学校就有374所（表4-1）。

表4-1 合肥市2016年中等职业学校基本情况一览表
（只统计教育事业统计中独立设置的中职学校）

序号	所在市	校数	所在县区	隶属管理层级			办学性质		
				省	市	县	公办	民办	企业办
合计		374	100	22	113	239	268	105	1
1	合肥市	55	瑶海	3	5		5	3	
2			巢湖		2	2	3	1	
3			蜀山	3	4	1	6	2	
4			包河	4	6		5	5	
5			庐阳	2	2		2	2	
6			肥东			6	3	3	
7			肥西			6	3	3	
8			长丰	1		6	3	4	
9			庐江			2	1	1	

　　合肥现已形成学科门类比较齐全、结构比较合理、设施比较先进、具有较高质量水平、基本适应合肥经济社会发展要求的现代职业教育体系和运行机制。截至2019年，合肥市中等职业学校专任教师总数为4872人，其中双师型教师有2437人。

一、合肥市职业教育发展主要成就

（一）职业教育体系初步形成

　　合肥职业教育坚持市级统筹、优化布局、完善体系，全面落实职业教育"十三五"发展规划"1+2+3+5+N"（1所应用型本科、2所高职院校、3所市属公办中职、5县市职业教育中心、N所行业企业民办学校）的职业教育规划已基本完成。推动建设举办职业教育各级各类学校92所，在校生达48.2万人，其中应用型本科11所、高职36所、中职45所，在校生分别为14万人、22.6万人、11.6万人。创建中德教育合作示范基地，合肥职业技术学院、合肥幼儿师范高等专科学校建成地方技能型高水平大学，整合组建合肥市经贸旅游学校、合肥工业学校，投资6亿元改扩建黄麓师范学校，投入7500万元推进县级职教资源整合，现代职业教育体系初步形成。

（二）服务经济发展能力势头强劲

　　合肥市职业教育围绕"芯屏汽合、集终生智"等产业不断优化专业布局，

一、二、三产业相应专业占比分别为 9.4%、31.3%、59.3%。升级打造磨店职教基地为产教融合型园区，19 所院校签约，在校生达 13 万人以上。投资 3.8 亿元建成合肥市现代职业教育公共实训中心，年均培训达 3 万人次以上。加强合肥职业院校教师能力发展中心建设，连续 6 年共组织专业课教师赴 50 多家企业开展暑期实践锻炼达 1200 人次以上，组织 25 所职业院校 46 位校长进企业。

（三）产教融合取得显著进展

推动合肥创建国家产教融合型试点城市，建设 3 个产教融合型园区、71 家产教融合型企业。组建合肥市现代职业教育集团，集团成员拓展至 28 个政府机构，29 所中职、高职高专、应用型本科院校，9 个行业指导委员会，58 家企业，1 个公共实训中心，培育建设 12 个产学研联盟、31 个教师教学创新团队、56 家挂牌实训基地、528 个校外实训实习基地。持续推进现代学徒制，职业院校与 99 家企业联合在 62 个专业开展现代学徒制试点。加强"双师型"教师队伍建设，在规模以上企业遴选出 1058 名高技能人才组建兼职教师人才库，全市累计考核认定"双师型"教师 1806 人。

合肥市高度重视教育教学成果的总结与提炼、应用与创新、推广与辐射，带动各中职学校不断优化教学管理，勇于创新人才培养模式，锐意改革教育教学方法，深度强化实践育人环节，成效显著，培育出大批优秀教育教学成果。合肥市代表队在 2016 年安徽省中职师生技能大赛中取得全省第一名，在全国中职师生技能大赛中获得了 6 枚银牌和 14 枚铜牌。2018 年获省级特等奖 2 项、一等奖 5 项、二等奖 16 项。合肥市教育局推荐的"内地新疆中职班'互学互融'培养模式探究与实践"项目，荣获国家教学成果一等奖。合肥市教育局申报的"政府主导校企深度融入区域性现代职业教育集团创新实践"项目与合肥幼儿师范高等专科学校申报的"'反思性实践者'目标引领下的幼儿教师培养模式的改革与创新"分别荣获国家教学成果二等奖。同年，合肥市代表队在安徽省职业院校技能大赛中，共获 45 项一等奖、48 项二等奖、32 项三等奖，团体总分 401 分，连续四年蝉联全省第一；在全国职业院校技能大赛中，获 2 金、3 银、21 铜的好成绩。2018 年，国家首次把职业教育纳入"中国质量奖"，当年 11 月 2 日，第三届中国质量奖颁奖大会在北京举行。合肥职业技术学院在此次评选中从众多申报单位中脱颖而出，荣获第三届中国质量奖提名奖。该学校是荣获提名奖的 2 所院校之一。

实践表明，合肥市大力发展职业教育所采取的措施是卓有成效的，这主要包括：加大经费投入，持续改善办学条件；建设职教城；支持校企合作，促进产教融合；等等。随着合肥市经济实力的不断增强，市委、市政府有计划地加大对职业教育的经费投入，仅以 2019 年的财政经费投入为例，足见其支持力度（表 4-2）。

表4-2 2019年合肥高等职业学校与中等职业学校经费投入统计表

单位:万元

地区	高等职业学校						中等职业学校					
	合计		公办		民办		合计		公办		民办	
	教育经费总投入	财政性教育经费	教育经费总投入	财政性教育经费	教育经费总投入	财政性教育经费	教育经费总投入	财政性教育经费	教育经费总投入	财政性教育经费	教育经费总投入	财政性教育经费
安徽省	961917	695810	869952	674796	58997	6633	969054	848337	888149	824615	69537	20476
安徽省本级	430030	321117	405483	306816	2322	2322	71106	61727	71106	61727	0	0
合肥市	134725	80802	89393	78797	45332	2004	207212	177626	179879	170137	27333	7488
合肥市本级	90669	80073	89393	78797	1276	1276	148855	141204	144973	137322	3882	3882
瑶海	6066	0	0	0	6066	0	0	0	0	0	0	0
庐阳	6689	0	0	0	6689	0	1069	0	1069	0	1069	0
蜀山	3715	0	0	0	3715	0	15	15	15	15	0	0
包河	0	0	0	0	0	0	38	0	38	0	38	0
长丰	0	0	0	0	0	0	7669	5013	5278	4781	2391	232
肥东	0	0	0	0	0	0	18723	13197	10721	9987	8002	3210
肥西	4860	0	0	0	4860	0	11904	8529	9186	8369	2718	160
庐江	0	0	0	0	0	0	3004	2914	2952	2911	52	3
巢湖	0	0	0	0	0	0	6805	6754	6754	6754	51	0
合肥新站高新技术产业开发区	0	0	0	0	0	0	912	0	912	0	912	0
合肥高新技术产业开发区	0	0	0	0	0	0	5011	0	5011	0	5011	0
合肥经济技术开发区	22727	728	0	0	22727	728	3206	0	3206	0	3206	0

二、合肥市发展职业教育的主要措施

（一）依托高教基地，全力建设职教城

2011—2020 年，合肥市围绕"双 20 建设目标（20 所职业院校，20 万名师生）"，规划用地 8.7 平方公里，19 所院校签约，15 所院校进驻，计划在校生达 20 万人以上，全省一流、全国有影响力的职教城基本建成。

为进一步完善现代职教体系，深化产教融合、校企合作，使技术技能人才培养与开发全过程融入经济转型升级各个环节，形成政府、企业、学校、行业、社会协同合力推进的工作格局，2018 年，合肥市现代职业教育集团根据中共合肥市委、合肥市人民政府《关于组建合肥市现代职业教育集团的意见》（合发〔2015〕9 号）总体要求和部署，实施了扩容提质强服务行动计划。拟吸收规模以上企业和高新技术企业加入，使职教集团企业总数达到 50 家以上，吸纳在肥的优质职业教育资源，使集团院校达到 30 家以上，进一步推进产教深度融合。学校企业稳步推进共建共享。2018 年，合肥市教育局会同市经信局开展校企合作负责人培训，共 33 家企业 74 名代表参加培训；组织学校和企业相关人员开展"双走入"活动，走访学校和企业达 30 余家；合肥市经贸旅游学校等 7 所学校被评为首批安徽省校企合作典型示范学校；连续四年组织职业院校专业课教师暑期到企业参加实践活动，承训企业 100 多家，参训教师达 800 多人次。

（二）专业设置与产业对接，提升职业院校服务能力

2018 年度，合肥市依据全市中职学校专业布局，根据申报学校的师资、设备和场地等办学条件，结合合肥市产业结构调整优化升级、人才培养和学校发展的需求，按照省、市有关文件要求，在专家评定的基础上新增 25 个与经济社会发展密切相关的专业（物联网、无人机、轨道交通等），停办了 31 个与经济社会发展不相符的专业，使专业更好地适应经济社会发展的需要。总之，职业教育为合肥经济社会发展培养技术人才的功能日益显现，有力地助推了"工业立市"战略落地生根，为实现合肥加快发展、奋力崛起大局奠定了较好的人才基础。

（三）积极推进现代学徒制模式试点

合肥市推行现代学徒制模式，实行校企"招生—培养—就业"全流程合作，市财政每年投入 130 万元，持续推进 11 所职业院校与 24 家企业联合开展 18 个专业现代学徒制试点。目前，全市已有市级现代学徒制试点学校 11 所、省级现代学徒制试点学校 9 所、国家级现代学徒制试点学校 2 所。

第五章　合肥市职业教育发展现状

第一节　合肥市职业教育当前状况

合肥市把现代职业教育发展作为服务于经济社会创新发展、转型升级的重要支撑，不断优化资源配置，持续推进产教融合，开创了"开放、合作、开拓、创新"的职业教育发展新局面，大大地改善了合肥市的人才资源结构，有效助推了合肥市的现代化经济体系建设和更高质量发展。

一、合肥市职业教育发展的基本情况

近年来，合肥市深入学习贯彻全国教育大会和《国家职业教育改革实施方案》文件精神，努力打造"政府、院校、企业、科研院所"深度融合的区域性现代职业教育集团；继续建设磨店职教城两个职教基地；精心构筑"校内培养、企业实践、海外研修"的三个"双师型"教师培养培训平台；系统建立"公共实训中心、校内实训室、挂牌企业实训基地、双创中心"四个实习实训体系，走出了一条市级统筹、开放共享、产教融合、多元联动、国际合作的职业教育发展之路。

合肥市现有 40 所高职院校（其中市属高职院校 2 所），在校生达 22.56 万人，年招生 7 万余人；54 所中等职业学校，其中公办职业学校 30 所（省属 13 所、市属 7 所、县区属 10 所），民办职业学校 24 所（市管 13 所，县管 11 所）。在校生数 10.7 万人，开设 120 个专业，涉及加工制造类、信息技术类、财经商贸类等 17 大类别，其中第一、第二、第三产业类专业分别占 5%、35% 和 60%。学校占地面积 493.2 万平方米、生均 52.85 平方米。校舍建筑面积 211.19 万平方米，生均 21.55 平方米。各类中职学校教学、实验实训设备资产总值 53019.13 万元，生均实验实训设备值 0.57 万元；实训实习工位总数 47225 个，生均 0.51 个；图书 345.92 万册，生均 37.07 册。有国家改革发展示范学校 3 所，国家级

重点学校 11 所，省级示范学校 9 所[①]。

（一）合肥市高职职业教育发展状况

合肥市实施科教兴市战略，为本地区职业教育的发展提供了良好的外部环境。合肥市高职院校在省委、省政府的领导下，按照区域经济发展对职业教育人才培育工作的要求，对专业结构进行了调整。一方面，加强对传统专业的调整使之更能适应经济发展对专业人才的需求；另一方面及时增设了一批急需或紧缺专业，助力本地区的高质量发展。

专业设置方面。合肥市拥有 40 所高职院校，其中公办高职院校 28 所，民办高职院校 12 所。收集这些高职院校 2019 年的招生计划为计算数据源，按照《教育部关于公布 2019 年高等职业教育专业设置备案和审批结果的通知》进行分类统计汇总。2019 年合肥市高职院校专业设置情况见表 5-1 所列。

表 5-1　2019 年合肥市高职院校专业设置情况

学　校	专业大类数及覆盖率		专业二类数及覆盖率		专业数			
					一产	二产	三产	总计
合肥职业技术学院	10	100.0%	29	30.2%	4	35	39	78
安徽水利水电职业技术学院	11	57.9%	30	31.3%	0	43	21	64
安徽警官职业学院	7	36.8%	13	13.5%	0	0	24	24
安徽工业经济职业技术学院	10	52.6%	30	31.3%	0	28	31	59
合肥通用职业技术学院	5	26.3%	13	13.5%	0	18	8	26
合肥交通职业技术学院	8	42.1%	17	17.7%	0	10	33	43
安徽体育运动职业技术学院	4	21.1%	5	5.2%	0	0	16	16
安徽医学高等专科学校	3	15.8%	10	10.4%	0	4	17	21
安徽职业技术学院	14	73.7%	35	36.5%	0	29	34	63
安徽广播影视职业技术学院	7	36.8%	14	14.6%	0	0	33	33
安徽电气工程职业学院	1	5.3%	2	2.1%	0	7	0	7
安徽城市管理学院	12	63.2%	27	28.1%	0	10	10	21
安徽工商职业学院	10	52.6%	27	28.1%	0	12	41	53
安徽中澳科技职业学院	8	42.1%	18	18.8%	0	3	31	34

①　这里是依据教育部《普通高等学校高等职业教育（专科）专业目录（2015）年》，按照专业与产业的相关度，将农林牧渔大类所属专业划归为第一产业专业，将资源环境与安全、能源动力与材料、土木建筑、水利、装备制造、生物与化工、轻工纺织和食品药品与粮食大类所属专业划归为第二产业专业，将交通运输、电子信息、医药卫生、财经商贸、旅游、文化艺术、新闻传播、教育与体育、公安与司法大类所属专业划归为第三产业专业。

学 校	专业大类数及覆盖率		专业二类数及覆盖率		专业数			
					一产	二产	三产	总计
安徽粮食工程职业技术学院	7	36.8%	14	14.6%	0	15	4	19
安徽艺术职业学院	3	15.8%	5	5.2%	0	0	20	20
安徽财贸职业学院	7	36.8%	17	17.7%	0	3	36	39
徽商职业学院	6	31.6%	13	13.5%	0	2	23	25
安徽国际商务职业学院	7	36.8%	16	16.7%	0	0	36	36
安徽公安职业学院	4	21.1%	9	9.4%	0	0	12	12
安徽林业职业技术学院	8	42.1%	15	15.6%	7	3	17	27
安徽审计职业学院	4	21.1%	13	13.5%	0	9	15	24
合肥幼儿师范高等专科学校	4	21.1%	6	6.3%	0	0	14	14
安徽汽车职业学院	6	31.6%	11	11.5%	0	12	7	19
安徽新闻出版职业技术学院	8	42.1%	16	16.7%	0	9	28	37
安徽邮电职业技术学院	5	26.3%	9	9.4%	0	2	13	15
安徽经济管理干部学院	9	47.4%	19	19.8%	0	1	31	32
民办安徽文达信息工程学院	7	36.8%	19	19.8%	0	10	23	33
民办安徽新华学院	10	52.6%	21	21.9%	0	6	22	28
民办万博职业技术学院	11	57.9%	26	27.1%	0	7	34	41
民办合肥财经职业学院	11	57.9%	24	25.0%	1	10	38	49
民办安徽涉外经济学院	9	47.4%	19	19.8%	0	4	37	41
民办合肥经济技术职业学院	10	52.6%	18	18.8%	0	8	31	39
安徽绿海职业学院	9	47.4%	21	21.9%	0	2	36	38
民办合肥滨湖职业学院	9	47.4%	18	18.8%	0	10	24	34
民办合肥共达职业学院	8	42.1%	17	17.7%	0	12	16	28
民办合肥信息技术学院	7	36.8%	15	15.6%	0	5	26	31
民办合肥科技职业学院	9	47.4%	15	15.6%	0	7	20	27
民办安徽三联学院	7	36.8%	7	7.3%	0	1	7	8
								1258

数据来源：根据2019年高等职业学校拟招生专业设置备案结果以及2019年合肥市高职院校官方网站公布数统计计算。

2019年，合肥地区39所高职院校专业设置覆盖高职高专教育专业全部19个专业大类，专业数总和为1258个。其中，专业设置较全且覆盖率最高的是合肥职业技术学院，设有 78 个专业；专业设置较集中且覆盖率最低的是安徽电气工程职业学院，仅设 7 个专业，且都属于能源动力与材料大类。

专业结构及产业属性方面。合肥市高职院校整体上三产专业设置居多，二产专业次之，一产专业最少，呈现出典型的"三二一"专业结构模式，但是 40 所高职院校由于发展背景、资源基础和战略定位不同，专业结构模式差异明显（表5-2）。

表5-2　2019 年合肥市高职院校专业结构与招生情况

学　校	专业数				计划招生人数				专业结构比重			招生比重		
	一产	二产	三产	总计	一产	二产	三产	总计	一产	二产	三产	一产	二产	三产
合肥职业技术学院	4	35	39	78	20	765	183	968	5.1%	44.9%	50.0%	2.1%	79.0%	18.9%
安徽水利水电职业技术学院	0	43	21	64	0	1530	1300	2830	0.0%	67.2%	32.8%	0.0%	54.1%	45.9%
安徽警官职业学院	0	0	24	24	0	0	825	825	0.0%	0.0%	100.0%	0.0%	0.0%	100.0%
安徽工业经济职业技术学院	0	28	31	59	0	116	183	299	0.0%	47.5%	52.5%	0.0%	38.8%	61.2%
合肥通用职业技术学院	0	18	8	26	0	809	255	1064	0.0%	69.2%	30.8%	0.0%	76.0%	24.0%
合肥交通职业技术学院	0	10	33	43	0	280	1170	1450	0.0%	23.3%	76.7%	0.0%	19.3%	80.7%
安徽体育运动职业技术学院	0	0	16	16	0	0	830	830	0.0%	0.0%	100.0%	0.0%	0.0%	100.0%
安徽医学高等专科学校	0	4	17	21	0	120	1883	2003	0.0%	19.0%	81.0%	0.0%	6.0%	94.0%
安徽职业技术学院	0	29	34	63	0	2975	4184	7159	0.0%	46.0%	54.0%	0.0%	41.6%	58.4%
安徽广播影视职业技术学院	0	0	33	33	0	0	364	364	0.0%	0.0%	100.0%	0.0%	0.0%	100.0%
安徽电气工程职业学院	0	7	0	7	0	418	0	481	0.0%	100.0%	0.0%	0.0%	86.9%	0.0%
安徽城市管理学院	1	10	10	21	50	530	2154	2684	4.8%	47.6%	47.6%	1.9%	19.7%	80.3%
安徽工商职业学院	0	12	41	53	0	719	1633	2352	0.0%	22.6%	77.4%	0.0%	30.6%	69.4%
安徽中澳科技职业学院	0	3	31	34	0	70	1255	1295	0.0%	8.8%	91.2%	0.0%	5.4%	96.9%
安徽粮食工程职业技术学院	0	15	4	19	0	430	710	1140	0.0%	78.9%	21.1%	0.0%	37.7%	62.3%

合肥市职业教育研究与实践

学 校	专业数				计划招生人数				专业结构比重			招生比重		
	一产	二产	三产	总计	一产	二产	三产	总计	一产	二产	三产	一产	二产	三产
安徽艺术职业学院	0	0	20	20					0.0%	0.0%	100.0%			
安徽财贸职业学院	0	3	36	39	0	55	2095	2960	0.0%	7.7%	92.3%	0.0%	1.9%	70.8%
徽商职业学院	0	2	23	25	0	60	1640	1700	0.0%	8.0%	92.0%	0.0%	3.5%	96.5%
安徽国际商务职业学院	0	0	36	36	0	0	2322	2322	0.0%	0.0%	100.0%	0.0%	0.0%	100.0%
安徽公安职业学院	0	0	12	12	0	0	1120	1120	0.0%	0.0%	100.0%	0.0%	0.0%	100.0%
安徽林业职业技术学院	7	3	17	27	313	117	616	1046	25.0%	11.1%	63.0%	29.9%	11.2%	58.9%
安徽审计职业学院	0	9	15	24	0	536	1484	2020	0.0%	37.5%	62.5%	0.0%	26.5%	73.5%
合肥幼儿师范高等专科学校	0	0	14	14	0	0	1413	1413	0.0%	0.0%	100.0%	0.0%	0.0%	100.0%
安徽汽车职业学院	0	12	7	19	0	1001	599	1600	0.0%	63.2%	36.8%	0.0%	62.6%	37.4%
安徽新闻出版职业技术学院	0	9	28	37	0	162	896	1058	0.0%	24.3%	75.7%	0.0%	15.3%	84.7%
安徽邮电职业技术学院	0	2	13	15	0	90	1660	1750	0.0%	13.3%	86.7%	0.0%	5.1%	94.9%
安徽经济管理干部学院	0	1	31	32	0	0	2500	2500	0.0%	3.1%	96.9%	0.0%	0.0%	100.0%
民办安徽文达信息工程学院	0	10	23	33	0	570	1234	1813	0.0%	30.3%	69.7%	0.0%	31.9%	68.1%
民办安徽新华学院	0	6	22	28	0	280	1120	1400	0.0%	21.4%	78.6%	0.0%	20.0%	80.0%
民办万博职业技术学院	0	7	34	41	0	288	1472	1760	0.0%	17.1%	82.9%	0.0%	16.4%	83.6%
民办合肥财经职业学院	1	10	38	40	0	430	1887	2317	2.0%	20.4%	77.6%	0.0%	18.6%	81.4%
民办安徽涉外经济学院	0	4	37	41	0	229	1271	1500	0.0%	9.8%	90.2%	0.0%	15.3%	84.7%
民办合肥经济技术职业学院	0	8	31	39	0	330	1901	2231	0.0%	20.5%	79.5%	0.0%	14.8%	85.2%
安徽绿海职业学院	0	2	36	38	0	67	1315	1382	0.0%	5.3%	94.7%	0.0%	4.8%	95.2%
民办合肥滨湖职业学院	0	10	24	34	0	586	1461	2047	0.0%	29.4%	70.6%	0.0%	28.6%	71.4%
民办合肥共达职业学院	0	12	16	28	0	386	514	900	0.0%	42.9%	57.1%	0.0%	42.9%	57.1%
民办合肥信息技术学院	0	5	26	31	0	200	960	1160	0.0%	16.1%	83.9%	0.0%	17.2%	82.8%
民办合肥科技职业学院	0	7	20	27	0	606	1660	2266	0.0%	25.9%	74.1%	0.0%	26.7%	73.3%
民办安徽三联学院	0	1	7	8	0	70	730	800	0.0%	12.5%	87.5%	0.0%	8.8%	91.3%

数据来源：根据 2019 年高等职业学校拟招生专业设置备案结果以及 2019 年合肥市高职院校官方网站公布数统计计算。

其中，合肥职业技术学院、合肥财经职业学院（民办）属于"三二一"模式；属于"二零零"的有安徽电气工程职业学院；属于"三零零"的学校有安徽体育运动职业技术学院、安徽广播影视职业技术学院、安徽艺术职业学院、安徽公安职业学院、安徽国际商务职业学院、合肥幼儿师范高等专科学校，设置职业均属于第三产业，一产和二产专业设置为零。其他的学校都属于"三二零"模式。如果将专业所属产业性质比重的高低作为确定高职院校产业属性的依据，合肥市高职院校中，三产专业设置居多，属于三产专业设置的学校有 31 所，其中如安徽交通职业技术学院、安徽医学高等专科学校、安徽工商职业学院、安徽中澳科技职业学院、安徽财贸职业学院、徽商职业学院、安徽新闻出版职业技术学院、安徽邮电职业技术学院、安徽经济管理干部学院、民办安徽新华学院、民办万博职业技术学院、民办合肥财经职业学院、民办安徽涉外经济学院、民办合肥经济技术职业学院、安徽绿海职业学院、民办合肥信息技术学院、民办安徽三联学院 17 所高职院校，其三产专业设置比重均超过了 75%，且一产专业设置都未涉及，专业结构同质化明显。

专业布局方面。专业大类对应产业，专业类对应行业，专业对应职业岗位群或技术领域。从合肥市高职院校整体的专业大类布局情况来看，财经商贸、电子信息、装备制造、文化艺术 4 个大类专业设置数量排名前 4 位，4 个大类共计 725 个专业总数；其中财经商贸大类专业数、招生数最多。专业设置居于后 4 位的专业大类分别是水利大类、生物化工、轻工纺织、食药粮食大类。各高职院校当中，只有安徽水利水电职业技术学院设置水利大类中的 6 个专业。

（二）合肥市中等职业教育发展状况

人才培养方面。各中等职业教育学校，结合自身实际情况创新人才培养模式，呈现出各具特色、百花齐放的良好局面。有的学校以社会需求为导向，实施以"跟班、顶岗渐进提升"的人才培养模式。有的学校探索"学校+企业"的专业共建模式，形成"校企合作""工学结合"的人才培养模式。（前两学年，学生主要进行专业知识的学习和专业基本技能、专业核心技能、专业职业技能的学习与实训；第三学年，学生在企业进行具体的实践学习与顶岗实习。）有的学校实行工学结合"2211"的人才培养模式。即把 3 年学制分为 6 个学期：第 1、2 学期在学校进行，支撑平台课程；第 3、4 学期校企结合，学习领域课程；第 5 学期校企结合，工学交替；第 6 学期在企业，完成岗位工作任务。此外，还有 2+1 工学结合的人才培养模式、具有自身特色的"4-4 能力递进式"的专业人才培养模式。如安徽工业经济职业技术学院的旅游管理专业，该院毕业生均提前二年被用人单位预订一空，毕业生就业率达 98%以上，80%的毕业生在就业一年内都走上了基层管理岗位。为了提高学生的动手能力和综合素质，有的学校实施"外语+计算机+专业+技能"的人才培养模式，以及"岗位导向、IT 支撑、行业认证"的人才培养模式，毕业生受到用人单位好评。如安徽交通职业技术学院的城市轨道交通与信息工程系，该系毕业生得到了合肥城市轨道交通公司、南京地铁、杭州地铁、杭港地铁、苏州地铁、苏州高新有轨电车有限公司、上海通号公司、合肥工大高科、日照钢铁、宁波港、中铁二十四局电务公司等企业的一致认可。

校企合作方面。开展产教融合、校企合作，是培养学以致用人才的基本途径。各校积极推行工学交替及现代学徒制等人才培养模式，实行校企"招生—培养—就业"全流程合作。合肥市财政每年投入 130 万元，持续推进 11 所职业院校与 24 家企业联合开展 18 个专业现代学徒制试点。目前，全市共有省级现代学徒制试点学校 9 所，国家级现代学徒制试点学校 2 所。校企共同开发课程 58 门，校企合作编写教材 50 种。同时，市财政每年拿出 2000 多万元职教专项经费推进职业教育提质发展，在职教专项中列支 360 万元对挂牌职业教育师生实习实训基地进行奖补，累计投入奖补资金 1300 万元。出台《职教集团挂牌企业考核细则》，对 18 家挂牌企业进行考核，实现动态管理。

以"兼具学生与员工身份，校企双主体培养"为核心特征的现代学徒制，是职业教育"工学结合、校企合作、顶岗实习"人才培养模式发展的最新阶段，也是落实企业办学主体责任的有效举措。以特色学院的形式实施现代学徒制培养，就是要运用制度优势在职业院校推广这一创新做法。这样不仅能够更多聚集优质资源，改善和提高职业院校输送人才的适用性；而且对合作企业来说，变帮助学校培养人为为自己培养人，打消投入职业教育的顾虑，取得了双赢的效果。合肥市经贸旅游学校等 7 所学校被评为首批安徽省校企合作示范典型学校。

"双师型"教师队伍建设方面。为提升"双师型"教师队伍质量与体量，在规模以上企业遴选 1058 名高技能人才组建"双师型"兼职教师人才库。

连续数年组织职业院校专业课教师暑期到企业参加实践活动，承训企业 40 多家，参训教师达 800 多人次。在中职学校建立 95 个稳定的实习实训基地，在 18 家企业建立开放式的挂牌实习实训基地；中职学校合作企业 745 家，建立校外实训实习基地 528 个。

二、合肥市职业教育发展的环境与态势

2019 年，教育部、财政部印发了《关于实施中国特色高水平高职学校和专业建设计划的意见》（简称"双高计划"），要求"集中力量建设 50 所左右高水平高等职业学校和 150 个左右高水平专业群，打造技术技能人才培养高地和技术技能创新服务平台，支撑国家重点产业、区域支柱产业发展，引领新时代职业教育实现高质量发展"。

合肥市委和市政府将现代职业教育发展作为服务于社会经济创新转型升级的重要支撑，深化产教融合，强化职业教育培养侧和产业需求侧良性互动，形成了

教育链、人才链与产业链、创新链有机衔接的职教发展机制。开启了政府主导、校企深度融入的区域性现代职业教育集团的"合肥探索"，推动了应用型本科、高职院校、中等职业学校、社区教育"多维一体"的"合肥实践"，打造了专业课教师参加企业实践的"合肥名片"，形成了以规范管理、提高服务质量为抓手的职业教育"合肥案例"。

（一）坚持科学谋划，统筹发展职业教育大事业

为了深入贯彻全国第三次职业教育大会精神，2015年合肥市就成立由省委常委、市委书记任第一组长，市长任组长，市委副书记任常务副组长，分管副市长、高职院校等主要负责人为副组长，市发改委、市教育局等相关市直部门主要负责人为成员的合肥市现代职业教育改革与发展工作领导组。建立市、县两级职业教育工作联席会议制度，高位推动职业教育发展。

一是在政策上加大支持力度。形成以《关于加快发展现代职业教育的实施意见》为总纲，以《推进产教融合校企合作实施办法》《职业院校教师队伍建设实施办法》《高中阶段教育相互沟通试点工作方案》《开展现代学徒制试点工作实施方案》等配套文件和相关方案为支撑的顶层设计，从教育规模、办学结构、办学水平、服务能力、发展环境上为职业教育发展制定"路线图"。编制《合肥市"十三五"职业教育发展规划》。组建合肥市现代职业教育集团，整合全市职业教育资源，构建"理事会—秘书处—校企合作基地"三级运行管理机制，建立市级统筹、横向联合、上下联动的运行机制。

二是在投入上加大保障力度。合肥市将中等职业教育纳入基本公共服务体系和公共财政保障范围，严格落实地方教育附加不低于30%用于职业教育的政策。学校的基本建设实施交钥匙工程，实训设备添置由市财政实行项目建设，完全满足办学之需。创新生均定额供给方式，将职业学校生均综合定额提高到13000元，自2015年开始，实行全市中职学生全免学费政策。2018年财政性职业教育经费支出17.1亿元，较2017年和2016年分别增长了36.7%和115%，职业教育经费统筹力度逐年加大。

三是加大督导评估力度。建立职业教育工作目标考核任期工作责任制，把职业教育发展纳入县（市）区教育工作考核和政府目标管理考核体系，定期发布县（市）区职教工作督导报告。自2017年开始，市教育局发布职业学校年度质量报告。建立职业教育发展评价体系，完善学校、行业、企业、研究机构和其他社会组织共同参与的职业教育质量评价机制。

四是营造良好发展环境。落实职业教育科研和教学成果评优制度，用优秀成果引导职业教育改革创新。加强宣传引导，在中小学校融入职业教育，每年开展中小学工业研学活动，开展职业教育年度宣传周活动，宣传高素质劳动者和技术技能型人才的先进事迹，改善全社会的人才观念，营造全社会支持和参与职业教

育的浓厚氛围。

（二）坚持资源整合，构建职教发展大格局

合肥市全面落实"十三五"发展规划"1+2+3+5+N"〔1 所应用型本科+2 所高职院校+3 所市属公办中职+5 县（市）职业教育中心+N 所行业、企业民办学校〕的职业教育规划已基本完成。5 所中职学校整合而成的合肥市经贸旅游学校，3 所中职学校整合的合肥工业学校已整体搬迁至职教城，两所学校在校生均近万人。为了推进县级职教资源整合，目前"一县一校、一校一品"的职业教育格局已经明晰，推进市级职业教育统筹发展路径已经形成。

由政府主导的区域性现代职业教育集团，统筹协调 30 家政府机构、12 家职业院校、9 家行业指导委员会和 18 家企业，集团成立以来持续开展校校合作、校企合作、校地合作、专业建设、人才培养方案制订、现代学徒制试点、校企"双主体"育人等方面工作，全市职业教育一体化的发展格局初步形成。

依托合肥现代职业教育集团，定期开展产教对话活动，针对企业人才需求，提供全方位的管理、研发、操作、售后等"一站式"供给服务。健全"专业围着产业走"机制，建立专业与产业联动和动态调整机制，2018—2019 年，新增物联网、无人机、光伏等专业 35 个，中职学生本地就业率达 90% 以上。整合职业院校和社区培训资源，面向各类群体开展培训，2018 年共培训 7.5 万人次。

（三）多元融合联动，搭建开放共享大平台

一是构建院校、企业、公共实训中心一体化的开放、共享型实习实训平台。投资 3.8 亿元，占地 48 亩，总建筑面积 5 万平方米，建成了市现代职业教育公共实训中心，其中包括现代制造、现代电工电子、现代信息、现代汽车、现代服务、创新创业孵化等六大技术中心、3500 个工位。一期设备投入 7700 万元，已经完成了 4000 人次培训。联合挂牌企业实训基地、职业院校实训室形成"三位一体"的实习实训体系。

二是打造双师培育平台。2015 年，开展职业院校教师实践、培训、研修等工作。至 2018 年已连续 4 年组织了合肥职业院校专业课教师暑期到企业参加实践活动，40 余家企业积极参与，800 多人次到企业进行了实践锻炼，探索了"理论学习—企业实践—高端研修—教学科研实践—再学习提升"的职业院校教师培养模式，开启了政府主导、高校承办、校企联手的大规模教师到企业参加实践活动的先河。

三是探索公共信息平台。本着互联、互通、互融、共享的原则，建设政府、行业企业与职业教育机构共享的产教融合信息平台。运用云计算、大数据等信息技术，强化职业教育数字化教学资源库和企业实践库建设，将学校的人才供给和企业的人才需求进行有效、及时、便捷的对接。

四是建设海外交流平台。加强与德国等先进制造业国家开展职业教育合作，先后选派 42 名教师赴德高端研修，为双师型教师理念的更新、技能的提高、学校专业建设以及人才培养模式的优化起到了巨大的推动作用。邀请约克·比克曼及乌尔里希·埃德曼等德国专家来肥开展德国双元制模式下的教学法培训，2017年接待德国纽伦堡市等地职业教育代表团来合肥市交流访问。

（四）奋进新时代，倾力发展现代职业教育

大力发展现代职业教育，关系到合肥市打造具有国际影响力的创新之都战略的顺利实施。合肥市决定以加大投入为重点，不断改善办学条件；以深化改革为动力，探索发展新机制；以服务发展为目标，增强职教发展新优势；以优化环境为抓手，构筑职教发展新平台，全力打造产教融合型城市，推动全市产业与职业教育又好又快发展。

具体举措包括以下几个方面：一是依据国家及省关于职业教育改革实施方案的意见，组织制定《合肥市职业教育改革实施细则》，成立合肥市职业教育指导咨询委员会，建立市政府牵头的职业教育联席会议制度。二是积极落实落细《国家职业教育改革实施方案》文件精神，出台细则，完善机制，在合肥职业技术学院、合肥市经贸旅游学校率先启动合肥市 1+X 证书试点工作。三是争创国家级首批产教融合试点城市。启动校企合作典型示范校建设，开展市级产教融合型企业认定；依托市现代职业教育集团及职教基地为支撑，建设产教融合实训基地，建立校企合作育人激励机制，产教融合改革迈出实质性步伐。四是推动市现代职教集团扩容提质强服务，加快市现代职业教育集团公共信息服务平台建设；探索"3+4""3+2""3+2+2"长学制人才培养试点；开展"3+2"（3 天在学校 2 天在企业）的新教学模式试点。五是落实职业学校育训并举的法定职责。整合市域内门类多样的培训项目，本着渠道不变、统筹规划、各论其功、突出效率的原则，切实将技能培训工作落到实处。六是加大对职业教育的投入力度。2019 年合肥市高等职业学校与中等职业学校经费投入见表 5-3 所列。

表 5-3　2019 年合肥市高等职业学校与中等职业学校经费投入

单位：万元

地区	高等职业学校						中等职业学校					
	合计		公办		民办		合计		公办		民办	
	教育经费总投入	财政性教育经费	教育经费总投入	财政性教育经费	教育经费总投入	财政性教育经费	教育经费总投入	财政性教育经费	教育经费总投入	财政性教育经费	教育经费总投入	财政性教育经费
合肥市	134725	80802	89393	78797	45332	2004	207212	177626	179879	170137	27333	7488
合肥市本级	90669	80073	89393	78797	1276	1276	148855	141204	144973	137322	3882	3882

地区	高等职业学校						中等职业学校					
	合计		公办		民办		合计		公办		民办	
	教育经费总投入	财政性教育经费	教育经费总投入	财政性教育经费	教育经费总投入	财政性教育经费	教育经费总投入	财政性教育经费	教育经费总投入	财政性教育经费	教育经费总投入	财政性教育经费
瑶海区	6066	0	0	0	6066	0	0	0	0	0	0	0
庐阳区	6689	0	0	0	6689	0	1069	0	0	0	1069	0
蜀山区	3715	0	0	0	3715	0	15	15	15	15	0	0
包河区	0	0	0	0	0	0	38	0	0	0	38	0
长丰县	0	0	0	0	0	0	7669	5013	5278	4781	2391	232
肥东县	0	0	0	0	0	0	18723	13197	10721	9987	8002	3210
肥西县	4860	0	0	0	4860	0	11904	8529	9186	8369	2718	160
庐江县	0	0	0	0	0	0	3004	2914	2952	2911	52	3
巢湖市	0	0	0	0	0	0	6805	6754	6754	6754	51	0
合肥新站高新技术产业开发区	0	0	0	0	0	0	912	0	0	0	912	0
合肥高新技术产业开发区	0	0	0	0	0	0	5011	0	0	0	5011	0
合肥经济技术开发区	22727	728	0	0	22727	728	3206	0	0	0	3206	0

（五）优化人才环境，服务体系不断完善

合肥市经济转型升级与高质量发展需要各类技能型人才的支撑。近年来，合肥市人力资源行业发展环境不断优化，服务体系不断完善。《关于加快人力资源服务业发展实施意见》《合肥市就业创业一站式服务中心建设管理实施细则》等文件的出台，从政策上为人力资源行业的发展指明了方向。综合性"一园多区"国家级人力资源产业园建设稳步推进，2020年实现集聚人力资源服务企业总数超过100家，大中华区100强人力资源服务机构不少于15家，年营业总收入突破100亿元，税收突破2亿元，带动各类就业40万人次，引进高层次人才2.2万人。它的建成将为市场提供全产业链、全方位、多层次人力资源服务需求的一站式服务平台。同时，合肥市发挥专业化人力资源服务机构的优势，精心打造26家就业创业一站式服务中心，"一网多点"的工作格局初步形成，就业创业精准特色"一站式"服务正在逐步推开。

合肥市主要采取了如下措施：一是营造人才优先发展的良好环境。以引进集聚服务五大发展行动计划、全面创新改革试验和合肥综合性国家科学中心建设急需紧缺人才为重点，以实施"安徽人才30条"和合肥市实施办法为总抓手，不断优化人才发展环境，统筹推进各类人才队伍发展；同时，加大宣传力度，营造人才优先、鼓励创新的社会环境。二是打造"互联网+人才"服务新平台。建设合肥市高层次人才综合信息服务平台，通过建立资源共享、分级受理、在线审批、动态监管的工作机制，做好高层次人才"一站式"窗口的服务工作。全面升级公共就业人才服务信息系统，依托合肥人才网、合肥人力资源网，不断升级线上线下、手机等移动端的信息通信技术。三是推进合肥市人力资源市场建设。升级"中国·安徽人才市场大学生就业市场"，在开展毕业生就业指导、素质测评等服务的基础上，增设远程面试、线上智能匹配对接等服务功能，搭建专业化的供需信息交流服务平台；同时，通过建立"全国部分大中城市联合招聘高校毕业生"巡回点，定期举办全国跨区域巡回招聘活动，打造"安徽一流""全国领先"的大学生就业专业市场。四是建设人力资源服务产业园。进一步加快市人力资源服务产业集聚区建设，并在此基础上，加快推进人力资源服务产业园建设，形成集"多功能的社会保障服务平台、多元化的人力资源服务产业基地、多渠道的人力资源创新基地"于一体的人力资源服务业平台，有效推动合肥市人力资源服务产业水平的整体提升。五是强化人才公共服务。在公共就业人才服务窗口设立高校毕业生"绿色服务通道"，优先为来肥就业的毕业生提供"一站式"服务；组织开展好"春风行动""高校毕业生就业服务月"等公共就业人才服务专项活动，为高校毕业生提供精准就业服务；精心组织"高校招聘直通车""流动招工大篷车"系列招聘活动，赴省内外高校招才纳贤，使企业与人才实现无缝对接。六是加强跨区域人才交流与合作。充分利用建设长三角世界级城市群副中心这一契机，拓展"合肥人力资源协作圈"协作范围，组织重点企业参加省内外人才峰会，加强跨省人力资源交流与合作；加强与长三角、皖江城市带承接产业转移示范区、合芜蚌自主创新综合配套改革试验区等兄弟城市间的人才交流与合作，联合开展创新型人才招聘会和网络招聘会。

第二节　合肥市职业教育存在的主要问题

有研究认为，当前制约职业教育发展的主要因素有四：一是职业教育理论方面存在缺陷，对职业教育的地位和作用认识不清、定位不准（或不被重视，或被不恰当地抬高）；二是在职业教育与社会经济的关系上，没有理顺因果关系，在发展顺序上存在倒置现象；三是职业教育的办学体制不健全，学校、企业、政府的主体责任模糊不清；四是职业教育的发展环境不够理想，社会经济发展忽视了职业教育的贡献，长期以来人们对职业教育不够重视，更没有为职业教育的发展提供必要的社会环境和条件。如果在整体上尚且如此，那么作为局部的某一地区也难免存在相同的问题。当然，这些观点未必都正确，却值得我们深思。

合肥市职业教育虽然取得了不凡的成就，在推动本地区经济社会发展以及促进就业、繁荣教育文化等方面作出了重要贡献，但是，与江浙及周边经济发达地区省会城市的职业教育发展情况相比，合肥的职业教育还存在比较大的差距；与此同时，合肥市职业教育的发展规模和质量也没有能够充分满足本地区经济社会文化发展的需要。"十四五"期间，合肥市加快实施创新驱动发展战略、人才强市战略、科教兴市战略，打造全国职教名城，推动产业能级再上新台阶，迫切需要更多技艺精湛、富于创新的高素质技术技能人才。对标合肥市"十四五"高质量发展战略目标，合肥市职业教育适应性还不强。存在的主要问题有以下方面。

一、思想观念滞后于新时代的经济社会发展

首先是对职业教育的认识和重视程度还不到位。目前，在我国学制体系中，普通教育比较强势，职业教育相对被边缘化。社会上还有相当多的人不看好职业教育，认为读研究型大学（如"985""211"）有出息，而上职业院校没有好的出路。一些政府部门对办职业教育的支持力度也不够。无论是在师资队伍建设上，还是在办学条件的满足上，都还没有真正重视起来。如教师编制不足、有编不补。教师队伍结构不合理，文化基础课教师多，专业技术课教师紧缺，等等。职业学校的办学条件、师资力量配备普遍低于普通学校，把职业院校放在中招、高招最后批次录取；职业学校毕业生就业率虽高，但就业质量不高，待遇偏低，在择业、升学、报考公务员等方面存在诸多政策限制和歧视。这些问题助长了对职业教育的偏见。其次，不少职业院校的办学理念落后，仍然以知识传授的思路办职业教育，培养出来的人才不适应经济社会发展需要。职业教育观念滞后，直接影响职业教育法的贯彻落实和职业教育事业的高质量发展。

二、中高职教育衔接不紧密，不利于职业教育良性发展

这也是全国在职业教育方面存在的普遍性问题。目前，中高职虽同属职业教育，但专业目录不统一，课程设置缺乏系统性和递进关系。在招生政策方面，高职院校以招收普通高中学生为主，中职升学招收指标占比不足 15%。这导致的结果是，每个层次的职业教育往往都成了"终结式"教育，这对职教学生职业生涯发展不利，也不利于高技能人才的接续培养。

职业教育在部分西方国家已经发展到博士层次，我国台湾地区也形成了中职、专科、本科、硕士和博士一体化的职业教育层次和较为完善的高等技术教育体系。《国务院关于加快发展现代职业教育的决定》也明确提出，要加快构建现代职业教育体系，巩固提高中等职业教育发展水平，优化中等职业教育布局结构；创新发展高等职业教育。专科高等职业院校要密切产学研合作，培养服务于区域发展的技术技能人才；探索发展本科层次职业教育，建立以职业需求为导向、以实践能力培养为重点、以产学结合为途径的专业学位研究生培养模式。但是，现实状况是中高职教育存在着严重脱节现象。

三、校企合作不够紧密，企业开展职业教育渠道不畅

当前，产学一体化体系建设还面临着许多问题，仍然是院校办学、企业生产，各自为政，相互沟通少，难以形成人才培养与产业发展之间的有效对接。不少职业院校的办学理念还是停留在过去，危机意识不强，人才培养模式陈旧，在专业设置、实用培训等方面更多情况下还停留在闭门造车阶段，缺少对企业实际问题的有效关注，在这种体制下培养的人才自然也就难以满足产业、企业发展的现实需要。为此，不少企业在发展过程中，主要还是依靠自身力量通过岗位培训等手段来实现对专业人才的培养，难以通过订购式培养模式，实现企业与职业院校对人才培养的共享共建。由于产学体系的不完善，校企之间缺少沟通的桥梁，相互间的合作存在着障碍，难以在校企之间形成人才培养的合力，无法满足产业发展的需要。

产教融合、校企合作是培养技能型高水平人才的根本途径，对此，全社会已经形成广泛共识。但是，实事求是地说，目前来看，全国的职业教育在校企合作方面大都还是形式大于内容，表现为职业教育与经济发展需求相脱节、理论教育与社会实践相脱节的现象还比较普遍。在具体教育教学过程中，职业教育仍以学校教育为主，还没有把企业育人资源纳入职业教育的视野。与此同时，尽管不少企业已经认识到科技人才对企业发展的重要性，但是，并没有真正认识到培养高职人才也是企业应有的责任，因此还没有投资职教的意识，对包括高职院校在内的职业院校具有哪些科研能力、能够为企业解决哪些问题以及为企业提供哪些服

务缺乏了解。由于尚未形成以市场机制为基础的利益共同体，因而企业办学和参与职业教育的动力不足。校企合作虽然喊了近 20 年，但是没有根本性突破。问题就在于企业要经营、要发展、要纳税，没有支持职业教育硬性的指标任务，这使得职业教育实际上是很困难的。《职业教育法》规定，企业可以举办职业教育，应当接纳职业院校学生和教师实习，但在校企合作中企业感到没有带来明显的"好处"，却形成了很多压力和负担。建议对接受职业实习的企业，政府要给予相应的补贴或税务减免。

四、人才培养模式存在不足

时至今日，传统的人才培养模式仍然在职业院校大行其道，尽管人们已经认识到了这一做法将导致毕业生技能缺乏的不良后果，但是，由于受到办学条件以及教学惯性的影响，教育教学改革创新还是显得步履维艰。人才培养模式的不足主要体现在如下方面：一是职业院校人才培养模式设置中缺乏企业参与，校企合作存在先天性不足。二是职业院校的专业设置与社会需求不匹配。三是人才培养质量缺乏可评价的标准，用人单位缺失人才质量评估的话语权。四是教育观念比较陈旧，对培养高技能人才的标准不够了解，在人才培养规格上认识不清。五是教学内容和课程体系比较老套。目前的职业教育不少仍停留在"以课堂教学为中心、以知识为中心、以教师为中心、以教室为中心"的旧模式上，没有认识到职业教育的课程更应是一种过程训练，一味强调知识内容，缺乏实验实习手段，教育注意力只集中在教什么而不是学生怎么做。六是教材建设相对滞后。对职业教育的内涵、特征缺乏深刻理解与把握，尚没有建立科学的职业教育教材体系，造成教材无法贴近职业教育的技能型人才培养标准。七是实训基地、实训设备的技术水平相对落后。如此等等。

五、专业设置对战略性新兴产业支撑力度有限

目前，合肥市职业院校专业设置缺乏前瞻性和足够的适应性，存在盲目跟风，设置"热门"专业，专业频繁改变，与产业企业匹配性低，专业设置不能成为技能人才与行业需求相连接的桥梁等问题。首先，从六大支柱产业增长情况和战略性产业完成情况来看，合肥市新动能能够支撑经济高质量发展，全市经济运行总体平稳，综合实力稳步提升。近年来，合肥市新型战略性产业发展态势见表 5-4 所列。战略性新兴产业增加值增长 15.2%，其中新一代信息技术、节能环保、新能源和生物产业分别增长 22.9%、15.9%、14.3% 和 11.4%，新产业加速壮大。新兴产业的迅速发展，对新型技能型人才的需求与日俱增。同时，技术的集成化带动了生产与产业的集成化，从而也给 21 世纪的职业教育提出了"职业技能集成化和职教理论系统化"的要求。六大支柱产业增长率如图 5-1 所示。

表5-4　合肥市新型战略性产业发展态势

产业名称	2012年 产值(亿元)	增值(亿元)	增长(%)	2013年 产值(亿元)	增值(亿元)	增长(%)	2014年 产值(亿元)	增值(亿元)	增长(%)	2015年 产值(亿元)	增值(亿元)	增长(%)	2016年 产值(亿元)	增加值(亿元)	增长(%)	2017年 产值增速(%)	增加值增速(%)	2018年 产增速(%)	增加值增速(%)	2019年 产增速(%)	增加值增速(%)
电子信息产业	634.22	178.72	34.8%	861.69	243.75	35.5%				1311.28	335.78	29.9%	1414.41	301.55	12.4%	21%	20.8%			14.1%	22.9%
节能环保产业	67.86	18.71	25%	83.85	22.44	19.4%				480.93	119.84	9.5%	371.22	89.06	13.7%	11.6%	11%			18.2%	15.9%
新材料产业	147.05	35.74	29.1%	183.51	44.45	13.1%				258.87	60.28	23.5%	296.91	66.25	16.7%	17.7%	23%			1.6%	3.5%
生物产业	94.91	25.42	22.1%	108.28	28.37	9.3%				75.81	20.09	12.2%	74.19	19.49	-1.6%	8.7%	6.9%			12.5%	11.4%
新能源产业	124.6	32.89	40.2%	147.1	38.19	17.4%				376.68	89.24	14.2%	437.94	97.24	15.6%	9%	7.4%			11.7%	14.3%
高端装备制造产业	491.44	131.81	6.4%	571.37	151.6	13.7%				128.47	35.85	19.6%	288.59	68.42	13%	21.8%	24.3%			-2.9%	-1.5%
新能源汽车	9.2	1.79	48.3%	17.75	3.49	47.5%				156.73	37.61	21.8%	216.79	48.36	28.8%	2.9%	3.6%			4.2%	7.8%
公共安全产业	26.5	7.82	18.4%	33.28	9.72	22.1%														-8.3%	-8.7%
合计	1595.78	432.9	23.3%	2006.81	542.02	23.1%				2788.77	698.69	21.9%	3100.05	690.37	14%	16.1%	16.4%			10.6%	15.2%

六大支柱产业增长率

（纵轴刻度：80 75 70 65 60 55 50 45 40 35 30 25 20 15 10 5 0 -5 -10 -15）

（横轴：2013年　2014年　2015年　2016年　2017年　2018年　2019年）

图例：汽车及零部件　食品及农副产品加工　装备制造　家用电器　平板显示及电子信息　光伏及新能源　六大主导产业

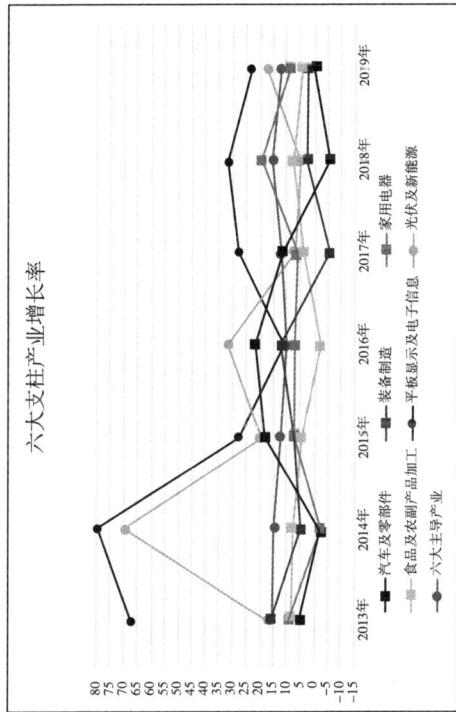

图5-1　六大支柱产业增长率

习近平总书记在党的十九大报告中强调："人才是实现民族振兴，赢得国际竞争主动的战略资源。"战略性新兴产业本身属于技术密集、知识密集、人才密集的高科技产业。发展战略性新兴产业对人才的需求量巨大，需要有大量的专业性人才作为智力支撑。当前，随着科学技术的发展，战略性新兴产业发展势头迅猛，世界各国对战略性新兴产业专业人才的争夺也日趋激烈。首先，合肥市战略性新兴产业发展时间不长，专业人才储备不足，仅仅依靠对外引进专业性人才来弥补人才缺口，将面临现实的困难。一方面，引进人才需要消耗大量的财政资源，这将使合肥市政府的财政压力倍增；另一方面，由于受地理位置以及城市的生活水平的限制，合肥市对优秀人才的吸引力也相对有限，这些因素决定了合肥市在发展战略性新兴产业过程中，必须依靠自身的力量来加强对人才的培养，通过内部发掘潜力来应对专业人才紧缺状况。

其次，从各专业大类的专业设置和招生情况来看，合肥市职业院校虽然专业覆盖面较全，但对照合肥重点发展的战略性新兴产业，专业结构需要调整优化。与合肥战略性新兴产业对口的专业主要包括电子信息、生物与化工、医药卫生、能源材料和装备制造等大类。合肥市高职院校在新能源与节能环保、生物健康和新材料等新兴产业对应的能源材料、生物化工和医药卫生 3 个大类的专业设置、招生数严重偏低。其中汽车、医药、高端装备制造业等战略性新兴产业增速明显，操作类技工人才需求增加。未来技工类岗位需求还有一定的增长空间。2019年，市属职业院校中只有不足 10% 的专业与新一代信息技术、新能源汽车、智能制造、生物产业、新能源、节能环保等战略性新兴产业相吻合。由此可见，合肥市高职院校专业设置和专业建设力度对部分战略性新兴产业的支撑力度十分有限。

再次，专业设置重复度较高，缺乏专业特色。专业设置重复度是指同一专业在不同学校的设置情况，同一专业在越多学校设置，说明其专业设置重复度越高，专业特色越不明显。在合肥市职业院校尤其是在高职院校中会计、电子商务、市场营销、物流管理、旅游管理等多个专业重复设置问题较突出，其中会计专业在 31 所学校中开设，电子商务在 30 所学校中开设，市场营销在 21 所院校中开设，专业设置重复率分别达到 77.5%、75%、52.5%。而与合肥市重点新兴产业相对应的专业设置重复度很低，如食品生物技术、光伏发电技术与应用、医学检验技术、制冷与空调技术等专业只在 1 所或 3 所学校中有开设，招生规模也小。究其原因是某些高职院校专业设置缺乏长期规划与动态调整机制，盲目开设、扩招一些社会需求热门专业，导致专业设置结构趋同、缺乏特色；而契合地方特色新兴产业发展的专业设置明显不足，进而出现"热门"专业人才过剩与新兴产业人才短缺的结构性矛盾。相似的专业技能课程、相同的培养目标和相近的就业方向，这些因素既给劳动市场甄别人才带来了困难，也会导致毕业生的结构性失业，对社会、对学校都是极大的浪费。

最后，专业设置的前瞻性不足，与产业发展需求不同步。人才的培育需要一定的时间周期，职业教育培养的人才存在不能满足社会需求的问题，具有一定的滞后性。从合肥市高职院校专业设置的情况来看，不同程度上存在前瞻性不足的问题。在"十四五"期间，合肥重点培育集成电路、新型显示、创意文化、网络与信息安全、生物医药、节能环保、智能家电、新能源汽车及智能网联汽车、光伏及新能源、高端装备及新材料、人工智能、量子产业等十二大重点产业。发展新一代信息技术、高端装备制造、新材料、生物、新能源汽车、新能源、节能环保、数字创意等八大战略性新兴产业，这些重点产业和战略性新兴产业大部分属于二次产业，合肥市高职院校对应二次产业的专业设置，无论是数量还是质量上都不能满足产业的发展。一方面，与战略性新兴产业相对应的专业发展不适应经济社会发展需要，不能与时俱进，造成部分社会急需专业不能及时设置。如加工制造类、生物和大健康等，与战略性新兴产业相对应的专业点过少。另一方面，缺乏市场需求旺盛的朝阳专业，体现新兴技术的专业不多。在信息技术类中仅有少数几个涉及大数据、云计算等技术领域的专业，而涉及加工制造类、医药卫生类、资源环境类、新能源等体现新兴技术特征的专业较少。

六、职业教育评价体系不健全

《国家职业教育改革实施方案》提出建立"学历证书+若干职业技能等级证书制度"，强化职业教育与外部需求的联系，实现复合能力的生成；同时，《深化新时代关于教育评价改革的实施意见》提出，职业教育要按照自身人才培养目标重构评价体系。当下，合肥职业教育的评价体系尚停留在初级阶段，距离国家标准还很远。

第六章 合肥市职业教育未来发展展望

第一节 国家发展职业教育的政策导向

进入新时代，我国职业教育迈入新发展阶段。党的十八大以来，以习近平同志为核心的党中央把职业教育摆在了前所未有的突出位置。习近平总书记在全国职业教育工作会议上指出，要努力建设中国特色职业教育体系。李克强总理也就深化职业教育改革作出重要批示，提出明确要求。"职教20条"明确指出，职业教育和普通教育是两种不同的教育类型，具有同等重要地位。这在顶层设计上，为推动职业教育高质量发展指明了方向，营造了非常有利的政策环境。

一、新时代高质量发展职业教育的相关规定

为了贯彻习近平总书记关于职业教育的指示精神和李克强总理的批示要求，推动职业教育高质量发展，国务院及有关部委连续制定下发了一系列文件（表6-1），这些文件是地方政府和职业院校工作的基本遵循。

表6-1 职业教育发展的相关文件一览表

部门	时间	内　容
国务院	2019.01	国务院印发《国家职业教育改革实施方案》，提出到2022年，一大批普通本科高等学校向应用型转变，建设50所高水平高等职业学校和150个骨干专业（群）。推动建设300个具有辐射引领作用的高水平专业化产教融合实训基地。从2019年开始，在职业院校、应用型本科高校启动"学历证书+若干职业技能等级证书"制度试点工作。面向在校学生和全体社会成员开展职业培训，各类职业技能等级证书具有同等效力，持有证书人员享受同等待遇。支持和规范社会力量兴办职业教育培训，鼓励发展股份制、混合所有制等职业院校和各类职业培训机构

（续表）

部门	时间	内　容
国务院	2019.02	国务院印发《中国教育现代化2035》《加快推进教育现代化实施方案（2018—2022年)》，提出构建服务全民的终身学习体系。强化职业学校和高等学校的继续教育与社会培训服务功能，开展多类型多形式的职工继续教育。提升一流人才培养与创新能力。加快发展现代职业教育，不断优化职业教育结构与布局。推动职业教育与产业发展有机衔接、深度融合，集中力量建成一批中国特色高水平职业院校和专业。优化人才培养结构，综合运用招生计划、就业反馈、拨款、标准、评估等方式，引导高等学校和职业学校及时调整学科专业结构
国务院	2019.03	《政府工作报告》提出："加快发展现代职业教育""今年大规模扩招100万人""中央财政大幅增加对高职院校的投入，地方财政也要加强支持，并支持企业和社会力量兴办职业教育"
发改委、教育部	2019.04	国家发改委、教育部印发《建设产教融合型企业实施办法（试行)》，对产教融合型企业将给予"金融＋财政＋土地＋信用"组合激励，并按规定落实相关税收政策。该鼓励最终落实或因地域不同存在差异，但是政策对企业投资职业教育的鼓励和支持态度已十分明确，最终落实的激励措施值得期待
教育部及多部门	2019.04	教育部联合多部委印发《关于在院校实施"学历证书＋若干职业技能等级证书"制度试点方案》，国家计划在近期将在试点学校（以高等职业学校、中等职业学校（不含技工学校）为主，本科层次职业教育试点学校、应用型本科高校及国家开放大学等积极参与)。启动首批5个职业技能领域试点：建筑工程技术、信息与通信技术、物流管理、老年服务与管理、汽车运用与维修技术，并将在5个领域遴选确定了参与首批试点的有关职业技能等级证书。产教融合实训基地和产教融合型企业要积极参与实施培训，中央财政将建立奖补机制，引导各地通过政府购买服务等方式支持开展职业技能等级证书培训和考核工作
教育部、人社部	2019.04	教育部、人社部印发《职业技能等级证书监督管理办法（试行)》，提到了以下要求：职业技能等级证书按照"三同两别"原则管理，"三同"：院校外、院校内试点培训评价组织（含社会第三方机构，下同）对接同一职业标准和教学标准；两部门目录内职业技能等级证书具有同等效力和待遇；在学习成果认定、积累和转换等方面具有同一效能。"两别"：人力资源社会保障部、教育部分别负责管理监督考核院校外、院校内职业技能等级证书的实施（技工院校内由人力资源社会保障行政部门负责)，职业技能等级证书由参与试点的培训评价组织分别自行印发

部门	时间	内　容
教育部、财政部	2019.04	教育部、财政部印发《关于实施中国特色高水平高职学校和专业建设计划的意见》，总体目标为：围绕办好新时代职业教育的新要求，集中力量建设50所左右高水平高职学校和150个左右高水平专业群，打造技术技能人才培养高地和技术技能创新服务平台，支撑国家重点产业、区域支柱产业发展，引领新时代职业教育实现高质量发展
教育部、财政部	2019.04	教育部、财政部印发《中国特色高水平高职学校和专业建设计划项目遴选管理办法（试行）》，项目遴选的总体要求为：坚持质量为先、改革导向、扶优扶强，面向独立设置的专科高职学校（包括社会力量举办的专科高职学校），分高水平学校和高水平专业群两类布局。在高职学校年生均财政拨款水平达到国家统一要求且逐年增长的前提下，对职业教育发展环境好、重点工作推进有力、改革成效明显、"双高计划"政策资金保障力度大的省份予以倾斜支持
国务院	2019.05	国务院总理李克强主持召开国务院常务会议。根据中央经济工作会议和《政府工作报告》要求，实施大规模职业技能培训方面，2019年培训1500万人次以上，三年内培训5000万人次以上。会议还确定拿出1000亿失业保险基金结余，统筹用于职业技能提升行动等措施。会议同时通过高职院校扩招100万人的具体实施方案，对如何扩招、如何保证就业等问题作出部署
国务院	2019.05	国务院办公厅印发《职业技能提升行动方案（2019—2021年）》，该文件要求：2019年至2021年，持续开展职业技能提升行动，提高培训针对性、实效性，全面提升劳动者职业技能水平和就业创业能力。三年共开展各类补贴性职业技能培训5000万人次以上，其中2019年培训1500万人次以上；经过努力，到2021年年底技能劳动者占就业人员总量的比例达到25%以上，高技能人才占技能劳动者的比例达到30%以上
教育部	2019.06	教育部印发《关于职业院校专业人才培养方案制订与实施工作的指导意见》，强调了各级教育部门的监督与指导职责：国务院教育行政部门负责定期修订发布中职、高职专业目录，制订发布职业教育国家教学标准，宏观指导专业人才培养方案制定与实施工作。省级教育行政部门要结合区域实际进一步提出指导意见或具体要求，推动国家教学标准落地实施；要建立抽查制度，对本地区职业院校专业人才培养方案制订、公开和实施情况定期检查评价，并公布检查结果。市级教育行政部门负责指导、检查、监督本地区中等职业学校专业人才培养方案制订与实施工作，并做好备案和汇总

（续表）

部门	时间	内　容
国务院	2019.06	国务院办公厅印发《关于促进家政服务业提质扩容的意见》，政府支持一批家政企业举办职业教育。将家政服务列为职业教育校企合作优先领域，打造一批校企合作示范项目。支持符合条件的家政企业举办家政服务类职业院校，各省（区、市）要设立审批绿色通道，简化流程，优化服务。推动30家以上家政示范企业、50所以上有关院校组建职业教育集团。对符合条件的家政类产教融合校企合作项目，优先纳入中央预算内投资支持范围

资料来源：中华人民共和国中央人民政府网站。

　　2019年年初，国务院印发《国家职业教育改革实施方案》，明确了深化职业教育改革的重大制度设计和政策举措，职业教育迎来新的发展机遇。《国家职业教育改革实施方案》提出，职业教育与普通教育是两种不同教育类型，具有同等重要地位。要"完善学历教育与培训并重的现代职业教育体系"。《国家职业教育改革实施方案》以提升职业教育质量为主线，提出一系列改革举措：建立一批制度标准，完善国家职业教育制度体系，完善学校设置、师资队伍、教育教学相关标准和职业培训标准；实施一批重大项目，实施中国特色高水平高职学校和专业建设计划，打造一批高水平实训基地等；启动一批改革试点，开展1+X证书制度、推进职业教育国家"学分银行"建设、构建符合国情的国家资历框架、探索本科层次职业教育、培育产教融合型企业等试点；推出一批扶持政策，落实生均经费标准，扩大奖助学金覆盖面等。实施方案发布以后，教育部会同中宣部、国家发改委、财政部、人社部等10多个部门，就高职扩招百万、启动中国特色高水平高职学校和专业建设、1+X证书制度试点、大规模职业技能提升行动、产教融合型企业、职业教育活动周等出台了10余个政策文件，集中释放了一批含金量高的政策红利。

　　当前，大力发展职业教育的政策红利正在逐步释放。我国经济正处在转型升级的关键时期，需要大量技术技能人才。这就要求职业教育加快改革发展，进一步对接市场，优化调整专业结构，更大规模地培养培训技术技能人才，有效支撑我国经济的高质量发展。由于我国经济的转型发展，社会对高技能型人才的需求不断提高。从一些统计数据中可以看出，普通教育的毕业生就业率已呈现下降趋势，与此同时，高技能人才、技师、技术工人等高素质技能型劳动者却又非常短缺，并在一定程度上已成为制约中国产业结构升级的突出因素。中国人口众多，就业压力较大，全面提高国民素质，提高就业率及从业质量，就要把中国沉重的人口压力转变为人力资源，因此，大力发展职业教育是时代的呼唤。这有利于通过教育、再教育提高就业者素质，增强劳动者就业竞争能力，拓宽其就业渠道，促进就业和再就业。

为了贯彻落实党中央、国务院关于高质量发展职业教育的战略部署，教育部会同各部门出台了一系列的配套政策，努力在提高技术技能人才的地位待遇、激发企业和社会力量参与职业教育的内生动力、强化职业教育条件保障等方面取得实效。2019 年 5 月，教育部关于深入学习贯彻《国家职业教育改革实施方案》的通知中，又一次明确强调了职业教育和普通教育具有同等重要地位，并且强调要把职业教育摆在更加突出的重要位置。同时，进一步强化地方政府统筹发展职业教育的责任，充分发挥学校育人主阵地和主渠道作用，推动职业院校教师、教材、教法改革，特别是探索长学制培养高端技术技能人才，开展本科层次职业教育试点，推动具备条件的普通本科高校向应用型转变。此外，将完善激励机制，为社会力量兴办职业教育探索路径，推动职业院校和行业企业形成命运共同体。

随着国家重视程度的提高和相关政策的出台，社会对职业教育的认可度和接受度也逐渐提高。教育部数据显示，2019 年，全国高职院校扩招 116 万人，这是 2009 年以来时隔 10 年专科招生人数再次超过本科，初等职业教育和中等职业教育招生人数整体也呈现稳步上升趋势。调查显示，2018 年，90% 以上的职业学校制定了体现职教办学特点的章程和内部管理制度，近 90% 师生认为职业院校校园文化氛围很好或较好，说明越来越多的青年学子乐于选择并接受职业教育。

2021 年 5 月，教育部发布修订后的《中华人民共和国民办教育促进法实施条例》，自 2021 年 9 月 1 日起施行，在法规层面明确了国家鼓励企业举办职业教育的方针。人社部、财政部等部门共同印发的《关于全面推行中国特色企业新型学徒制 加强技能人才培养的指导意见》指出，要完善经费补贴政策，对开展学徒培训的企业按规定给予职业培训补贴，补贴资金从职业技能提升行动专项资金或就业补助资金列支……学徒每人每年的补贴标准原则上 5000 元以上，并可定期调整。也是在这一年，《职业教育法（修订草案）》初次提请全国人大常委会会议审议，这也是该法自 1996 年施行以来首次大修。

概而言之，国家推动职业教育高质量发展的政策导向可从以下几个方面进行理解。

（一）更加强调服务于国家重大战略需求

职业教育发展必须置于国家重大战略需求之下，并服务于社会经济发展需要。第一，从宏观而论，职业教育发展必须呼应《中国制造 2025》的要求。《中国制造 2025》开启了我国从制造大国迈向制造强国的征程。服务于《中国制造 2025》，职业教育必须同步向中高端发展，系统培养技术技能人才，增强人才的创新思维和创造能力、实践能力、解决复杂问题等能力，尽快完善从研发、转化、生产到管理的人才培养体系。

第二，职业教育发展要对应"互联网+"的要求。"互联网+"跨界融合的特质必将催生一批新产业、新业态、新商业模式，产生一系列新的用人需求。主动适应"互联网+"条件下的人才需求，使现代信息技术深度融入各个专业，培养符合"互联网+"产业链要求的技术技能人才，是职业教育重要而紧迫的课题。

第三，职业教育发展要满足大众创业、万众创新的要求。创新推动创业、创业带动就业，是教育专注人的培养、应对就业压力的关键举措。职业教育要坚持就业导向，为广大社会成员上岗就业、在岗提升、转岗择业、自主创业提供有力保障，增强聚集各类创新资源的能力和内生创新活力。

第四，职业教育发展要服务于乡村振兴战略的要求。乡村振兴战略是中国巩固精准扶贫成果、建设社会主义新农村、推动农业现代化发展的基本方向。职业教育事实上已成为中国最重要的教育振兴乡村工程，在乡村振兴战略的进程中还将承担更为重要的历史责任。

第五，职业教育发展要响应"一带一路"倡议的要求。"一带一路"倡议不仅要求中国企业和中国产品"走出去"，也需要中国文化和中国服务同步"走出去"。职业教育要进一步深化国际交流合作，既"请进来"继续学习发达国家职业教育的先进经验，也"走出去"推动建立与中国企业和产品相配套的职业教育发展模式，提升国家竞争能力。

（二）更加强调聚焦内涵建设

一是强调坚持立德树人，将人文素养和职业素质教育纳入人才培养方案，内化于心、外化于行，促进职业技能培养与职业精神养成相融合。二是推进专业、课程和教材改革，加快修订专业标准，切实推进"五个对接"。三是加强教师队伍建设，健全专任教师培养培训制度，加强以专业技术人员和高技能人才为主的兼职教师队伍建设，完善高职教师专业技术职务评聘办法。四是加快推进信息化，加快落实职业院校数字校园建设标准，推进职业教育管理信息化，以信息技术改造传统教学，切实加强优质资源建设。五是构建更加科学合理人才结构的要求。当前，我国劳动力的总量和结构都在发生深刻变化，劳动年龄人口存量逐年减少，老年抚养比不断上升。职业教育必须着眼构建更加科学合理人才结构的要求，调整完善院校区域布局，科学合理设置专业，健全专业随产业发展动态调整的机制，重点提升面向现代农业、先进制造业、现代服务业、战略性新兴产业以及社会管理、生态文明建设和老年教育等领域的人才培养能力。

（三）更加强调校企深度合作

产教融合、校企合作是职业教育发展的命脉，高质量发展职业教育必然要进一步深化产教融合、校企合作。产教融合、校企合作也是职业教育的基本办学模式。但是，长期以来，产教融而不合、校企合作不深不实是个痛点，也是堵点。在这方面，国家支持通过组建职教集团来实现理想目标。大力推行职业教育集团化办学，鼓励各地建立以区域或专业为纽带、地方政府或行业为主导、高职院校为龙头、中职学校和企业共同参与的职教集团或联盟，组建一大批职教集团。

具体措施包括：鼓励行业龙头企业、行业部门等牵头组建职教集团，开展多元投入主体依法共建改革试点；支持有特色的高职院校以输出品牌、资源和管理的方式成立连锁型职教集团；等等。二是支持高职院校加强技术技能积累，加强应用技术的传承，增强应用研发能力，与企业深度合作，提高技术服务的附加值；与此同时，加强民族文化、民间技艺的传承发展和人才培养，使之努力发展成为国家技术技能积累与创新的资源集聚地。三是鼓励职业院校为行业企业服务，开展职工培训，探索创新校企合作办学、合作育人、合作发展的协调机制，为职工继续教育和职业生涯可持续发展提供更多机会。四是职业教育开展服务社区业务，发挥好职业院校资源优势，向社区开放服务，服务全民终身学习，推进学习型社会建设。

新修订的《中华人民共和国职业教育法》鼓励企业举办职业教育，同时还规定对深度参与产教融合、校企合作的企业给予奖励、税费优惠等政策激励。这在法律层面为产教融合、校企合作提供了依据和保障，同时也为职业教育的健康持续发展营造了良好的社会制度环境。

二、我国职业教育发展的基本趋势

（一）职业教育行业将进入黄金发展期

在政策利好发酵下，职业教育行业将进入黄金发展期。2020 年，全国职业教育市场规模达到 6505 亿元，其中，学历职业教育市场规模达到 1761 亿元，非学历职业教育市场规模达到 9859 亿元。从 2015—2020 年学历职业教育市场估算（表 6-2），即可见我国职业教育行业发展趋势之一斑。

表 6-2 2015—2020 年学历职业教育市场估算

年份 类别	2015	2016	2017	2018	2019	2020
中等职业教育						
在校人数（万人）	1656	1599	1254	1551	1799	1871
客单价（元）	4000	4000	4000	4200	4200	4400
高等职业教育						
在校人数（万人）	1049	1083	1105	1133	1218	1267
客单价（元）	8000	8000	8000	8500	8500	8500
市场规模（万元）	15016000	15060000	13856000	16144700	17908800	19001900

（二）职业教育规模将持续扩大

据智研咨询发布的《2019—2025 年中国职业教育行业市场竞争格局及未来

发展趋势报告》预测，我国职业教育适逢重大利好发展机遇，行业规模将持续扩大。2017—2022年我国职业教育市场维持6%以上增速，其中非学历职业教育市场维持6.3%的增速，预计2022年将超过4000亿的市场规模。今后，中等职业教育已不再是学生学习职业生涯的尾端，将逐渐变为学生们职业教育的第一个阶段。此外，财政对于职业教育投入也会持续加大。数据显示，财政投入从2014年的1837亿元增加到2017年的2656亿元，年均复合增速高达13.1%，未来国家对职业教育的投入力度会逐步加大。

（三）改革创新职业教育招生模式

中共中央办公厅、国务院办公厅印发的《关于推动现代职业教育高质量发展的意见》指出：加快建立"职教高考"制度，完善"文化素质+职业技能"考试招生办法。时下，中等职业教育招生模式逐渐向中招录用服务平台挨近，注册制变为非应届生的具体录取招生方式。职业教育改革创新有两个关键大方向：第一，健全完善录取招生机制，创建中等职业学校和普通高中一致录取招生服务平台，精准服务区域发展要求。因此，将来应届初中毕业生参与中招考试，依据考试成绩报考中等职业学校会逐渐变为主流方式。第二，积极主动招录初高中毕业未升学的学生、退伍军人、退役运动员、下岗工人、务工青年等接纳中等职业教育；服务于乡村振兴发展战略，为乡村培育众多以新式职业农民为主体的实用性优秀人才。对于非应届生，采用注册制录取招生。针对这类学生采用非全日制或是学分的方式，建立相对弹性的教学方式，目的是提高其专业技能。未来的职业教育是更明确的"平行线"式发展，不仅是在校生的全日制职业教育，以育人为本，重视大学生综合能力的培育，注重培育大学生基础职业素养、文化素质，为后期发展打下基础，而且是对于社会青年的技能提升培训，以服务于社会发展为主导，重点培育其从事某种工作的专业能力或水平。

（四）校企变成利益共同体

在共同推动职业教育发展方面，产教融合、校企合作将会更加密切。未来的发展方向是校企合作将会进入资产相互合作、权益共享环节，完成真正意义上的合作共荣，工学一体，相互培育人才。届时，车间是教室、师傅是老师，实习是教学实训，实现真正意义上的在校理论学习，在企业工作实践，校企之间教学内容互补，课程进度配合，彼此变成利益共同体，在真正意义上做到相互培育人才。职业院校、公司企业有关技术专业相互合作的教学方式将扎实有效。

（五）人才培养模式继续优化

展望未来，系统深化推进职业教育人才培养模式改革与创新，推动职教与就业有效衔接，不断加强国际交流合作，将持续成为职业教育发展的趋势。一些职业学校将通过政校行企联动、产学研创并举、坚持开放办学等方式创新人才培养模式，不断开创职业教育新局面。可以预见，未来我国的职业教育模式还要继续得以调整、优化，不断完善的国家学分银行将促使网络教学+学分制变成职业教育的新趋势；中等职业教育不会再限制 3 年，培训基本功能得到大幅增强，可能向社区化方向发展。学生边工作边学习，学好相对应课程内容，达到学分数量规定，得到毕业证书。职业教育完成两条腿走路，即普通全日制教育和培训教育，这样才能够真正实现职业教育为区域经济发展服务、为社会服务的目标。

第二节　合肥市产业发展的基本走势

一、产业结构概况

合肥市居安徽省中部，是省会城市，位于长江淮河之间、巢湖之滨、内地前沿，具有承东启西、贯通南北的重要区位优势，有"江南唇齿，淮右襟喉""江南之首，中原之喉"之称，也是国家综合交通和通信枢纽之一。作为安徽省的政治、经济、教育、金融、科技和交通中心，皖江城市经济带核心城市，合肥市拥有三所国家实验室和四座重大科学装置，是仅次于北京的国家重大科学工程布局重点城市，国家科技创新型试点城市，同时还是世界科技城市联盟会员城市。

近年来，合肥市重点围绕家用电器制造、平板显示及电子信息、汽车及零部件、食品及农副产品加工、装备制造、光伏和新能源等六大主导产业，加快构建更具竞争力的现代产业体系。所谓主导产业，是指那些发展速度快、在产业结构系统中起引导带动作用，对国民经济增长贡献大的产业。主导产业的本质是在产业结构中起引导和带动作用，并且决定了一个区域产业结构未来发展的方向和模式，决定着整个区域经济体系的形成与演化，对于推动区域经济健康发展具有重要意义。

在企业创新发展过程中，坚持引导和支持创新要素向企业集聚，构建和完善技术创新链，切实提高产业科技创新实力，企业科技创新步伐加快，成效显著。通过科技创新打造优势产业，合肥市成为综合实力突飞猛进的城市之一。2010—2020 年的 10 年间，合肥市 GDP 总量同比增长将近 3 倍，年平均增速 12.3%。2019 年，合肥市第三产业首次突破 50%，经济结构已逐步由第二产业转向第三产业。从具体的产业来看，汽车及零部件制造、装备制造、家用电器、食品及农副产品加工、平板显示及电子信息、光伏及新能源等已经成为经济支柱，其中，平板显示及电子信息增速最为迅猛。合肥市的电子信息产业，包括以京东方为代表的液晶面板产业，以科大讯飞为代表的智能语音、人工智能产业，以及集成电路产业。2019 年增速全年保持在 30% 以上，已成为国内最完整和最先进的面板及光学生产基地。京东方的 6 代、8.5 代、10.5 代最先进的面板线均已投产落地。整个产业链带动光学、面板、玻璃、IC 等投资超过 1400 亿元。预计未来，平板显示及电子信息将成为合肥市第一大主导产业。其次是家用电器制造产业。目前，合肥市已成为国内最大的家电生产基地。合肥市集聚国内几乎全部白色家电巨头，包括格力、海尔、美的、美菱等。家电四套件之电视机、洗衣机、电冰箱和空调，2019 年产量将近 7045 万台。全国每 10 台电视机、4 台电冰箱、4 台洗衣机、17 台空调就有一台产自合肥。再次是汽车及零部件制造。全市上下游产业链上规模企业为 192 家，2017 年完成主营收入 956 亿元，成为合肥市第三个千亿级产业群。2019 年，含新能源车在内总计生产 45 万辆，已稳步成为合肥市第三大主导产业。第四大主导产业为光伏及新能源。2019 年完成太阳能电池产量 870 万千瓦，占全国的 1/11。2021 年合肥市的地区生产总值（GDP）达到 11412.8 亿元，按可比价计算，同比增长 9.2%；全市规模以上高技术制造业增加值同比上升 38%，战略性新兴产业产值增长 28.3%；主要工业产品中新能源增长 148%，集成电路增长 68.6%，太阳能电池增长 20.5%；第三产业增加值 6890.54 亿元，同比增长 8.6%，对经济增长的贡献率达到 57.5%。

合肥市近些年的快速发展，与境内布局的优势产业和科技人才的引进、培养密不可分。同时也应该看到，合肥市与经济强市的距离还有不小差距。全市各产业集群规模仍然偏小，产值偏低，最高的家电集群产值才 1700 多亿元，各行业上规模的企业仅为 2257 家，数量上远低于其他经济强市。这些也与产业链、创新链、人才链的匹配度不高直接相关。

二、产业布局调整

合肥市原来素以生产家用电器闻名国内外。进入新时代，为了实现跨越式发展，作为全国科教城市，合肥市注重培育和大力发展战略性新兴产业。"十三五"以来，合肥市抢抓新一轮全球科技革命和产业变革机遇，聚焦新型显示、集成电路、人工智能等重点产业打造城市"产业地标"，推动战略性新兴产业成为创新驱动的主引擎、转型升级的主抓手、高质量发展的主动力。

第一，进行产业结构的调整升级，从"铜墙铁壁"转到"芯屏器合""集终生智"，并围绕"芯屏器合""集终生智"培育一批新兴产业，实现"换道超车"。所谓"芯"，指芯片产业。目前，合肥已集聚了包括长鑫存储在内的 186 家集成电路企业，致力于打造世界一流的存储产业集群。所谓"屏"，指新型显示产业（以京东方、维信诺为代表）。合肥是集 6 代线、8.5 代线、10.5 代线于一身的世界最大平板显示基地。所谓"器"，指装备制造及工业机器人产业（以联宝电子及各大家电品牌企业为代表）。当前，安徽的六轴机器人产量已居全国第一位。所谓"合"，指人工智能和制造业的加快融合。合肥打造的"中国声谷"已集聚包括科大讯飞、华米科技、海康威视、寒武纪等在内的 600 余家企业，形成了国内最具代表性的人工智能产业生态圈。所谓"集"，就是集成电路、动态储存。所谓"终"，是指白色家电、新能源汽车等面向消费终端的现代制造业。所谓"生"，是指生物医药大健康，如大基因及生物医药。所谓"智"，就是人工智能。正在爆发中的量子产业、类脑智能（科大讯飞）以及正在攻关的一系列尖端前沿的可控核聚变、超导、光源、信息工程等未来能成为国家支柱的科研课题。如今，"芯屏器合""集终生智"等更多的新兴产业已经成为合肥市闪耀的名片，一批具有国内乃至国际竞争力的新兴产业龙头企业拔地而起，作为高质量发展抓手，推动"合肥制造"多方位向价值链中高端迈进。

调整了产业发展思路，带来了合肥市快速发展的局面。长鑫存储打破国际垄断；京东方研制成功全球最大尺寸超高清氧化物显示屏产品；华米科技全球智能可穿戴领域第二代人工智能芯片"黄山2号"发布；蔚来汽车高端SUV产品车身铝合金含量超96%，为全球量产车最高……"十三五"以来，合肥的战新产业产值年均保持两位数增长，占全市工业产值比重提高到54%。

第二，产业集群快速发展壮大，规模效应得以显现。"十三五"以来，合肥市强化大项目集聚带动，战略性新兴产业对全市规模以上工业增加值贡献率由54.2%提高到88.9%。2019年9月，新型显示器件、集成电路、人工智能三个产业获批，成为国家战略性新兴产业集群。合肥市获批产业集群数量位居全国第四、省会城市第二。在新一代信息技术领域方面，合肥市入选产业集群数量并列全国第一。2020年，蔚来汽车中国总部落户合肥，德国大众21亿欧元入资江淮和国轩，合肥正在打造全国领先的新能源汽车之都。

合肥市是京东方最大研发和生产基地之一，京东方的发展，是合肥市新兴产业稳健前行的一个重要缩影。抗击新冠病毒疫情期间，线上经济迅速发展，京东方围绕首发、独供、小众等特点积极布局，教育平板、笔记本电脑和桌面显示器的出货量大幅提升。逆势发展的新兴产业，成为对冲经济下行压力的重要支撑，展现强大韧劲和巨大潜力。京东方10.5代线、维信诺AMOLED 6代线拉动新型显示产业跃升，长鑫集成电路制造基地、晶合晶圆推动中国集成电路产业重镇崛起。2020年9月2日，世界知识产权组织发布《2020年全球创新指数报告（GII2020）》，报告对全球经济体中的热点"创新集群"进行排名并列出得分最高的前100名，中国共有17个创新集群上榜。合肥居百强榜第79位，比2019年上升了11位。2020中关村论坛发布会上发布的"自然指数—科研城市2020"最新数据和研究成果显示，合肥市跻身全球科研城市榜单前20位。

第三，产业链创新链互动，为经济高质量发展添动力。创新，是合肥最强基因。"十三五"以来，合肥市积极围绕产业链部署创新链，围绕创新链布局产业链，围绕产业链重塑人才链，围绕人才链优化教育链，激发创新驱动内生动力，推动科技之花转化为产业之果，走活高质量发展"一盘棋"。"十三五"期间，合肥市全力推进综合性国家科学中心建设，构建由国家实验室、重大科技基础设施集群、交叉前沿研究平台和产业创新平台、"双一流"大学和学科组成的创新体系。另外，还采取市校合作共建、股份制公司运营等模式，与清华、北大、中国科大、北航、哈工大等21家知名高校院所共建26个协同创新平台，协力推进成果转化创新。探寻合肥战略性新兴产业在"十三五"时期快速壮大的密码，不难发现，创新思维、长远眼光和坚定决心，成为这座城市在激烈区域产业竞争中勇抓机遇、乘势而上的新优势。2020年，围绕产业链"延链、补链、强链"，合肥聚焦集成电路、新型显示、人工智能等12条重点产业链。

第四，精准施策，站高谋远做优产业生态。在构建国内大循环为主体、国内国际双循环相互促进的新发展格局过程中，做优产业生态具有重要意义。合肥市围绕新兴产业，不断优化产业发展的政策环境、市场环境、人才环境等多方面，推动资源集聚、政策集成、力量集中，加快形成自行调节、相互促进、协调适配的良好产业生态，助力新兴产业实现"加速跑"。"十三五"以来，合肥市精准制定"综合政策+专项政策+金融产品"的全方位政策体系。在综合政策方面，出台"高质量发展30条"政策、"三重一创"政策等，每年拿出100多亿元支持产业发展。在专项政策方面，聚焦重点产业领域，出台"中国声谷"、人工智能、集成电路、新能源汽车、光伏、线上经济等专项政策。2019年，合肥市安排近20亿元支持企业培育、项目建设、平台建设等关键环节。对战新产业重大基地、重大专项、重大工程，市财政专项切块支持。在金融产品方面，合肥市积极通过专利权质押快贷、投联贷、银团贷款、市场化债转股等适应科技型企业"轻资产、高成长"特点的一系列专项产品，为产业集群重大项目建设提供独特的科技金融解决方案。2019年累计授信额度611.95亿元，年末贷款余额498.4亿元。近年来，合肥充分发挥国有资本引导撬动社会资本投资重大项目建设，实现技术和产能的突破，创新"产业基地"+"产业基金"联动模式。合肥成为长三角城市群副中心后，既很好地参与长三角的产业分工，又保持自身的独立性和特色；既结合本地实际，又符合国家的产业发展规划。在长三角产业分工合作中，合肥与南京、杭州能避免同质化竞争，努力形成产业互补和合理分工，实现区域效率最大化。合肥产业结构相对优化，产业特色明显。

《中共合肥市委关于制定国民经济和社会发展第十四个五年规划和二〇三五年远景目标的建议》提出了"十四五"时期经济社会发展的主要目标之一是："产业结构更加优化，工业增加值占生产总值比重达到25%，现代化经济体系建设取得重大进展，产业基础高级化、产业链现代化水平明显提升，产业链供应链自主可控能力稳步增强，建成5个左右产业集群，'芯屏汽合''集终生智'成为具有国际竞争力、影响力的产业地标。"这意味着在未来几年，合肥市的产业结构将更加优化，产业对技能型人才的需求会越来越多。

三、合肥市产业发展方面存在的问题

合肥市近年来在产业发展方面取得的成就可圈可点，然而静心而论，在这方面与一些经济发达地区相比还存在比较大的差距，换言之，合肥的发展空间还很大。问题主要体现在如下方面。

一是政策引导作用发挥不足，政策执行落实不到位。政策平台作用发挥不够，政策性资金对社会资金、金融资本的带动力不强、引导作用不明显，没能很好地带动社会、企业、个人的活力和创造力。一些县区和部门没有把既定的政策用好用活。同时，合肥作为一座新兴城市，缺乏丰厚的发展底蕴，发展基础比较薄弱。尽管近年来发展势头迅猛，但是就整体而言是远远逊色于全国其他中东部省会的城市。如 2015 年，合肥市的 GDP 的增速位居第三位，但是整体的 GDP 仅为苏州的三分之一，为南京的二分之一，基数较小，综合实力较弱。

二是需求结构存在矛盾。经济的可持续发展需要供求平衡，因此产业结构的发展只有与需求结构相适应，才能实现供给结构与需求结构的均衡。城镇化、现代化是增大城市需求的重要途径，也是经济发展的助推力，但是合肥的城镇化水平却仍然较低，尚有大量的劳动力滞留在农村地区，没有充分转移至城市，没有为城市的发展提供足够的技能型劳动力资源。第三产业不够发达，也吸纳不了更多人员就业，这一矛盾不利于城市的长足发展。

三是产业结构需要进一步优化。合肥的第一产业发展依然是依靠劳动力投入，劳动生产率很低，不能充分发挥劳动力的价值。虽然二、三产业的就业人数比重在不断地提高，但是第三产业依然没有占据主导地位。合肥为了经济的合理有效发展，必须对产业结构优化升级，使产业结构趋向合理化和高度化。合理化是要求合肥的产业结构要充分利用社会资源，使之在各产业之间合理利用，取得较高的社会效益；还要与社会的需求结构相适应，实现供给与需求的均衡，更要使各产业在生产时相互联结，向现代化发展。高度化要求在产业结构中劳动密集型的产业占优势比重下降，向资金密集型、技术知识密集型产业进行转变。产业实现高集约化，产品最终实现高附加值、高技术化。

四是科技创新能力仍需提高。合肥虽然有全国闻名的高校，有着丰富的科研资源，如中国科学院合肥分院、中国科技大学、合肥工业大学、安徽大学等知名高等学府聚集在一起，有许多科研成果和科学成就都处于国内领先地位，同时聚集着众多的科技人才。但是，这些优秀的科技资源并没有得到整体统一的结合，科研成果没有形成一个体系，并没有很好地转换到生产生活中去，最终使得合肥的产业缺乏足够的创新，大部分产业只是简单的组合，技术含量低。如果在新技术、新产品领域的创新优势不能充分运用，那么深加工高附加值的产品就不能出现。

　　五是创新人才的流失严重。由于合肥的总体竞争力落后于经济发达地区，创新激励机制尚未完善，企业不能有效地吸引更多的人才。高校优秀毕业生被其他城市所吸引，合肥无法很好地留住这些人才，使得高科技产业的就业人数不够多，不能有效地促进企业的改革升级，更不利于城市的快速崛起和可持续发展。长期以来，合肥的人才流失现象较为严重，虽然近年来合肥的企业员工学历越来越高，人民受教育程度也越来越高，可是不少优秀人才更愿意到北上广地区就业，本地区不能有效地吸引更多的人才。

　　六是龙头企业影响力和产品的竞争力不足。主导产业中缺少能够广泛参与国际标准修订、对国内产业政策制定和市场价格确定具有较大话语权的领军企业和知名品牌。市场竞争高度依赖于既有的主打产品，往往通过压低人工成本和商品价格等方式参与市场竞争，产品科技含量不高、利润率较低、核心竞争力较为不足。不少企业的创新引领能力缺乏，依然以引进技术、组装生产为主，研发动力不强，高端装备和关键元器件严重依赖进口，在运用先进实用技术和高新技术改造提升传统产业方面着力不够。

第三节　合肥市技能型人才供需状况

一、合肥市经济社会发展对技能型人才的需求

（一）合肥市经济社会发展情况

　　合肥市是长三角世界级城市群副中心、"一带一路"和长江经济带的重要节点城市，是全国唯一环抱五大淡水湖之一巢湖的省会城市，正在着力打造具有国际影响力的创新高地、全国重要的先进制造业高地、具有国内领先优势的数字经济高地、内陆开放新高地、优质优良宜居宜业的生态高地。因此，合肥市对人才的渴望尤其是对技能型人才的需求特别旺盛。

　　至 2019 年，合肥市实现地区生产总值 9409.4 亿元，增长 7.6%。其中，第一产业增加值 291.86 亿元，第二产业增加值 3415.32 亿元，第三产业增加值 5702.22 亿元，分别增长 1.7%、7.7%、7.8%。三次产业结构由上年的 3.2：36.9：59.9 调整为 3.1：36.3：60.6。从三种产业的结构比例来看，合肥市已呈现"三二一"的产业结构模式，第三产业所占比例已占半壁江山。第三产业的迅速发展，衍生了许多新兴的服务密集型行业。

　　再从合肥市从 2012 年至 2020 年三次产业的增加值（表 6-3）占 GDP 的比重也可以看出，该地区的第三产业增速很快。这预示着，经济发展方式已经发生重大转变，对技能型人才的需求会越来越多。

表6-3 合肥市2012—2020年三次产业增加值占GDP的比重

年 份	2012	2013	2014	2015	2016	2017	2018	2019	2020
一产增加占比	5.5%	5.2%	4.9%	4.7%	4.3%	3.9%	3.5%	3.1%	3.3%
二产增加占比	55.3%	55%	55.2%	52.6%	50.7%	49%	46.2%	36.3%	35.6%
三产增加占比	39.2%	39.8%	39.9%	42.7%	45%	47.1%	50.3%	60.6%	61.1%

资料来源：根据《合肥年鉴》数据整理。

根据《中共合肥市委关于制定国民经济和社会发展第十四个五年规划和二〇三五年远景目标的建议》，合肥市在"十四五"期间将构建现代产业体系，打造具有国际竞争力的产业集群，聚力打好产业基础高级化和产业链现代化攻坚战，推进制造强市、质量强市、网络强市、数字合肥建设，做实做强做优实体经济。提升产业链、供应链的稳定性和现代化水平，加快发展现代服务业，重点培育集成电路、新型显示、创意文化、网络与信息安全、生物医药、节能环保、智能家电、新能源汽车及智能网联汽车、光伏及新能源、高端装备及新材料、人工智能、量子产业等十二大重点产业。发展新一代信息技术、高端装备制造、新材料、生物、新能源汽车、新能源、节能环保、数字创意等八大战略性新兴产业。这些宏大目标的实现，都离不开科技创新的推动和大批技能型人才的支撑。

（二）区域人力资源现状

人力资源是促进经济社会发展的要素。高素质的人力和技术力量是经济社会发展的重要支撑和基本依托。

1. 人力资源需求情况

近年来，合肥市人力资源需求总量在不断增长，但总体看来，人力资源尤其是技能型人才的供给不足。主要根源是合肥市经济发展突飞猛进，对人才的需求增大，而本地区在人才培养、人才使用等方面存在短板。

（1）人力资源供需变化

2017—2021年职业供求状况分析见表6-4所列。

表6-4 2017—2021年职业供求状况分析

年 份		需求人数（万人）	求职人数（万人）	求人倍率=需求人数/求职人数
2021	第一季度	23.45	15.91	1.47
	第二季度	24.06	19.51	1.12
2020	第一季度	12.86	6.62	1.94
	第二季度	10.09	7.16	1.41
	第三季度	10.76	7.83	1.37
	第四季度	10.25	7.52	1.36

（续表）

年　份		需求人数（万人）	求职人数（万人）	求人倍率=需求人数/求职人数
2019	第一季度	12.30	9.90	1.24
	第二季度	9.30	7.09	1.31
	第三季度	7.84	6.39	1.23
	第四季度	6.64	5.49	1.21
2018	第一季度	11.29	8.60	1.31
	第二季度	8.54	6.58	1.30
	第三季度	6.46	5.20	1.24
	第四季度	6.38	5.27	1.21
2017	第一季度	9.12	6.46	1.41
	第二季度	6.56	5.19	1.26
	第三季度	5.76	4.83	1.19
	第四季度	5.93	4.98	1.19

数据来源：合肥市人力资源和社会保障局2017—2020年职业供求状况分析报告。

在岗位需求方面，2019年，合肥市需求人数最多的为技工，其次为工程/机械/能源、市场/营销、销售人员、生物/化工/制药/医疗器械。应届毕业生最受欢迎，基本供不应求。学历要求方面，对MBA、硕士研究生、本科学历需求人数同比分别上升了83.33%、32.48%、18.32%。工作年限方面，需求人数最多的为应届毕业生，其次为1年经验者、2年经验者。无工作经验和1年经验者需求同比均大幅增长。其中无任何工作经验要求的需求人数占比约52.45%，超过一半的岗位。相比于工作年限，单位更看重求职者的个人发展潜力和学习能力、职业素养等。同时，单位更注重吸收新鲜血液来补充人才队伍。2019年，合肥市对海外高端人才部分的统计调查显示，对高端人才的需求大多集中在现代服务业（金融、教育、管理、法律）、先进制造业、集成电路以及新能源产业。

从2017年至2021年上半年人力资源供求状况来看（见表6-4），全部都是需求大于供给。这表明合肥市的经济发展急需劳动力资源特别是技能型人才的支撑。

（2）人力资源产业需求

按产业分组的需求人数分析来看，用工需求仍以第二、第三产业为主体地位，第一产业需求力度仍然不强，就业岗位主要集中在第三、第二产业。以2018年为例，产业对人才的需要情况可见一斑。2017—2020年职业供求状况分析见

表 6-5 所列。

表 6-5 2017—2020 年职业供求状况分析

		第一产业	第二产业	第三产业
2018 年	需求人数（人）			
	需求比重			
2017 年第一季度	需求人数（人）	374	52818	38018
	需求比重	0.41%	57.91%	41.68%
2017 年第二季度	需求人数（人）	545	34097	30921
	需求比重	0.83%	52.01%	47.16%
2017 年第三季度	需求人数（人）	378	30764	26491
	需求比重	0.66%	53.38%	45.96%
2017 年第四季度	需求人数（人）	396	31387	27468
	需求比重	0.67%	52.97%	46.36%

数据来源：合肥市人力资源和社会保障局 2017—2020 年职业供求状况分析报告。

2018 年合肥发布《人力资源发展状况白皮书》，这也是安徽省以及合肥市首次发布人力资源发展状况白皮书。白皮书共分 5 个部分，包括：年度分析报告篇、人力资源状况篇、人力资源需求篇、人力资源培养篇、政策文件篇。白皮书比较客观、全面地反映了合肥市当时的人力资源培养及需求情况，真实反映了此时合肥市人力资源发展状况，具有一定的指导性。2018 年度，合肥市各级公共人力资源市场需求人数和求职人数分别为 326751 人、256549 人，与 2017 年相比分别上升 19.4%、19.52%；进场招聘企业数为 14873 家，较 2017 年增长 13.61%。全市人力资源市场供求总量较 2017 年有所增长，就业形势保持基本稳定。

数据显示，第二产业的需求人数为 170353 人，需求比重 52.14%；第三产业需求人数为 154857 人，需求比重 47.39%。从需求数量来看，第二产业仍占据主体地位，第三产业需求增速较为明显。与 2017 年相比，第二产业需求比重下降 2.34 个百分点，第三产业需求比重则上升 2.48 个百分点。第三产业中的计算机服务和软件业、批发和零售业、住宿和餐饮业以及房地产业的人才需求与 2017 年相比增速较快，同比分别上升 5.11、2.28、2.06 和 1.77 个百分点。同时，企业对专业技术人员的需求也大幅上升。2018 年专业技术人员的需求人数为 50128 人，所占比重 15.34%。与 2017 年相比，需求人数增长 95.8%，所占比重上升 5.99 个百分点，在各类职业中增速较快。

2019 年度合肥市人社局发布的人才需求状况，调查覆盖先进制造业、智能家电、集成电路、新型显示、智能语音、新能源汽车、信息技术、新能源、生物化工、节能环保、新材料、现代农业、现代服务业等13个产业。13个产业的紧缺人才需求人数最高的为先进制造，其次为新型显示、现代服务业，三者分别占总需求数的25.97%、24.6%和13.2%。这些产业将提供较多的就业机会，其中，高级管理类职位需求最多的是先进制造，其次是现代服务业和新一代信息技术。而高级技术类职位需求最多的是先进制造，其次为新一代信息技术和集成电路。专业方面，需求最多的为工商管理，其次是机械类（含自动化）、电子信息类、计算机类、市场营销。艺术类、医学类等往年调查小众的专业需求有所上升，而土建类专业需求量明显下降，其余专业需求量保持稳定。

2021年第四季度合肥市人力资源市场职业供求状况分析报告显示，从产业和行业需求来看，第二产业用工需求同比上升0.45个百分点，其中，制造业需求同比增加较多，上升3.09个百分点。第三产业需求同比略有下降。从职业分组供求看，生产制造及有关人员需求同比增加4.44个百分点。社会生产服务和生活服务人员等需求同比分别下降3.76和3.47个百分点。

2. 人力资源供给情况

以2017年合肥市第一季度的人力资源供给情况为例（表6-6）。

表6-6　2017年合肥市第一季度的人力资源供给情况

求职人员类别	2017年第一季度	
	求职人数	所占比重
新成长失业青年	20859	32.27%
其中：应届高校毕业生	8263	39.61%
就业转失业人员	1174	1.82%
其他失业人员	309	0.48%
在业人员	5374	8.31%
下岗职工	0	0.00%
退休人员	0	0.00%
在学人员	3936	6.09%
本市农村人员	12085	18.69%
外埠人员	20909	32.34%
合计	64646	100.00%

尤其值得注意的是，新增加失业青年、农村劳动力、就业转失业人员和其他失业人员是人力资源市场求职主体。这种人才供给状况，很难支撑住合肥高新技术产业的需要。

2021年第一季度，据合肥市人力资源和社会保障局发布的人才市场供求情况看，十大热门招聘岗位为技工、销售类、房地产、工程/机械/能源、物流/仓储、客服及技术支持、行政/后勤、保安/家政/其他服务、餐饮/娱乐、人力资源，技工类人才需求攀升。统计数据显示，技工类人才需求占招聘需求总量的29%，同比增长52%，位居十大热门招聘岗位榜首。究其原因，一是一线操作工工作量大、压力大，流动性强，离职率高，导致制造类企业用工需求增加。二是一季度合肥市工业经济增速明显，位居全省首位。1—2月，汽车产业增长超百，光伏、电子信息产业增长近一倍，装备产业增长超70%。得益于国内外市场需求释放，家电产业扭转去年下降势头，迎来较大反弹，累计增长42.8%，这些企业生产增长进一步增强了一线技工类人才需求。2021年第二季度，全市工业经济增速较快，1—5月，全市战略性新兴产业产值同比增长44.3%，其中汽车、医药、高端装备制造等战略性新兴产业增速明显，操作类技工人才需求继续增加。

近年来，合肥市人才需求呈现如下几个特点。一是总量攀升、结构性矛盾突出。由于一批新项目、龙头企业、知名企业落户合肥，带来了新的人才需求。与此同时，企业人才需求与劳动力供给存在结构性失衡。一方面，进入人才市场求职的高校毕业生数量逐年增长，毕业生就业压力大；另一方面，企业难以选聘到适合岗位需求的毕业生，毕业生就业能力与市场需求不相适应的结构性矛盾仍然存在。二是生产加工类人才需求旺、技能人才缺口较大。随着合肥发展高新技术产业战略的深入推进，合肥家电、汽车、装备制造等产业迅猛发展，带动了生产技能型人才的旺盛需求。另一方面，合肥现有职业院校培养出来的技能人才不能满足市场需求，加之就业观念存在偏见，一些人不愿意去生产岗位，导致合肥企业在技能人才方面缺口仍然较大。三是机械仪表、生产加工、化工生物、土建物业四类高级专业技术人员紧缺。从高级技术类职位看，机械仪表类、生产加工类、化工生物类、土建物业类专业位于需求排行榜前列。在高级管理类职位方面，管理类、行政后勤类以及销售类岗位需求人数较多。高级管理、技术人员位于人才金字塔的顶端，需求数量不多却对企业的发展起着至关重要的作用，甚至引领行业的发展，因此，需进一步加大对此类人才的引进与培养力度。

二、职业教育必须关注人才供求情况，动态调整专业建设思路

职业院校必须根据合肥市人才市场需求预测信息，结合地方产业结构，立足本校的专业规划与资源条件，科学制订专业设置规划、形成动态调整机制。以2019年为例，根据合肥市人才市场供求分析可知，销售、技工类、交通运输服务类人才需求增加，因为随着合肥市经济的不断发展，外来人口增加，以及合肥市居民出行方式的变化，直接导致了消费群体对网约车服务需求不断上升，目前

已有大量提供网约服务的公司进驻合肥市，带动了交通运输服务类人才的旺盛需求。高职院校应提前预判人才需求变化形势，在交通运输服务类设置相应专业，满足未来岗位需求。又如，新能源汽车在全国推广使用，围绕新能源汽车产业链未来会需要大量的技能型人才，将涉及新能源汽车维修、充电设施安装服务等方面。再如，合肥地处"一带一路"和长江经济带战略节点地区，是国家规划建设中的全国性综合交通枢纽，随着其交通枢纽地位的逐步提升，仓储物流行业迎来了广阔的发展空间。目前，合肥已吸引不少电商、物流公司以及大型物流地产开发商进驻，如京东、苏宁、顺丰等知名企业，同时也形成了一批成熟的物流园区。这些物流基地、外卖平台和快递行业的快速发展，导致物流仓储岗位需求攀升。高职院校要抓住机遇，全面培养物流管理专业学生各方面技能，使之成为推动物流业高质量发展的高素质技能型人才。

为了满足新兴产业崛起和地区经济社会高质量发展对高技能型人才的需求，合肥市出台了"创新之都20条"和战新产业"333"人才集聚工程实施意见，配套制订"国内外顶尖人才引领计划"等34项实施细则，形成覆盖各类别、各层次、各发展阶段的人才政策体系。

第四节　合肥市发展职业教育的思路与对策

中共中央在制定十四五规划及2035远景目标时明确提出要"大力培养技术技能人才"。2020年，习近平总书记在全国劳动模范和先进工作者表彰大会上也鲜明指出，要完善现代职业教育制度，创新各层次各类型职业教育模式，畅通技能人才职业发展通道，培养更多高技能人才和大国工匠。面向未来，要深入学习贯彻习近平总书记关于职业教育的重要指示，加强党的领导，坚持立德树人，优化类型定位，深入推进育人方式、办学模式、管理体制、保障机制改革，加快构建现代职业教育体系。

高质量发展职业教育需要瞄准技术创新和产业升级，大力推进产教融合、校企合作，加强师资队伍和办学条件建设，健全人才培养和评价标准体系，促进教育链、人才链与产业链、创新链有效衔接；需要一体化设计中职、高职、本科职业教育培养体系，优化资源配置和布局结构，推进职业本科教育发展，建设高水平职业院校和专业；需要加大制度创新、政策供给、投入力度，支持职业教育办精、办好、办出特色。总之，要用新理论、新理念、新观点、新思维、新对策推进职业教育持续发展。

面向未来，合肥市必须深入贯彻党的教育方针，立足职业教育新发展阶段，贯彻新发展理念，构建职业教育新发展格局。具体而言，要认真贯彻《国家职业教育改革实施方案》有关文件精神，主动适应高职扩招后生源多元化、发展需求多样化对教育教学的新要求，全面提高人才培养质量，把高职扩招作为深化职业教育改革发展、提升职业教育发展水平的新动力。以学情分析为基础，以培养方案为关键，以管理创新为突破，以信息技术应用为手段，通过规范教育教学组织与管理、创新人才培养模式与方法，促进人才培养质量和就业创业质量提升，加快培养复合型技术技能人才，为合肥市经济社会发展提供强有力的人才保障和智力支撑。

一、发展思路

《合肥市职业教育改革实施方案（2020—2022 年）》确立了近阶段的发展目标与任务是坚持以习近平新时代中国特色社会主义思想为指导，把职业教育摆在全市教育改革创新和经济社会发展全局更加突出的位置，提出高质量发展高等职业教育，重点建设 2 所高水平高等职业院校、10 所左右高水平中等职业学校和一批骨干特色专业（群），争取 3～5 所职业院校进入全国重点建设行列；落实"职教高考"制度，稳步推进高职扩招工作，支持更多中职学校和普通高中毕业生以及退役军人、退役运动员、下岗职工、农民工、新型职业农民等接受高等职业教育。据此，要积极扩大高等职业教育规模，引导高职院校优化专业布局、深化校企协同育人、培育办学特色、提高人才培养质量，持续推进地方技能型高水平大学建设。同时，探索发展混合所有制特色二级学院，鼓励发展民办高等职业教育。还要积极探索中高职衔接的人才分段一体化培养模式，根据产业和岗位需求，明确不同学段人才培养定位，构建衔接机制。

（一）创新职业教育发展的政策环境

职业教育发展的实践证明，正是依靠国家政策和地方法规的引导和保障，职业教育才得以不断深入改革和发展。新时代对职业教育提出了新要求、新目标和新任务，因此，需要继续以改革为动力，探索运用新的办学体制、管理体制和运行机制，促进职业教育的快速发展。

随着我国经济转轨、社会转型、发展方式的转变，职业教育在今后一个时期内将处在快速发展的转型期。实现新目标、完成新任务、达到新要求，需要比以前更加有力、更加明确的政策引导和保障。新时代，制定的有关职业教育改革与发展政策的价值取向，应更加体现公平，更加关注质量，强化职业教育的准公益性特点，充分满足人民群众接受就业、再就业、创业和个人发展的需求，满足经济社会对新型产业所需的高素质、高技能、复合型人才的需求，使职业教育从满足生存型的社会教育需求转到满足发展型的社会教育需求。一是通过制定政策，促进职业教育创新发展试验区建设，优化职业教育的资源配置，引领职业教育创新发展。二是通过政策支持职业院校实施提质培优行动，深化职业教育"三教"

改革，进一步提高技术技能人才培养供给能力。三是通过政策激励，深化教育教学观念变革，建立以能力为本位的教学指导思想，坚持以社会和经济需求为导向，从职业岗位入手，合理设置专业，制订教学计划，教学内容反映新知识、新技术、新工艺和新方法，注意加强实践能力培养，实行两种证书制度。

（二）构建具有地方特色的现代职业教育体系

《国家中长期教育改革和发展规划纲要（2010—2020年）》明确提出现代职业教育体系具有三大属性，即外部适应性、内部适应性和自身协调性，现代职业教育体系构建必须围绕这三大属性开展。据此，发展现代职业教育必须服务于地方经济社会发展的需要，必须有利于职业教育体系内部的协调发展和一体化运行的需要。

首先，以《中华人民共和国职业教育法》为纲领，以"职教20条"为抓手，立足2035年远景目标，基于合肥市的产业布局和经济社会发展的需要，坚持问题导向，聚焦薄弱环节，着力补短板、强弱项，着力职业教育提质培优增值赋能，以质图强，加快提升新时代职业教育现代化水平和服务社会的能力，建设高质量职业教育体系。

其次，面向生产一线对技术技能型人才的需求和产业结构调整需要，制定适合本地区实际且符合职业院校自身状况的改革和发展规划，建立起具有特色的中职、高职高专、职业本科、专业学位教育以及学历证书教育与职业资格培训相融通的职业教育体系框架。可以通过在应用型高等学校设置职业本科教育专业以及在高职高专设置职业本科教育专业，架设起中等职业教育、高职高专教育与职业本科教育的立交桥，使职业学校的学生不仅可以读大专，还可以上本科，畅通职业学校学生的发展通道，给中等职业学校的学生上大学开辟空间。

再次，要扩大职业教育覆盖面。一方面，职业教育不仅要涵盖传统的大中专教育，也要涵盖到本科教育；不仅要进行技能教育，也要涵盖学历教育。另一方面，职业教育的覆盖人群也必须扩大，既要招收中学毕业生，也要吸纳再就业人员，包括退伍军人、下岗工人等等。其目的是要通过职业教育提高学生的学历层次和劳动者的职业技能。

（三）加强对职业院校发展的宏观调控与指导

首先，政府要加强统筹，进一步强化和落实发展高等职业教育的责任。改革职业教育的办学体制，建立依靠政府、行业、企业、社会团体、公民个人等各方面力量办学的机制体制。政府要将职业教育的发展，纳入当地经济和社会发展规划，并根据经济结构调整、资源开发及支柱产业、高新技术产业的发展，引导高等职业学校合理设置专业，确定人才培养规格和人才数量。政府还需要对职业院校专业设置进行宏观调控和政策性指导，根据《中共合肥市委关于制定国民经济和社会发展第十四个五年规划和二〇三五年远景目标的建议》《合肥市职业教育改革实施方案（2020—2022 年)》等，结合社会发展特点，把职业院校专业建设纳入本区域整体经济社会发展的计划中。根据合肥区域产业结构调整和经济发展的速度，统筹规划专业布点，促进产业结构合理均衡地发展。

其次，政府应站在全局角度考虑区域职业院校的发展，积极引导其设置社会发展需求旺盛的新兴专业，淘汰落后专业；通过各种政策，引导职业院校进行专业设置和调整，对重点专业和紧缺专业加大投入，加大扶持力度。对于一些对经济发展有重要影响的冷门专业和符合未来经济发展方向的战略性专业，政府应该采取有效措施保障和扶持其健康发展，有针对性地鼓励相关院校开设这类专业，并给予适当的政策支持和财政扶持。如节能环保、新能源发展等是合肥地区的战略性新兴产业，但很少有高职院校开设与此相关的专业。政府应鼓励有条件的高职院校积极开设，并加大对生物化工、医药卫生和材料与能源类专业建设的投入力度，提供一些资源和政策支持，比如通过学费减免、就业优惠、重点专业倾斜或专项补贴等政策措施，调动高职院校开设这类专业的积极性，并进而提高学生及家长选择该专业的意愿。

再次，合理布局城乡职业教育。紧扣本地区重点产业布局和结构，结合支柱产业发展需要，统筹规划职业院校建设布局，指导和推动各区县按照一定的人口比例，对所辖职业院校进行整合、重组，促进职业院校做大做强，提升竞争力，打造职业教育品牌。推动县级政府加强县级职教中心和骨干中职学校建设，加强农村成人文化技术学校的建设和职业技能的培训工作，加强"三教统筹"，推进农科教结合，促进农村职业教育加快发展。

（四）完善职业教育管理体制与机制

完善管理体制是促进职业教育发展的重要条件。政府要履行发展职业教育的职责，把职业教育纳入经济社会发展和产业发展规划。一是要在政府主导下，健全多渠道投入机制，推动职业教育管理体制改革和机制创新，着力解决体制与机制不适应或有碍于职业教育发展的状况，彻底改变职业教育在管理上的政出多门、管理多头、筹措困难、投入少而不稳定的局面。二是要进一步理顺职业教育管理体制，建立起以政府管理与统筹为主、社会积极参与的管理体系和机制，推行行业、企业和社会参与职业教育教学监督、评价制度。三是要加强宏观管理，市委和市政府统筹规划，推动各有关部门在各自职责范围内负责职业教育有关工作，共同推进职业教育发展。四是要落实高校的办学自主权，把专业设置权限下放给学校。政府只在管方向、管政策、管引导等方面积极作为，通过完善制度，让职业院校充分发挥专业设置和调整的主动性。政府仅通过规划、拨款、政策指导以及必要的行政手段，对专业设置进行宏观管理，增强职业院校专业设置的灵活性，探索建立学校自主办学的有效机制，为职业院校专业设置创造良好的外部环境。

有效的运行机制是促进职业教育发展的重要保障。首先，要发挥好院校主体作用。高职院校要自觉担当起质量保证的主体责任。质量形成于人才培养全过程，质量保证也要贯穿于人才培养全过程。要建立教学工作诊断与改进制度，全面开展教学诊断与改进工作，根据自身的办学理念、办学定位、人才培养目标，聚焦专业设置与条件、教师队伍与建设、课程体系与改革、课堂教学与实践、学校管理与制度、校企合作与创新、质量监控与成效等人才培养工作要素，查找不足与完善提高，形成常态化的内部质量保证机制，促进质量改进持续上升。

其次，要充分发挥市场引导作用。《中共中央关于全面深化改革若干重大问题的决定》要求，"使市场在资源配置中起决定性作用"，让市场在所有能够发挥作用的领域都充分彰显活力。在职业教育领域，市场在以下方面发挥引导作用：引导观念，促进高职教育遵循市场规律，强化服务意识，面向社会办学，服务于企业技术研发和产品升级，服务于全民学习、终身学习；引导资源，引导社会力量参与办学，扩大优质教育资源，资本、知识、技术、管理等要素都参与办学，实现资源配置效益最大化和效率最优化；引导行动，激发学校发展活力，促进职业教育与社会需求紧密对接，推动职业教育与经济社会同步发展。

再次，要发挥好政府的指导作用。放权不意味着放任，政府要更多运用法规、规划、标准、政策、公共财政、信息服务等手段引导和支持学校发展，加强和改善宏观管理，发挥引导、示范、激励、监管作用。发挥好政府保基本、促公平作用，着力营造制度环境、制订发展规划、改善基本办学条件、加强规范管理和监督指导等；加快落实政府职能转变、政事分开的改革部署，推进职业教育管办评分离，更好地调动各方积极性，有效构建政府、学校、社会的新型关系，逐步形成政府宏观调控管理、院校自主办学、社会广泛参与、职能边界清晰、多元主体"共治"的职业教育质量保障新格局。

（五）引导职业教育多样化发展，注重职业本科教育

职业教育内涵丰富，形式多样，层次各不相同。当前，人们对高等职业教育重视程度比较高，对中等职业教育的重视程度却比较低；对面向高新技术行业的职业教育比较重视，但对面向农村的职业教育比较忽视。据此，要特别注意发展中等职业教育和农村职业教育。

一要高度重视中等职业教育的基础地位，深刻认识到发展中职教育是建设中国特色现代职业教育体系的重要基础。从支撑经济社会发展和满足现代化建设对多样化人才需求出发，鼓励区县政府全面核查中职学校基本办学条件，优化中职学校布局，结合实际，加大投入，提高中职学校办学效益；受适龄人口递减、社会对教育预期提升、中职升学通道不畅、"职普大体相当"政策分流手段以学科考试为主、"重普轻职"观念根深蒂固、将低分学生作为兜底分流进入职业学校、通往高层次职业教育的学习通道狭窄、一些地区由于教育经费投入不足使得

中职办学条件较差等多种原因，导致中职教育吸引力不足。因此，要引导办学主体坚持以育人为本，尊重教育规律和学生身心发展规律，为每个学生提供适合的教育，改革创新发展多样化中等职业教育，提高中职教育的吸引力。

二要注重发展面向农村的职业教育，这既是解决实际问题特别是贫困问题最直接的教育手段，也是实现乡村振兴的重要途径。因此，首先要加大力度落实学历教育与培训并举的法定职责。按照育训结合、长短结合、内外结合要求，面向全体社会成员开展形式多样的培训。其次要建立长效投入机制。提升对农村职业教育的重视程度，加大对农村职业教育的财政投入力度，形成稳定长效的政府投入机制；提高经费使用效率，将资金有效地分配在基础保障、师资建设等方面。再次是增强涉农专业吸引力。面向有实践经验的农民，以学籍管理制度带动教学内容、教学组织等综合性改革，以培养稳定的职业农民队伍，稳定农业生产；紧跟现代农业的发展步伐，加强校企合作，强化绿色农业、现代化农业的理念，及时优化专业调整，加强校内外实习实训基地建设。第四，加大县级职教中心建设力度。县级职教中心在乡村振兴战略中发挥着重要作用，是培养、造就符合新时代新使命的农村发展建设带头人和新型职业农民，推动农业农村优先发展的主战场；加大对县级职教中心的投入力度，强化以信息化为手段的条件能力建设，强化职业培训功能，确保各类资源的整合和合理利用，有力服务于农业、农村和农民。

三要高质量发展职业本科教育。产教融合是提升高技能人才培养质量的关键，也是高质量发展职业教育的根本途径。一方面，必须发挥产教融合促进产业发展、服务社会发展的作用。职业本科教育必须与行业企业开展深度合作，打通与企业在核心技术攻关、产品高端化与工艺升级等方面的通道，将职业本科教育拥有的技术优势和人才优势充分展示，为区域产业转型升级赋能助力。另一方面，职业本科教育必须充分重视产教融合的协同育人价值，实现人才链与产业链有机衔接。具体措施包括：一是通过产业融合畅通职业本科院校教师进入企业学习锻炼、丰富实践教学经验，同时让企业高级技能技师进入学校教学传授实践经验的双向渠道。二是通过产业融合实现教材"实战化"，及时更新教材内容，保证学生学习最新的专业知识，提高技能技巧。三是通过产教融合实现教学教法的"前沿化"，将新工艺、新技术以现代先进的方式在课堂上展示，让学生更容易掌握和运用。同时，企业可为学生提供实践实习所需的生产场地、生产设备等条件，进一步提高学生的职业素养。产教深度融合不仅可以深化"三教"改革，而且还可以整合教育资源，促进毕业生高质量就业。

专业是人才培养的基础平台和基本单元，职业本科教育专业的质量和结构，直接影响高层次技术技能人才培养的成效，直接关系到职业教育支持和服务经济社会发展的能力。因此，加快职业本科教育专业结构调整升级是职业本科教育高质量发展的内源动力。职业本科教育的专业设置必须适应新时代产业发展需求，提高专业与产业匹配度。职业本科院校要及时调整和撤销不符合社会需求的专业，合并技能重叠度高、核心课程交叉的专业，保留符合产业人才需求、就业面向明确的专业，新增面向新时代、新产业、新业态、新技术、新职业等需要的专业，以此保证专业设置与区域产业发展协调一致。同时，专业结构调整要对社会发展中人才的"短缺"和"过剩"起到平衡的作用。比如随着人工智能产业、大数据IT产业的不断扩大，软件工程类、智能科学与技术等高端技能人才、复合型技能人才缺口极大，大量低技能劳动者过剩，合理科学地进行专业结构的调整，实现专业调整与产业发展需求同频共振，加快构建现代产业体系的建设，提高职业本科教育供给侧与区域劳动力市场需求侧之间的匹配度，增强职业教育的适应性。其次，构建与地方产业深度融合的专业体系，增强服务区域发展能力。职业本科院校必须结合地方产业发展加大专业建设力度，制定合理的专业发展的目标。政府要对地方职业本科教育的开展提供帮助，助力高素质技术技能人才的培养，促进专业与产业协同发展。

大力开展"四年一贯制"的技术技能型本科人才培养模式改革试点，提升高技能型人才培养质量。同时，要推进职业教育办学主体多元化，着力打破部门界限和学校类型界限，引导职业教育多样化发展。

（六）提高技术技能型人才待遇，增强职业教育吸引力

发展职业教育是当前社会经济发展的需要，但是，由于受传统思想观念以及社会偏见等方面因素的影响，时下的职业教育还是缺乏应有的吸引力。为改变这种不利局面，增强职业教育吸引力，除确保职教经费投入、畅通与普通高等教育的沟通机制等之外，还需要通过提高技术技能人才待遇，营造有利于职业教育发展的社会环境。要加大深化工资收入分配制度改革的力度，建立技能导向的技术型人才长效激励机制；使企业工资总额分配向高技能人才倾斜，高技能人才人均工资增长应不低于本单位管理人员工资增长幅度。同时，要在公务员招考、事业单位和国有企业招聘等方面同等对待职业院校毕业生与普通高校毕业生；在基层大学生村官选聘时，单列面向职业院校毕业生的计划；落实职业院校毕业生在职称评聘和职务职级晋升方面与普通高校毕业生同等对待的政策。技术技能型人才工资待遇的提高以及就业机会的均等，能够直接助力职业教育的社会认可度的提高，这对于职业教育的发展会起到良好的长效促进作用。

（七）综合实施职业教育改革创新

高职扩招丰富了生源构成，促进职业教育与继续教育大融合，倒逼高职教育完善考试招生办法、创新人才培养模式，带动办学条件改善和评价机制改革，能够彰显职业教育的类型特征，成为职业教育大改革、大发展的催化剂。高职扩招后，将为现代制造业、现代服务业、现代农业等产业一线输送更多高素质技术技

能人才，进一步促进人力资源供给侧结构性改革，把人口红利更好地转变为人力资源红利，整体提高人力资本素质，有效提高全要素生产率，成为中国产业走向全球产业中高端的生力军。

在积极落实考试招生改革，规范实施"文化素质+职业技能"的考试招生办法的基础上，要系统推进技术技能人才培养方案改革。以往高职院校在人才培养模式上普遍采取"学校-企业"模式，即学生入学后，高职院校按照统一的人才培养方案实施教学，教学过程突出"工学结合""产教融合"的高职教育要求。事实上，更多高职院校的人才培养目标针对性不强，往往以某种类型的工作岗位为标准，完全采取订单培养的比重较小。落实扩招政策后，学生大多是在岗人员，有一定工作经验。针对这类学生，高职院校的人才培养模式必须转变为"企业-学校"模式，采取"半工半读""工学交替""送教上门"的方式，依照企业需求量身定制实施人才培养方案，企业岗位需求成为职业院校人才培养模式转变的内在驱动因素，需要一种全新的人才培养模式。

要深入推进职业教育人才培养模式改革，大力推进学分制和弹性学习制度，大力推动校企合作、工学结合、顶岗实习制度，积极开展工学结合、半工半读试点；积极指导和加强职教集团建设，推进集团化办学。创新技能型人才培养模式，推行校企合作、工学结合和弹性学制，推进职业院校技能竞赛制度化建设，强化学生实践能力和职业技能的培养。

在办学模式和办学体制上，目前，国际上技能型人才培养或职业教育办学模式主要有四种。一是以德国为代表的培养模式。它是企业和学校分工协作、共同培养符合社会行为规范和企业需求的技术工人的职业教育模式。学生在学校接受理论学习与在企业接受实践技能培训相结合，学生具有在企业是学徒工、在学校是学生的双重身份。二是以美国、加拿大为代表的培养模式。它注重的是职业所需能力的确定、学习、掌握和运用，以职业能力培养作为教育的基础。三是以澳大利亚为代表的培养模式。它由政府与行业共同建立一个国家培训框架，即以能力标准为基础的职业教育培训体系和全国统一的技能认证体系。四是以瑞士为代表的培养模式。它注重同步教学、产教结合，知识教育和实际操作培训同步进行。学生在干中学、在学中干，达到融会贯通。它还重视教师的实践经验，每隔几年教师必须回到企业里，根据行业发展状况不断丰富知识，更新教学内容，使学校教学始终与行业接轨、科研创新始终处于行业发展前沿。分析国外高等职业人才培养模式，虽然在具体形式上各有不同，但共同点都是高度重视学生实践能力的培养。

我国职业教育近年来虽然也比较重视学生实践能力的培养，但主要还是按照"专业设置→课程设置→课堂教学→输出人才"这样的路径来进行。这种在学校封闭式环境中培养出来的职业人才，对企业的经营现状基本不了解，所以很多企业都不愿接收这样的毕业生。新形势下，要进一步优化我国高等职业教育模式，也应高度重视学生实践能力的培养。

优化我国高等职业教育模式，总的方向应该是以就业为导向、以服务为宗旨，遵循行业发展方向和企业岗位需要，突出职业性、行业性、应用性的特点，培养面向生产、建设、服务和管理一线的高素质技能型人才。为此，需要在以下三方面努力：一是形成新的教育理念。应摒弃以教为本的传统教育理念，形成以学生为本、以市场需求为本的现代教育理念，以市场需要的人才、学生应该具备的能力为方向进行课程设置、教学模式、实践模式等方面的改革和设计。二是明确高等职业人才的能力素质目标。高等职业院校对学生能力素质培养的目标应该与其他院校有所区别。高等职业人才应适应我国经济社会发展需要，能运用现代高新技术解决实际工作中的相关问题，是一种实用型技能人才。当然，不能因为强调高等职业人才是实用型技能人才而忽视其他方面能力素质的培养。思想道德素质、文化素质、心理素质等，也是高等职业人才能力素质的重要组成部分。三是改革具体培养方式。应探索形成"岗位人才需求→学校制定培养目标→课程设置与实训内容→校企共同评价→企业接收学生就业→企业将用工信息反馈→学校根据反馈改进"这样的培养方式。在学制的长短上，可根据职业教育的一些专业门类，基于该专业的知识多寡、技术含量高低和复合型强弱的具体情况，按照实际需要实施差别化教育，不宜一刀切。

坚持人才培养模式改革，深入探索实施"现代学徒制"人才培养，及时总结经验加以推广。设置合理的课程体系和教学内容。根据以市场需求导向的专业方向和课程体系设置准则，高职教育应该更灵活，更具有应用性、技术性；比职高、中专教育层次更高，专业理论教育更强，更能符合21世纪经济社会对复合应用型人才的要求；在教学内容上以能力本位的教学思想做指导，以"必需、够用"为原则，从分析岗位或岗位群的职业能力入手，按照职业岗位的要求设计人才的知识结构和能力结构。操作性强的课程，必须在职业分析的基础上列出标准。作为高等职业教育，课程设置必须有利于学生掌握基本理论、基础知识和基本技能。在基础理论和基本技能的安排比重上，应明确基础课为基本技能课服务，适当增大实践教学课时数的比例。

地方政府要指导高职院校按照教育部有关要求，依据学情分析和调研报告，结合实际，分类制订完善专业人才培养方案，创新教学组织形式，针对扩招不同生源特点，实施灵活多元的教学模式和弹性学习，统筹配置师资队伍、设施设备和教学资源。采取集中教学与分散教学相结合、校内教学与校外教学相结合、线上教学与线下教学相结合等方式，对非应届毕业生尤其是退役军人、下岗失业人员和农民工等应尽量单独编班或实施分层教学。鼓励校企联合开展培养，推行现代学徒制等培养模式。指导高职院校实行学分制管理，积极探索学习成果认定、积累和转换。鼓励高职院校开展 1+X 证书制度试点，按规定兑换学分，免修相应课程或模块。指导高职院校积极参与职业教育国家学分银行试点，研究制订认定、转换规则和实施办法。扩招生源已有工作经历、相关培训经历、技术技能达到一定水平以及在相关领域获得一定级别的奖项或荣誉称号的，经学校认定后可折算成相应学分或免修相应课程，并可调整有关教学内容或学时安排。

（八）强化市场运行机制，实现人才供需结构的平衡

人才是战略性新兴产业发展的基础，加快战略性新兴产业人才的培养至关重要。在社会主义市场经济条件下，人才的培养和消费，不再由政府来统一调配，更多的是依靠市场机制来调节。为此，政府在战略性新兴产业发展过程中，应当适时转变政府的职能，理顺政府与市场的关系，继续简政放权，把权力还原为责任，把管理转化为服务。这样，全能政府的角色担当的改变，使得政府可以把更多的精力放到为新兴产业发展提供优质服务上来，特别是在人才培养方面，要强化政府的服务意识，加大市场的调节作用。政府应更多关注于提出建设性的意见，并根据战略性新兴产业发展特点，制定出科学合理的人才发展战略，努力发挥企业和人才培养单位之间的桥梁纽带作用，充分发挥它们各自的优势，共同促进战略性新兴产业的稳定发展。由此可见，政府职能的转变，加快了市场机制的建立，能够为战略性新兴产业发展营造公平进入、公平竞争的市场环境。在战略性新兴产业人才方面，市场机制的确立，能够使人才培养单位及时掌握新兴产业发展的动态，了解战略性新兴产业发展中人才需求状况，主动求变，积极调整人才培养方向，把人才培养目标与社会发展需求紧密结合起来，及时为社会发展源源不断地输送人才。这样，不仅可以大大减少人才培养单位在人才培养过程中的盲目性，提高人才培养的社会实效，而且解决了战略性新兴产业发展过程中对人才的大量需求，有利于推进战略性新兴产业的进一步发展。

二、发展对策

（一）服务于地方发展战略，围绕市场需求设置专业

紧密结合地方经济和社会发展需求，科学合理地调整和设置专业。专业设置是社会需求与高等职业教育教学工作紧密结合的纽带，是学校教学工作主动、灵活适应社会需求的关键环节。高等职业院校在调整和设置专业时，要认真开展市场调研，准确把握市场对各类人才的需求情况，根据学校的办学条件有针对性地调整和设置专业。教育行政部门应支持学校根据社会的需要，按照技术领域和职业岗位（群）的实际要求灵活设置专业。譬如，《新能源汽车产业发展规划（2021—2035）行动计划》的颁发，是加快新能源汽车事业发展工作的一大重要规划内容。目前，新能源汽车行业的整车产销增长到了一个持续好的上升趋势，但新能源汽车维修人才的培养却是严重落后其发展的。由于新能源汽车的整车构

造和燃油汽车有很大的差别，因此，现有的能维修燃油车的维修人员未必会维修新能源汽车，因此，新能源汽车维修的技术人员缺口较大。中职学校作为人才培养的摇篮，无疑需要承担起新能源汽车维修这一重担，这就需要尽快设置相关专业。职业院校要将就业状况作为专业设置及其结构调整的依据，对就业率连续三年低于全省平均水平的专业，应减少或停止安排招生计划；对不符合市场和社会需要的专业应予以撤销。

职业院校要围绕本地区"十四五"期间的重点产业布局，聚焦以"芯屏器合"为标识的新兴产业、以新型"铜墙铁壁"为代表的传统产业、以"融会观通"为主体的现代服务业、以"大智移云"为牵引的数字经济，组建产业链职业教育联盟，对接产业链精准培养技能人才，培养未来产业变革的"高精尖缺"技能型人才。要与行业企业深度合作，建设兼具产品研发、工艺开发、技术推广、大师培育功能的技术技能平台，服务于重点行业和支柱产业发展。实施重点产业"大国工匠"行动计划，与行业龙头企业联合制定高水平技能标准，合作共建新专业、开发新课程、开展联合培养，支撑重点产业高质量发展。

专业是社会人才结构和教育培养结构的分类基础，是职业院校与社会需求的接口，也是各种教学改革的载体。在一定意义上，专业质量代表了教育质量，也决定了学校特色。设置专业应该有明确的服务对象、专业方向，地方教育行政部门要立足于不断改善专业教学条件而加大教学投入，要对区域内的专业结构进行必要的调控，提高专业设置的有效性。高职院校的专业设置务必以市场需求为导向，掌握产业发展的趋势，深入分析产业结构、了解企业岗位所需的人才情况，进行相应的专业设置。一是适应需求，对接技术进步、生产方式变革以及社会公共服务的需求，同步规划职业教育与经济社会发展，动态调整院校布局和专业结构。二是服务区域，要支持职业院校集中力量办好区域经济社会发展需要的特色优势专业（群），深入推进综合改革试点，探索长三角区域合作机制，为长江经济带发展等作贡献。三是重在创新，要将培养学生的创新意识和创新思维融入教育教学全过程，促进专业教育与创新创业教育有机融合。四是要面向世界，主动发掘企业的"走出去"需求，培养具有国际视野、通晓国际规则的技术技能人才和中国企业海外生产经营需要的本土人才，在境外开展职业教育。五是办出特色，要支持建设一批办学定位准确、专业特色鲜明、社会服务能力强、综合办学水平领先、与地方经济社会发展需要契合度高、行业优势突出的优质高职院校。

（二）立足产业发展，以专业群服务产业链

专业群必须服务产业链，努力推动人才培养和产业转型升级的同频共振。立足产业发展，深化产教融合，围绕产业链打造专业链，打通教育链与产业链融合发展的"瓶颈"。一是专业设置对接重点产业。高等职业院校要围绕社会发展需求设立专业方向，并随着产业发展不断调整，建立动态专业调整机制。例如，应该围绕合肥市集成电路、新型显示、生物医药、节能环保、软件、智能家电、高端装备制造、新能源、新材料、新能源汽车及智能网联汽车、人工智能、创意文化等重点产业链，积极设立智能制造工程、数据科学与大数据技术、机械电子工程、电子信息工程、能源化学工程、智慧交通、生物工程、材料科学与工程、环境工程、工业设计、产品设计等本科专业及电子信息、机械、土木工程、资源与环境、材料与化工、生物医药等专业，不断优化区域内职业教育专业结构。职业院校必须坚持专业跟着产业走，围绕本地区重点产业链布局教育链；同时，调整、撤销与产业发展需求不相适应的专业。

当下，职业院校要结合合肥市"全国首批产教融合试点城市"建设方案，围绕合肥"五高地"产业发展战略，继续探索产教融合的育人模式，加快现代产业学院建设，积极探索符合地方经济社会发展需要和学校实际的现代产业学院建设模式，以建设产业学院为抓手，整合资源，构建专业与产业联动发展机制，不断提高人才培养的适应性。

（三）注重内涵建设，走特色化发展之路

在新时代，提高质量是职业教育的中心任务。职业教育改革和发展的重点应该放在内涵建设上，内涵建设的核心环节是教育教学。要研究职业院校学生全面发展的核心素养体系，并围绕这个体系推进教育教学改革。高校扩招以后，高职院校的生源情况跟精英教育时代专科学校的生源情况发生了很大变化，人才培养一定要从这个实际出发，适应这个变化，不能再沿袭过去的教育教学模式。要针对目前的生源状况，认真研究制订人才培养方案，为学生提供适合的教育。

首先是要坚持把立德树人放在首位，将人文素养和职业素质教育纳入人才培养方案，促进职业技能培养与职业精神养成相融合。教育教学要坚持以人为本、德育为先的育人基本取向，把育人放在更加突出的位置，抓好提高质量的核心环节，努力把社会主义核心价值观教育贯穿于教育教学工作全程，着力培养有坚定信念、品德优良、精神执着、知识丰富、技能过硬的应用型和技能型人才，要求学生内化于心、外化于行。教育教学中要重视职业道德和业务技能教育、创新思维教育和创新能力教育、德育教育和业务技能教育的有机统一；采取多种形式把行业企业的先进文化引进校园、课堂，推动大学文化和行业企业文化的有机融合，推进深化育人工作和办学模式的改革。其次，要把坚持服务地方的办学宗旨贯彻始终，以人才市场需求为导向，以提高学生就业、创业和自身发展为目的，走"产学研"结合发展之路。职业院校要充分发挥主动性，整合教育资源，主动争取政府、行业和企业的支持，着力在构建学校与政府、行业和企业的合作办学、合作育人、合作就业、合作发展上下功夫，尽量多地吸收和利用社会教育资源，不断优化专业结构，不断为实施工学结合培养人才创造更好的条件。再次，要树立品牌意识，做大做强职业教育事业。地方政府要指导和推动职业院校牢固树立质量意识和品牌意识，把提高职业教育整体质量，增强职业教育吸引力，促进职业教育健康持续发展纳入重要议事日程。合肥市要继续大力实施骨干职业院校建设工程，重点办好 1 ~ 2 所高等职业院校和若干所中等职业学校；市域内的每个县集中精力办好 1 所职教中心和若干所中等职业学校；加大创建力度，构建支撑职业教育科学发展强有力的骨干职业院校群体；以骨干职业院校为核心，建好区域性职业教育集团，带动本地区职业院校办出特色，提高持续发展能力。

着力打造具有地域特色、行业优势的品牌职业院校和专业集群。由于各校的历史沿革、办学条件和资源优势不同，所以应鼓励支持各院校充分利用自身优势打造契合地方特色或新兴产业的品牌专业群，与其他院校形成差异化特色优势。各职业院校应当根据学校自身特点，合理定位，确定专业培养的服务对象，打造具有行业特色的品牌专业，提升专业的核心竞争力。职业院校的特色专业要紧紧围绕所在区域的区位优势和所在行业的行业优势，以服务于地区经济结构战略性调整和区域人才需求为前提，形成专业发展的独特优势。

通过政策驱动布局实施一批任务和项目，引导职业院校围绕国家战略，迎合新兴产业、先进制造业、现代服务业发展对技术技能人才培养的新需求，关注新技术、新业态、新产业、新模式，创新建设优质职业院校和骨干专业，试点职业教育集团化办学、现代学徒制、混合所有制改革。

（四）深化创新创业教育改革

创新创业教育涵盖创新意识教育、创业通识教育和创业型职业教育，是对创业者进行系统的专业技能培训，实现显性知识和隐性知识之间的传递与转化过程。其教育的核心是培养企业家的创新精神、把有创业潜质的人培养成为"宽专多能型"人才。开展创新创业教育是我国高等职业教育深化改革的必然选择，也是适应推进我国创业型经济发展和高等职业教育自身可持续发展的需求。结合教育教学内容与方法改革培养学生的创新意识，结合提升专业教育质量赋予学生创新的本领，结合社团活动与实践教学提供学生创新创业的机会与条件，应当成为高职院校关注和努力的方向。

高等职业院校开展创新创业教育，要实现向社会输送适应产业需求的高端应用型专门技能人才的培养目标，需要通过组织具体的专业教学来实现，突出人才规格的能力本位，教学内容要突出职业岗位群的适应性。要根据高技能人才培养的实际需要，借鉴国内外成功的高等职业教育经验，运用现代教育理念，改进理论教学，改革教学方法，重视现场教学和案例教学。要将职业道德教育与职业素质教育内容融入课程教学中，加强学生职业能力与职业养成教育。教材内容要紧密结合生产实际，并注意及时跟踪先进技术的发展。同时，要特别重视高等职业院校实习实训条件的建设。

职业院校实施"创业型职业教育"，还必须建立起以新兴企业和先导性企业

101

或集群为依托的创业教育体系和运行机制。将创业型职业教育引入企业，与企业、企业高级专家、管理者全面合作，进行知识、信息、材料、技术和工艺等方面的教学、交流和培训，共同开展创业型职业教育。

地方政府要积极推动职业院校的创新创业教育，根据本地区的实际需要，制定本地区高等职业教育实训基地的整体建设规划，并采取有效措施认真落实规划内容。不断更新教学设施和仪器设备，保证学生有足够时间的、高质量的实际动手训练，切实提高学生的职业能力，满足高技能人才培养的需要。

（五）进一步深化产教融合、校企合作

深化产教融合、校企合作，持续提升职业教育服务于地方经济尤其是新兴产业发展、服务于创新高地建设等区域发展战略的水平；强化工学结合、知行合一，探索双元制、现代学徒制等符合职业教育特点的育人模式；支持鼓励职业院校深度参与战略性新兴产业集聚发展基地建设。

传统职业教育中的校企合作模式，学校主动，企业被动，其主要根源是双方利益缺乏有效的结合点。应激发校企合作新"动能"，使校企互惠双赢。让校企合作既成为职业教育发展的根本基点，也成为企业长期发展战略和人力资源计划的重要组成部分。职业院校要根据企业需要培养急需的技能人才；同时，企业也要根据岗位对技能人才的要求主动与学校合作，共同制订人才培养方案，为学生（企业员工）的技术技能培养提供条件。校企合作的"动能"完全激发和释放出来，就可以由被动合作向主动合作根本转变。推进校企合作要鼓励企业与职业院校开展人才"订单式"培养、共建共享实验室，在专业设置、教材编写、师资培训、实习实训、就业等方面开展多种形式的项目合作，深化产教结合。鼓励企业利用现有资源，建立职业教育公共实训基地。大型企业要建立健全专门的职工教育培训机构，并确定职业院校作为校企合作的伙伴。中小企业可以与相关的职业院校签订合作协议，委托其担负本企业的各种职工培训任务。

地方政府要发挥好在产教融合、校企合作中的统筹、协调等作用，积极为学校与行业、企业搭建校企合作平台。只有在政府统筹和支持下，行企校才能在校企合作上形成有效的合作模式与机制，校企合作也才能够真正达到双赢的目的。政府应从区域经济发展的高度，统筹规划高职院校和企业的发展，将校企合作作为推动区域经济发展的重要手段，建立以政府为主导、高职院校和企业为主体、行业协会为中介的校企合作发展机制。要通过政府校企合作实现企业人才需求和高职院校人才培养的对接，促进企业与院校多层次、多领域的交流与合作，推进职业教育改革与发展。要通过完善相关制度，推动职业院校和行业企业合作育人、共赢发展。深化产教对接与合作；推动校企联合实施教育教学改革，共同制订培养计划，共同开发课程教材，共享师资资源，共建实训基地，共担学生就业。

职业院校要更加积极适应现代产业发展的新要求，更加主动契合高职教育人才培养目标定位，更加自觉强化以促进学生就业为导向，更加注重技术技能人才系统培养，更加强调专业设置动态调整机制完善。高等职业院校应该在深化产教融合、校企合作方面大胆探索，积极探索校企全程合作进行人才培养的途径和方式，重点培育一批与本地支柱产业发展密切相关、在产学研结合方面特色突出、以订单式培养为特色的院系，每所高等职业院校都要形成一批以订单式培养为特色的专业。还可以根据需要组建机械、电子等不同类别、各具特色的"职教集团"，探索产学研结合发展高等职业教育的新道路，形成产学研结合的长效机制。如开展多元投入主体依法共建改革试点，支持有特色的高职院校以输出品牌、资源和管理的方式成立连锁型职教集团。同时，支持高职院校与企业深度合作提升应用技术的研发能力，提高技术服务的附加值。再次，大力开展职工培训，探索创新校企合作办学、合作育人、合作发展的协调机制，为职工继续教育和职业生涯可持续发展提供更多机会。第四，要发挥高职院校资源优势，鼓励向社区开放服务，服务全民学习、终身学习，推进学习型社会建设。

当前存在着企业参与职业教育积极性不高的现象，究其原因，在于企业与学校的责权利不明确，企业只有义务和责任而缺乏利益，且无法律规定。一些企业还要承担学生因技术不熟练而损坏机器设备或发生安全事故等风险，国家对企业支持职业教育的优惠政策和经费补偿政策仍需完善。因此，建议以区域职业教育改革创新为突破口，深化供给侧结构性改革。密切职业院校与行业的关系，使职业教育与行业领域形成紧密的合作关系。行业领域需要什么样的技能人才，职业教育就培养什么样的技能人才，鼓励行业企业深度参与到职业教育领域。一是要明确行业企业举办职业教育的责权利，落实支持行业企业举办职业教育相应的待遇及支持、鼓励政策。二是推动行业、企业、学校联合制定专业教学标准和人才培养方案，并建立行业企业紧缺专业及设立人才应急机制，开辟紧缺专业灵活设置的"绿色通道"。三是鼓励专业化产教融合服务机构发展，有序承接政府转移的评价、流动、激励等职能。完善产教融合产业园区、产教融合型城市基础设施和配套功能，联合各类孵化器、加速器、科技园等校企合作载体，打造一体化的产教融合综合体。四是拓宽企业参与职业教育的领域和深度，支持各类企业主体通过独资、合资、合作等多种形式参与或举办职业教育，充分发挥市场机制的重要作用，用创新的机制和真正的实惠打动利益相关群体。出台鼓励混合所有制试点实施办法，支持社会力量以资本、知识、技术、管理等要素举办或参与职业教育，切实建立校企合作的利益机制，推动校企形成命运共同体。

（六）建立务实有效的人才培养模式

高质量发展职业教育已经成为全社会的共识。面对经济社会转型需要，职业教育发展模式也逐步由外延式发展向内涵式发展悄然转变，质量逐渐成为职业教

103

育发展的核心问题，社会各界对职业教育质量给予越来越高的关注度。创新人才培养模式有利于促进企业参与职业教育人才培养的全过程，实现专业设置与产业需求对接，课程内容与职业标准对接，教学过程与生产过程对接，职业教育与终身学习对接，提高了人才培养的质量和针对性。合肥市作为中部新兴发展都市，未来发展对人才需求十分旺盛，高职院校对人才培养模式的改革研究可以最大限度地实现人才培养目标与社会需求相匹配。

30多年来，职业教育界不断努力研究和实践，从自身所处的地域经济社会情况出发，探索出多种人才培养模式。职教界应积极配合主管部门，按照职业教育类型，从多种形式的模式中总结、筛选、提炼出职业教育界共同认可的、规范性和指导性的人才培养模式，供不同层次的职业院校选用。必须将产业、行业、企业、职业和学校作为一个有机整体来看待，一体化推进，才能使职业教育培养人才的质量得以提升，真正彻底地从传统学术教育模式中走出来，实现办学和人才培养模式的转型。要使不同类型职业院校从自身条件和办学环境出发，选取能融入本校特色的模式，做到既有共性又有个性，促进职业院校科学化、规范化办学，使其在培养人才规格和质量上更加凸显对地域经济社会发展的智力支撑作用。

特别值得注意的是，以往我国高职教育招生基本上以高中毕业生为招生培养对象，通过高考或综合素质评价途径获取入学资格。扩招主要生源对象包括农民工、退役军人、下岗职工、新型职业农民等人员，也包括相当一部分有接受高职教育意愿的在职人员，他们的知识基础比较薄弱，人生经历相对丰富，学生群体构成复杂化（涵盖了全体国民不同年龄阶段、不同职业人群），他们获取入学资格的方式主要通过综合素质评价来实现。因此，在制定人才培养方案时，必须体现这些学生的身心特点，适应他们的学习方式。总之，在新的时代条件下，构建人才培养模式不能照搬过去，而必须以务实有效为目的。

（七）加强"双师型"教师队伍建设

教师队伍建设是保证职业教育质量的根本。当前，合肥地区职业院校"双师型"教师严重缺乏。中等职业学校的"双师型"教师比例较大，占比30%左右，达到了《中等职业学校设置标准》的要求，然而，部分高职专科学校、本科层次职业学校"双师型"教师比例与国家最新要求占比50%还有一定的差距。虽然从数据上看，一些学校的"双师型"教师人数不少，但实际上所含水分较大，即有些教师根本不符合"双师型"的条件要求。因此，为提升职业院校教师专业化水平，首先应明确双师素质教师的标准，加强双师素质教师的培养培训。充分利用产教融合型企业、大型国有企业等有利资源，对专业课教师进行实践训练，使其掌握专业技能和岗位操作技能，提高学校"双师型"教师的有效比例。同时，要推动职业院校形成稳定的企业兼职教师队伍。加强以专业技术人员和高技能人才为主的兼职教师队伍建设，完善高职教师专业技术职务评聘办法，明确企业兼职教师标准，建立职业院校引进人才"绿色通道"，打破学历和文凭限制，通过编制"周转池"等方式，健全"固定岗+流动岗"管理制度，吸引更多有实践经验的技术技能人才担任教师，使兼职教师队伍稳定下来，用得上、留得住、真教学，使兼职教师队伍达到专任教师的教学要求，形成对教师教育教学的有力补充。三是要做好职业院校教师培训工作，健全专任教师培养培训制度。通过健全鼓励、支持和保障职业院校教师培训工作相关的制度和激励政策，充分调动学校、行业企业、教师各方参与的主动性和积极性，推进教师培训工作制度化、科学化、规范化。

切实加强高职学校师资队伍建设，还必须将职业院校特别是高职学校师资的选拔和培养纳入省"跨世纪园丁工程"和"高层次创造性人才工程"，努力提高在职教师的学历层次和整体素质。组织实施"银发工程"，安排部分身体健康的老教授、老专家到职业院校，特别是新建高职学校进行指导，开展教学活动，对青年教师进行传、帮、带。职业院校要采取有效措施，推动学校教师定期到企业学习和培训，增强实践能力。针对职业教育的特点，建立和完善从符合条件的专业技术人员和高级技术工人、技师、高级技师中选任、聘任专兼职实习指导教师的制度。积极聘请行业、企业和社会中（含离退休人员）有丰富实践经验的专家或专业技术人员作为兼职教师。教育行政部门要根据高等职业教育的特点，在职称评定、教师聘任等方面单独制定适合"双师型"教师发展的评聘制度，为"双师型"教师队伍建设提供政策支持。政府要引导和支持职业院校组建由学校教师与行业企业专家组成的教师教学创新团队，建立导师制、师徒制，强化个性化教学。支持团队针对高职扩招开展教育教学研究与实践，定期开展教研活动，研究解决教育教学新情况、新问题。一些职业院校在"双师型"教师队伍建设过程中，出现了诸如"企业能工巧匠挂名的多，实际参与培养的少""校内教师冠名的多，有实践经验的少"的冒名充数问题，"双师型"教师队伍流于形式。应以扩招为契机，把"双师型"师资队伍建设实、建设好。如对以企业员工为学生主体的订单班，企业必定会积极主动地选拔"能工巧匠"担任理论讲授、实践操作，并主动为实践教学提供设备和场地。由此，"双师型"教师队伍建设就能够落地生根。

（八）建设实训基地，强化技能训练

地方政府要积极推进布局结构调整和资源整合，促进职业教育规模化、集约化发展，围绕优势学校、优势专业，建设职业教育园区。通过组合投融资、多校联建、校企共建等方式，建设一批校企共建共享的实习实训基地。加强区域性、开放式、资源共享的公共实训基地建设。支持职业院校建设一批示范性虚拟仿真实训基地。

职业院校要进一步加强实训基地的建设、管理，以实用、通用、共享为原则，在人工智能与大数据、集成电路、数控技术、机械加工制造、新能源汽车制造与维修、电工电子、计算机技术与应用等主要专业领域，分批建设一批具有教育培训、技能鉴定和技术服务等功能的重点实习实训基地。建立实训基地自主发展的新机制，推进各类实训基地产业化经营，向区域内所有院校和培训机构开放，以市场化方式承接教学实训项目，并面向市场开展培训和生产、技术服务。在实训基地建设中，充分发挥市场机制作用，调动社会各方面参与，多渠道筹集建设经费，实行政府、企业、院校和社会培训机构共建共管、资源共享。

（九）积极做好就业指导服务

把实现高质量就业作为检验职业教育人才培养质量的重要标准，以做好就业指导服务推动职业教育发展。一是要落实好相关人才政策，提高职业院校毕业生就业率。合肥市要以"人才政策二十条"及"人才新政八条"等政策为抓手，有效地吸引应届毕业生来肥或在肥就业，特别是要促进本地区职业院校毕业的学生就地就业，服务于地方经济发展。要推动职业院校毕业生在落户、就业、参加机关事业单位招聘、职称评审、职级晋升等方面与普通高校毕业生享受同等待遇。教育部门和职业院校要配合人力资源社会保障、农业农村、退役军人等部门按照职责分别对退役军人、下岗失业人员、农民工和新型职业农民提供有针对性的就业和教育培训服务。二是职业教育要服务产业发展，提升毕业生就业能力。职业院校毕业生的就业率，不仅反映了地方的经济社会发展水平，也体现了职业院校专业设置与经济社会发展的契合程度。随着合肥经济社会的快速发展，尤其是部分战略性新兴产业企业落户合肥，需要大量技能型人才在肥就业，据此，合肥市要为广大高职院校应届毕业生提供高端发展平台，打造毕业生就业的强磁场。

（十）建立和完善质量评价体系

高质量发展职业教育必须要有完善的职业教育质量评价体系，据此，构建教育内部保证与教育外部评价协调配套的现代职业教育质量保障机制，显得非常必要。

首先，要制定和完善以就业为导向的职业院校办学质量和效益综合评价指标体系，全面开展职业院校人才培养质量监测评价。内涵建设的成效在于人才培养的质量，而质量的优劣全在于标准的高低。由于现行的人才培养质量标准不够完善，因而职业院校的办学质量良莠不齐。

其次，要组建市级教学督察专家库，加强对职业院校分类教育教学、管理服务的过程性监管。随机向学校派出教学督察专家，对专业人才培养方案制订、教育资源配置、信息公开、教学实施等情况，特别是对课堂教育教学质量和毕业生就业情况开展检查，公布检查结果，并纳入有关绩效考核评价。

再次，要建立职业院校人才培养质量监测平台。做好各类生源学生的学习状态数据采集，特别是毕业生的就业质量状况，根据反馈信息实时诊断、及时对职业院校给予人才培养质量的研判与指导。职业院校要主动适应技术技能人才多样化培养需要，针对不同生源、不同学习时间、不同学习方式，改革学生学业考核评价方式方法，实行多元评价。结合课程特点和实际条件组织实施竞赛活动、技能抽查、学业水平测试、综合素质评价和毕业生质量跟踪调查等。

最后，要建立职业院校教育教学工作诊断与改进制度，加强职业院校教育教学工作的闭环管理。教育教学质量监督要有效，信息反馈要及时，问题整改要到位。

（十一）加强信息化建设，推进教育教学和管理现代化

以信息技术和网络技术为代表的新科技，改变了人们的生活方式、工作方式、学习方式，也大大提高了工作效能，拓展了工作空间。在信息化和网络化的条件下，职业教育的教学模式以及管理方式将会发生革命性的变革。过去，人们一直把职业教育看成只是用来传授技能与手艺，但是，现代职业教育的任务是培养高素质、强能力、适应性好的技能型人才。在新职业教育论的视域下，职业已经不是仅仅局限于某个专门技能和工作任务。新时代要求每位劳动者都具有运用信息和科技的能力、分析和解决问题的能力，以及不断学习使用新信息和新知识的能力。当下，如果离开信息技术和网络技术，人们几乎无法更有效率地开展工作，也无法适应现代社会的生活方式，因此说，信息化建设之于现代职业教育特别重要。

当前，要按照国家制定的标准，加快落实职业院校数字校园建设要求。一是要进行整体规划设计，积极推进职业教育管理信息化，并以信息技术改造传统教学。二是切实加强优质信息资源建设，在数字化图书资料、教育教学网络化平台、现代化办公等方面，加大投入力度。三是要尽快实现校企合作方面的信息共享，打通堵点、破除教育教学信息壁垒，保证人才培养信息的及时畅通。

（十二）完善职业教育治理结构

在高质量发展职业教育的过程中，政府、职业学院、行业企业的角色和作用各不相同，但是都不可或缺，彼此功能互补、相得益彰。政府的角色定位是主办、主管、主导，职业院校是办学主体，行业企业是合作伙伴。要高质量发展职业教育，必须充分发挥各方面的积极性和主动性。据此，以下几方面需要加以完善。一是完善院校章程，积极推进职业院校的章程建设，健全以章程为统领、规范行使办学自主权的制度体系，使学校治理有章可循。二是完善决策机制，推动职业院校设立由各办学相关方代表参加的理事会或董事会机构，探索设立校级学术委员会、校级专业指导委员会。特别是要让企业真正参与到职业院校的治理过程之中。三是推进分类管理，编制"职业学校建设标准"。举办职业院校必须具

备基本条件，专业建设也必须有基本要求。同时，鼓励职业院校办出特色、形成品牌。四是强化质量监控，发挥学校的教学质量保证的主体作用，完善质量年度报告制度；放管结合、优化服务，分类推进高职院校教学工作诊断与改进。

地方政府应坚持严格管理与精心指导相结合，指导院校结合不同生源特点和培养模式要求，制订有针对性的学生管理办法，并报教育行政管理部门备案；指导职业院校适应生源、教学组织形式、资源利用方式的新变化，优化资源配置，创新管理机制，健全管理制度，提高学校管理的信息化水平。

附　录

国家职业教育改革实施方案

国发〔2019〕4号

　　职业教育与普通教育是两种不同教育类型，具有同等重要地位。改革开放以来，职业教育为我国经济社会发展提供了有力的人才和智力支撑，现代职业教育体系框架全面建成，服务经济社会发展能力和社会吸引力不断增强，具备了基本实现现代化的诸多有利条件和良好工作基础。随着我国进入新的发展阶段，产业升级和经济结构调整不断加快，各行各业对技术技能人才的需求越来越紧迫，职业教育重要地位和作用越来越凸显。但是，与发达国家相比，与建设现代化经济体系、建设教育强国的要求相比，我国职业教育还存在着体系建设不够完善、职业技能实训基地建设有待加强、制度标准不够健全、企业参与办学的动力不足、有利于技术技能人才成长的配套政策尚待完善、办学和人才培养质量水平参差不齐等问题，到了必须下大力气抓好的时候。没有职业教育现代化就没有教育现代化。为贯彻全国教育大会精神，进一步办好新时代职业教育，落实《中华人民共和国职业教育法》，制定本实施方案。

　　总体要求与目标：坚持以习近平新时代中国特色社会主义思想为指导，把职业教育摆在教育改革创新和经济社会发展中更加突出的位置。牢固树立新发展理念，服务建设现代化经济体系和实现更高质量更充分就业需要，对接科技发展趋势和市场需求，完善职业教育和培训体系，优化学校、专业布局，深化办学体制改革和育人机制改革，以促进就业和适应产业发展需求为导向，鼓励和支持社会各界特别是企业积极支持职业教育，着力培养高素质劳动者和技术技能人才。经过5—10年左右时间，职业教育基本完成由政府举办为主向政府统筹管理、社会多元办学的格局转变，由追求规模扩张向提高质量转变，由参照普通教育办学模式向企业社会参与、专业特色鲜明的类型教育转变，大幅提升新时代职业教育现代化水平，为促进经济社会发展和提高国家竞争力提供优质人才资源支撑。

　　具体指标：到2022年，职业院校教学条件基本达标，一大批普通本科高等学校向应用型转变，建设50所高水平高等职业学校和150个骨干专业（群）。建成覆盖大部分行业领域、具有国际先进水平的中国职业教育标准体系。企业参与职业教育的积极性有较大提升，培育数以万计的产教融合型企业，打造一批优秀职业教育培训评价组织，推动建设 300 个具有辐射引领作用的高水平专业化产教融合实训基地。职业院校实践性教学课时原则上占总课时一半以上，顶岗实习时间一般为 6 个月。"双师型"教师（同时具备理论教学和实践教学能力的教师）占专业课教师总数超过一半，分专业建设一批国家级职业教育教师教学创新团队。从 2019 年开始，在职业院校、应用型本科高校启动"学历证书+若干职业技能等级证书"制度试点（以下称 1+X 证书制度试点）工作。

一、完善国家职业教育制度体系

（一）健全国家职业教育制度框架

把握好正确的改革方向，按照"管好两端、规范中间、书证融通、办学多元"的原则，严把教学标准和毕业学生质量标准两个关口。将标准化建设作为统领职业教育发展的突破口，完善职业教育体系，为服务现代制造业、现代服务业、现代农业发展和职业教育现代化提供制度保障与人才支持。建立健全学校设置、师资队伍、教学教材、信息化建设、安全设施等办学标准，引领职业教育服务发展、促进就业创业。落实好立德树人根本任务，健全德技并修、工学结合的育人机制，完善评价机制，规范人才培养全过程。深化产教融合、校企合作，育训结合，健全多元化办学格局，推动企业深度参与协同育人，扶持鼓励企业和社会力量参与举办各类职业教育。推进资历框架建设，探索实现学历证书和职业技能等级证书互通衔接。

（二）提高中等职业教育发展水平

优化教育结构，把发展中等职业教育作为普及高中阶段教育和建设中国特色职业教育体系的重要基础，保持高中阶段教育职普比大体相当，使绝大多数城乡新增劳动力接受高中阶段教育。改善中等职业学校基本办学条件。加强省级统筹，建好办好一批县域职教中心，重点支持集中连片特困地区每个地（市、州、盟）原则上至少建设一所符合当地经济社会发展和技术技能人才培养需要的中等职业学校。指导各地优化中等职业学校布局结构，科学配置并做大做强职业教育资源。加大对民族地区、贫困地区和残疾人职业教育的政策、金融支持力度，落实职业教育东西协作行动计划，办好内地少数民族中职班。完善招生机制，建立中等职业学校和普通高中统一招生平台，精准服务区域发展需求。积极招收初高中毕业未升学学生、退役军人、退役运动员、下岗职工、返乡农民工等接受中等职业教育；服务乡村振兴战略，为广大农村培养以新型职业农民为主体的农村实用人才。发挥中等职业学校作用，帮助部分学业困难学生按规定在职业学校完成义务教育，并接受部分职业技能学习。

鼓励中等职业学校联合中小学开展劳动和职业启蒙教育，将动手实践内容纳入中小学相关课程和学生综合素质评价。

（三）推进高等职业教育高质量发展

把发展高等职业教育作为优化高等教育结构和培养大国工匠、能工巧匠的重要方式，使城乡新增劳动力更多接受高等教育。高等职业学校要培养服务区域发展的高素质技术技能人才，重点服务企业特别是中小微企业的技术研发和产品升级，加强社区教育和终身学习服务。建立"职教高考"制度，完善"文化素质+职业技能"的考试招生办法，提高生源质量，为学生接受高等职业教育提供多种入学方式和学习方式。在学前教育、护理、养老服务、健康服务、现代服务业等领域，扩大对初中毕业生实行中高职贯通培养的招生规模。启动实施中国特色高水平高等职业学校和专业建设计划，建设一批引领改革、支撑发展、中国特色、世界水平的高等职业学校和骨干专业（群）。根据高等学校设置制度规定，将符合条件的技师学院纳入高等学校序列。

（四）完善高层次应用型人才培养体系

完善学历教育与培训并重的现代职业教育体系，畅通技术技能人才成长渠道。发展以职业需求为导向、以实践能力培养为重点、以产学研用结合为途径的专业学位研究生培养模式，加强专业学位硕士研究生培养。推动具备条件的普通本科高校向应用型转变，鼓励有条件的普通高校开办应用技术类型专业或课程。开展本科层次职业教育试点。制定中国技能大赛、全国职业院校技能大赛、世界技能大赛获奖选手等免试入学政策，探索长学制培养高端技术技能人才。服务军民融合发展，把军队相关的职业教育纳入国家职业教育大体系，共同做好面向现役军人的教育培训，支持其在服役期间取得多类职业技能等级证书，提升技术技能水平。落实好定向培养直招士官政策，推动地方院校与军队院校有效对接，推动优质职业教育资源向军事人才培养开放，建立军地网络教育资源共享机制。制订具体政策办法，支持适合的退役军人进入职业院校和普通本科高校接受教育和培训，鼓励支持设立退役军人教育培训集团（联盟），推动退役、培训、就业有机衔接，为促进退役军人特别是退役士兵就业创业作出贡献。

二、构建职业教育国家标准

（五）完善教育教学相关标准

发挥标准在职业教育质量提升中的基础性作用。按照专业设置与产业需求对接、课程内容与职业标准对接、教学过程与生产过程对接的要求，完善中等、高等职业学校设置标准，规范职业院校设置；实施教师和校长专业标准，提升职业院校教学管理和教学实践能力。持续更新并推进专业目录、专业教学标准、课程标准、顶岗实习标准、实训条件建设标准（仪器设备配备规范）建设和在职业院校落地实施。巩固和发展国务院教育行政部门联合行业制定国家教学标准、职业院校依据标准自主制订人才培养方案的工作格局。

（六）启动 1+X 证书制度试点工作

深化复合型技术技能人才培养培训模式改革，借鉴国际职业教育培训普遍做法，制订工作方案和具体管理办法，启动 1+X 证书制度试点工作。试点工作要进一步发挥好学历证书作用，夯实学生可持续发展基础，鼓励职业院校学生在获得学历证书的同时，积极取得多类职业技能等级证书，拓展就业创业本领，缓解结构性就业矛盾。国务院人力资源社会保障行政部门、教育行政部门在职责范围内，分别负责管理监督考核院校外、院校内职业技能等级证书的实施（技工院校内由人力资源社会保障行政部门负责），国务院人力资源社会保障行政部门组织制定职业标准，国务院教育行政部门依照职业标准牵头组织开发教学等相关标准。院校内培训可面向社会人群，院校外培训也可面向在校学生。各类职业技能等级证书具有同等效力，持有证书人员享受同等待遇。院校内实施的职业技能等级证书分为初级、中级、高级，是职业技能水平的凭证，反映职业活动和个人职业生涯发展所需要的综合能力。

（七）开展高质量职业培训

落实职业院校实施学历教育与培训并举的法定职责，按照育训结合、长短结合、内外结合的要求，面向在校学生和全体社会成员开展职业培训。自 2019 年开始，围绕现代农业、先进制造业、现代服务业、战略性新兴产业，推动职业院校在 10 个左右技术技能人才紧缺领域大力开展职业培训。引导行业企业深度参与技术技能人才培养培训，促进职业院校加强专业建设、深化课程改革、增强实训内容、提高师资水平，全面提升教育教学质量。各级政府要积极支持职业培训，行政部门要简政放权并履行好监管职责，相关下属机构要优化服务，对于违规收取费用的要严肃处理。畅通技术技能人才职业发展通道，鼓励其持续获得适应经济社会发展需要的职业培训证书，引导和支持企业等用人单位落实相关待遇。对取得职业技能等级证书的离校未就业高校毕业生，按规定落实职业培训补贴政策。

（八）实现学习成果的认定、积累和转换

加快推进职业教育国家"学分银行"建设，从 2019 年开始探索建立职业教育个人学习账号，实现学习成果可追溯、可查询、可转换。有序开展学历证书和职业技能等级证书所体现的学习成果的认定、积累和转换，为技术技能人才持续成长拓宽通道。职业院校对取得若干职业技能等级证书的社会成员，支持其根据证书等级和类别免修部分课程，在完成规定内容学习后依法依规取得学历证书。对接受职业院校学历教育并取得毕业证书的学生，在参加相应的职业技能等级证书考试时，可免试部分内容。从 2019 年起，在有条件的地区和高校探索实施试点工作，制定符合国情的国家资历框架。

三、促进产教融合校企"双元"育人

（九）坚持知行合一、工学结合

借鉴"双元制"等模式，总结现代学徒制和企业新型学徒制试点经验，校企共同研究制定人才培养方案，及时将新技术、新工艺、新规范纳入教学标准和教学内容，强化学生实习实训。健全专业设置定期评估机制，强化地方引导本区域职业院校优化专业设置的职责，原则上每5年修订1次职业院校专业目录，学校依据目录灵活自主设置专业，每年调整1次专业。健全专业教学资源库，建立共建共享平台的资源认证标准和交易机制，进一步扩大优质资源覆盖面。遴选认定一大批职业教育在线精品课程，建设一大批校企"双元"合作开发的国家规划教材，倡导使用新型活页式、工作手册式教材并配套开发信息化资源。每3年修订1次教材，其中专业教材随信息技术发展和产业升级情况及时动态更新。适应"互联网+职业教育"发展需求，运用现代信息技术改进教学方式方法，推进虚拟工厂等网络学习空间建设和普遍应用。

（十）推动校企全面加强深度合作

职业院校应当根据自身特点和人才培养需要，主动与具备条件的企业在人才培养、技术创新、就业创业、社会服务、文化传承等方面开展合作。学校积极为企业提供所需的课程、师资等资源，企业应当依法履行实施职业教育的义务，利用资本、技术、知识、设施、设备和管理等要素参与校企合作，促进人力资源开发。校企合作中，学校可从中获得智力、专利、教育、劳务等报酬，具体分配由学校按规定自行处理。在开展国家产教融合建设试点基础上，建立产教融合型企业认证制度，对进入目录的产教融合型企业给予"金融+财政+土地+信用"的组合式激励，并按规定落实相关税收政策。试点企业兴办职业教育的投资符合条件的，可按投资额一定比例抵免该企业当年应缴教育费附加和地方教育附加。厚植企业承担职业教育责任的社会环境，推动职业院校和行业企业形成命运共同体。

（十一）打造一批高水平实训基地

加大政策引导力度，充分调动各方面深化职业教育改革创新的积极性，带动各级政府、企业和职业院校建设一批资源共享，集实践教学、社会培训、企业真实生产和社会技术服务于一体的高水平职业教育实训基地。面向先进制造业等技术技能人才紧缺领域，统筹多种资源，建设若干具有辐射引领作用的高水平专业化产教融合实训基地，推动开放共享，辐射区域内学校和企业；鼓励职业院校建设或校企共建一批校内实训基地，提升重点专业建设和校企合作育人水平。积极吸引企业和社会力量参与，指导各地各校借鉴德国、日本、瑞士等国家经验，探索创新实训基地运营模式。提高实训基地规划、管理水平，为社会公众、职业院校在校生取得职业技能等级证书和企业提升人力资源水平提供有力支撑。

（十二）多措并举打造"双师型"教师队伍

从 2019 年起，职业院校、应用型本科高校相关专业教师原则上从具有 3 年以上企业工作经历并具有高职以上学历的人员中公开招聘，特殊高技能人才（含具有高级工以上职业资格人员）可适当放宽学历要求，2020 年起，基本不再从应届毕业生中招聘。加强职业技术师范院校建设，优化结构布局，引导一批高水平工科学校举办职业技术师范教育。实施职业院校教师素质提高计划，建立 100 个"双师型"教师培养培训基地，职业院校、应用型本科高校教师每年至少 1 个月在企业或实训基地实训，落实教师 5 年一周期的全员轮训制度。探索组建高水平、结构化教师教学创新团队，教师分工协作进行模块化教学。定期组织选派职业院校专业骨干教师赴国外研修访学。在职业院校实行高层次、高技能人才以直接考察的方式公开招聘。建立健全职业院校自主聘任兼职教师的办法，推动企业工程技术人员、高技能人才和职业院校教师双向流动。职业院校通过校企合作、技术服务、社会培训、自办企业等所得收入，可按一定比例作为绩效工资来源。

四、建设多元办学格局

（十三）推动企业和社会力量举办高质量职业教育

各级政府部门要深化"放管服"改革，加快推进职能转变，由注重"办"职业教育向"管理与服务"过渡。政府主要负责规划战略、制定政策、依法依规监管。发挥企业重要办学主体作用，鼓励有条件的企业特别是大企业举办高质量职业教育，各级人民政府可按规定给予适当支持。完善企业经营管理和技术人员与学校领导、骨干教师相互兼职兼薪制度。2020 年初步建成 300 个示范性职业教育集团（联盟），带动中小企业参与。支持和规范社会力量兴办职业教育培训，鼓励发展股份制、混合所有制等职业院校和各类职业培训机构。建立公开透明规范的民办职业教育准入、审批制度，探索民办职业教育负面清单制度，建立健全退出机制。

（十四）做优职业教育培训评价组织

职业教育包括职业学校教育和职业培训，职业院校和应用型本科高校按照国家教学标准和规定职责完成教学任务和职业技能人才培养。同时，也必须调动社会力量，补充校园不足，助力校园办学。能够依据国家有关法规和职业标准、教学标准完成的职业技能培训，要更多通过职业教育培训评价组织（以下简称培训评价组织）等参与实施。政府通过放宽准入，严格末端监督执法，严格控制数量，扶优、扶大、扶强，保证培训质量和学生能力水平。要按照在已成熟的品牌中遴选一批、在成长中的品牌中培育一批、在有需要但还没有建立项目的领域中规划一批的原则，以社会化机制公开招募并择优遴选培训评价组织，优先从制订过国家职业标准并完成标准教材编写，具有专家、师资团队、资金实力和5年以上优秀培训业绩的机构中选择。培训评价组织应对接职业标准，与国际先进标准接轨，按有关规定开发职业技能等级标准，负责实施职业技能考核、评价和证书发放。政府部门要加强监管，防止出现乱培训、滥发证现象。行业协会要积极配合政府，为培训评价组织提供好服务环境支持，不得以任何方式收取费用或干预企业办学行为。

五、完善技术技能人才保障政策

（十五）提高技术技能人才待遇水平

支持技术技能人才凭技能提升待遇，鼓励企业职务职级晋升和工资分配向关键岗位、生产一线岗位和紧缺急需的高层次、高技能人才倾斜。建立国家技术技能大师库，鼓励技术技能大师建立大师工作室，并按规定给予政策和资金支持，支持技术技能大师到职业院校担任兼职教师，参与国家重大工程项目联合攻关。积极推动职业院校毕业生在落户、就业、参加机关事业单位招聘、职称评审、职级晋升等方面与普通高校毕业生享受同等待遇。逐步提高技术技能人才特别是技术工人收入水平和地位。机关和企事业单位招用人员不得歧视职业院校毕业生。国务院人力资源社会保障行政部门会同有关部门，适时组织清理调整对技术技能人才的歧视政策，推动形成人人皆可成才、人人尽展其才的良好环境。按照国家有关规定加大对职业院校参加有关技能大赛成绩突出毕业生的表彰奖励力度。办好职业教育活动周和世界青年技能日宣传活动，深入开展"大国工匠进校园""劳模进校园""优秀职校生校园分享"等活动，宣传展示大国工匠、能工巧匠和高素质劳动者的事迹和形象，培育和传承好工匠精神。

（十六）健全经费投入机制

各级政府要建立与办学规模、培养成本、办学质量等相适应的财政投入制度，地方政府要按规定制定并落实职业院校生均经费标准或公用经费标准。在保障教育合理投入的同时，优化教育支出结构，新增教育经费要向职业教育倾斜。鼓励社会力量捐资、出资兴办职业教育，拓宽办学筹资渠道。进一步完善中等职业学校生均拨款制度，各地中等职业学校生均财政拨款水平可适当高于当地普通高中。各地在继续巩固落实好高等职业教育生均财政拨款水平达到12000元的基础上，根据发展需要和财力可能逐步提高拨款水平。组织实施好现代职业教育质量提升计划、产教融合工程等。经费投入要进一步突出改革导向，支持校企合作，注重向中西部、贫困地区和民族地区倾斜。进一步扩大职业院校助学金覆盖面，完善补助标准动态调整机制，落实对建档立卡等家庭经济困难学生的倾斜政策，健全职业教育奖学金制度。

六、加强职业教育办学质量督导评价

（十七）建立健全职业教育质量评价和督导评估制度

以学习者的职业道德、技术技能水平和就业质量，以及产教融合、校企合作水平为核心，建立职业教育质量评价体系。定期对职业技能等级证书有关工作进行"双随机、一公开"的抽查和监督，从2019年起，对培训评价组织行为和职业院校培训质量进行监测和评估。实施职业教育质量年度报告制度，报告向社会公开。完善政府、行业、企业、职业院校等共同参与的质量评价机制，积极支持第三方机构开展评估，将考核结果作为政策支持、绩效考核、表彰奖励的重要依据。完善职业教育督导评估办法，建立职业教育定期督导评估和专项督导评估制度，落实督导报告、公报、约谈、限期整改、奖惩等制度。国务院教育督导委员会定期听取职业教育督导评估情况汇报。

（十八）支持组建国家职业教育指导咨询委员会

为把握正确的国家职业教育改革发展方向，创新我国职业教育改革发展模式，提出重大政策研究建议，参与起草、制订国家职业教育法律法规，开展重大改革调研，提供各种咨询意见，进一步提高政府决策科学化水平，规划并审议职业教育标准等，在政府指导下组建国家职业教育指导咨询委员会。成员包括政府人员、职业教育专家、行业企业专家、管理专家、职业教育研究人员、中华职业教育社等团体和社会各方面热心职业教育的人士。通过政府购买服务等方式，听取咨询机构提出的意见建议并鼓励社会和民间智库参与。政府可以委托国家职业教育指导咨询委员会作为第三方，对全国职业院校、普通高校、校企合作企业、培训评价组织的教育管理、教学质量、办学方式模式、师资培养、学生职业技能提升等情况，进行指导、考核、评估等。

七、做好改革组织实施工作

（十九）加强党对职业教育工作的全面领导

以习近平新时代中国特色社会主义思想特别是习近平总书记关于职业教育的重要论述武装头脑、指导实践、推动工作。加强党对教育事业的全面领导，全面贯彻党的教育方针，落实中央教育工作领导小组各项要求，保证职业教育改革发展正确方向。要充分发挥党组织在职业院校的领导核心和政治核心作用，牢牢把握学校意识形态工作领导权，将党建工作与学校事业发展同部署、同落实、同考评。指导职业院校上好思想政治理论课，实施好中等职业学校"文明风采"活动，推进职业教育领域"三全育人"综合改革试点工作，使各类课程与思想政治理论课同向同行，努力实现职业技能和职业精神培养高度融合。加强基层党组织建设，有效发挥基层党组织的战斗堡垒作用和共产党员的先锋模范作用，带动学校工会、共青团等群团组织和学生会组织建设，汇聚每一位师生员工的积极性和主动性。

（二十）完善国务院职业教育工作部际联席会议制度

国务院职业教育工作部际联席会议由教育、人力资源社会保障、发展改革、工业和信息化、财政、农业农村、国资、税务、扶贫等单位组成，国务院分管教育工作的副总理担任召集人。联席会议统筹协调全国职业教育工作，研究协调解决工作中重大问题，听取国家职业教育指导咨询委员会等方面的意见建议，部署实施职业教育改革创新重大事项，每年召开两次会议，各成员单位就有关工作情况向联席会议报告。国务院教育行政部门负责职业教育工作的统筹规划、综合协调、宏观管理，国务院教育行政部门、人力资源社会保障行政部门和其他有关部门在职责范围内，分别负责有关的职业教育工作。各成员单位要加强沟通协调，做好相关政策配套衔接，在国家和区域战略规划、重大项目安排、经费投入、企业办学、人力资源开发等方面形成政策合力。推动落实《中华人民共和国职业教育法》，为职业教育改革创新提供重要的制度保障。

国务院关于加快发展现代职业教育的决定

国发〔2014〕19号

各省、自治区、直辖市人民政府，国务院各部委、各直属机构：

近年来，我国职业教育事业快速发展，体系建设稳步推进，培养培训了大批中高级技能型人才，为提高劳动者素质、推动经济社会发展和促进就业作出了重要贡献。同时也要看到，当前职业教育还不能完全适应经济社会发展的需要，结构不尽合理，质量有待提高，办学条件薄弱，体制机制不畅。加快发展现代职业教育，是党中央、国务院作出的重大战略部署，对于深入实施创新驱动发展战略，创造更大人才红利，加快转方式、调结构、促升级具有十分重要的意义。现就加快发展现代职业教育作出以下决定。

一、总体要求

（一）指导思想

以邓小平理论、"三个代表"重要思想、科学发展观为指导，坚持以立德树人为根本，以服务发展为宗旨，以促进就业为导向，适应技术进步和生产方式变革以及社会公共服务的需要，深化体制机制改革，统筹发挥好政府和市场的作用，加快现代职业教育体系建设，深化产教融合、校企合作，培养数以亿计的高素质劳动者和技术技能人才。

（二）基本原则

——政府推动、市场引导。发挥好政府保基本、促公平作用，着力营造制度环境、制定发展规划、改善基本办学条件、加强规范管理和监督指导等。充分发挥市场机制作用，引导社会力量参与办学，扩大优质教育资源，激发学校发展活力，促进职业教育与社会需求紧密对接。

——加强统筹、分类指导。牢固确立职业教育在国家人才培养体系中的重要位置，统筹发展各级各类职业教育，坚持学校教育和职业培训并举。强化省级人民政府统筹和部门协调配合，加强行业部门对本部门、本行业职业教育的指导。推动公办与民办职业教育共同发展。

——服务需求、就业导向。服务经济社会发展和人的全面发展，推动专业设置与产业需求对接，课程内容与职业标准对接，教学过程与生产过程对接，毕业证书与职业资格证书对接，职业教育与终身学习对接。重点提高青年就业能力。

——产教融合、特色办学。同步规划职业教育与经济社会发展，协调推进人力资源开发与技术进步，推动教育教学改革与产业转型升级衔接配套。突出职业院校办学特色，强化校企协同育人。

——系统培养、多样成才。推进中等和高等职业教育紧密衔接，发挥中等职业教育在发展现代职业教育中的基础性作用，发挥高等职业教育在优化高等教育结构中的重要作用。加强职业教育与普通教育沟通，为学生多样化选择、多路径成才搭建"立交桥"。

（三）目标任务

到2020年，形成适应发展需求、产教深度融合、中职高职衔接、职业教育与普通教育相互沟通，体现终身教育理念，具有中国特色、世界水平的现代职业教育体系。

——结构规模更加合理。总体保持中等职业学校和普通高中招生规模大体相当，高等职业教育规模占高等教育的一半以上，总体教育结构更加合理。到2020年，中等职业教育在校生达到2350万人，专科层次职业教育在校生达到1480万人，接受本科层次职业教育的学生达到一定规模。从业人员继续教育达到3.5亿人次。

——院校布局和专业设置更加适应经济社会需求。调整完善职业院校区域布局，科学合理设置专业，健全专业随产业发展动态调整的机制，重点提升面向现代农业、先进制造业、现代服务业、战略性新兴产业和社会管理、生态文明建设等领域的人才培养能力。

——职业院校办学水平普遍提高。各类专业的人才培养水平大幅提升，办学条件明显改善，实训设备配置水平与技术进步要求更加适应，现代信息技术广泛应用。专兼结合的"双师型"教师队伍建设进展显著。建成一批世界一流的职业院校和骨干专业，形成具有国际竞争力的人才培养高地。

——发展环境更加优化。现代职业教育制度基本建立，政策法规更加健全，相关标准更加科学规范，监管机制更加完善。引导和鼓励社会力量参与的政策更加健全。全社会人才观念显著改善，支持和参与职业教育的氛围更加浓厚。

二、加快构建现代职业教育体系

（四）巩固提高中等职业教育发展水平

各地要统筹做好中等职业学校和普通高中招生工作，落实好职普招生大体相当的要求，加快普及高中阶段教育。鼓励优质学校通过兼并、托管、合作办学等形式，整合办学资源，优化中等职业教育布局结构。推进县级职教中心等中等职业学校与城市院校、科研机构对口合作，实施学历教育、技术推广、扶贫开发、劳动力转移培训和社会生活教育。在保障学生技术技能培养质量的基础上，加强文化基础教育，实现就业有能力、升学有基础。有条件的普通高中要适当增加职业技术教育内容。

（五）创新发展高等职业教育

专科高等职业院校要密切产学研合作，培养服务区域发展的技术技能人才，重点服务企业特别是中小微企业的技术研发和产品升级，加强社区教育和终身学习服务。探索发展本科层次职业教育。建立以职业需求为导向、以实践能力培养为重点、以产学结合为途径的专业学位研究生培养模式。研究建立符合职业教育特点的学位制度。原则上中等职业学校不升格为或并入高等职业院校，专科高等职业院校不升格为或并入本科高等学校，形成定位清晰、科学合理的职业教育层次结构。

（六）引导普通本科高等学校转型发展

采取试点推动、示范引领等方式，引导一批普通本科高等学校向应用技术类型高等学校转型，重点举办本科职业教育。独立学院转设为独立设置高等学校时，鼓励其定位为应用技术类型高等学校。建立高等学校分类体系，实行分类管理，加快建立分类设置、评价、指导、拨款制度。招生、投入等政策措施向应用技术类型高等学校倾斜。

（七）完善职业教育人才多样化成长渠道

健全"文化素质+职业技能"、单独招生、综合评价招生和技能拔尖人才免试等考试招生办法，为学生接受不同层次高等职业教育提供多种机会。在学前教育、护理、健康服务、社区服务等领域，健全对初中毕业生实行中高职贯通培养的考试招生办法。适度提高专科高等职业院校招收中等职业学校毕业生的比例、本科高等学校招收职业院校毕业生的比例。逐步扩大高等职业院校招收有实践经历人员的比例。建立学分积累与转换制度，推进学习成果互认衔接。

（八）积极发展多种形式的继续教育

建立有利于全体劳动者接受职业教育和培训的灵活学习制度，服务全民学习、终身学习，推进学习型社会建设。面向未升学初高中毕业生、残疾人、失业人员等群体广泛开展职业教育和培训。推进农民继续教育工程，加强涉农专业、课程和教材建设，创新农学结合模式。推动一批县（市、区）在农村职业教育和成人教育改革发展方面发挥示范作用。利用职业院校资源广泛开展职工教育培训。重视培养军地两用人才。退役士兵接受职业教育和培训，按照国家有关规定享受优待。

三、激发职业教育办学活力

（九）引导支持社会力量兴办职业教育

创新民办职业教育办学模式，积极支持各类办学主体通过独资、合资、合作等多种形式举办民办职业教育；探索发展股份制、混合所有制职业院校，允许以资本、知识、技术、管理等要素参与办学并享有相应权利。探索公办和社会力量举办的职业院校相互委托管理和购买服务的机制。引导社会力量参与教学过程，共同开发课程和教材等教育资源。社会力量举办的职业院校与公办职业院校具有同等法律地位，依法享受相关教育、财税、土地、金融等政策。健全政府补贴、购买服务、助学贷款、基金奖励、捐资激励等制度，鼓励社会力量参与职业教育办学、管理和评价。

（十）健全企业参与制度

研究制定促进校企合作办学有关法规和激励政策，深化产教融合，鼓励行业和企业举办或参与举办职业教育，发挥企业重要办学主体作用。规模以上企业要有机构或人员组织实施职工教育培训、对接职业院校，设立学生实习和教师实践岗位。企业因接受实习生所实际发生的与取得收入有关的、合理的支出，按现行税收法律规定在计算应纳税所得额时扣除。多种形式支持企业建设兼具生产与教学功能的公共实训基地。对举办职业院校的企业，其办学符合职业教育发展规划要求的，各地可通过政府购买服务等方式给予支持。对职业院校自办的、以服务学生实习实训为主要目的的企业或经营活动，按照国家有关规定享受税收等优惠。支持企业通过校企合作共同培养培训人才，不断提升企业价值。企业开展职业教育的情况纳入企业社会责任报告。

（十一）加强行业指导、评价和服务

加强行业指导能力建设，分类制定行业指导政策。通过授权委托、购买服务等方式，把适宜行业组织承担的职责交给行业组织，给予政策支持并强化服务监管。行业组织要履行好发布行业人才需求、推进校企合作、参与指导教育教学、开展质量评价等职责，建立行业人力资源需求预测和就业状况定期发布制度。

（十二）完善现代职业学校制度

扩大职业院校在专业设置和调整、人事管理、教师评聘、收入分配等方面的办学自主权。职业院校要依法制定体现职业教育特色的章程和制度，完善治理结构，提升治理能力。建立学校、行业、企业、社区等共同参与的学校理事会或董事会。制定校长任职资格标准，推进校长聘任制改革和公开选拔试点。坚持和完善中等职业学校校长负责制、公办高等职业院校党委领导下的校长负责制。建立企业经营管理和技术人员与学校领导、骨干教师相互兼职制度。完善体现职业院校办学和管理特点的绩效考核内部分配机制。

（十三）鼓励多元主体组建职业教育集团

研究制定院校、行业、企业、科研机构、社会组织等共同组建职业教育集团的支持政策，发挥职业教育集团在促进教育链和产业链有机融合中的重要作用。鼓励中央企业和行业龙头企业牵头组建职业教育集团。探索组建覆盖全产业链的职业教育集团。健全联席会、董事会、理事会等治理结构和决策机制。开展多元投资主体依法共建职业教育集团的改革试点。

（十四）强化职业教育的技术技能积累作用

制定多方参与的支持政策，推动政府、学校、行业、企业联动，促进技术技

121

能的积累与创新。推动职业院校与行业企业共建技术工艺和产品开发中心、实验实训平台、技能大师工作室等，成为国家技术技能积累与创新的重要载体。职业院校教师和学生拥有知识产权的技术开发、产品设计等成果，可依法依规在企业作价入股。

四、提高人才培养质量

（十五）推进人才培养模式创新

坚持校企合作、工学结合，强化教学、学习、实训相融合的教育教学活动。推行项目教学、案例教学、工作过程导向教学等教学模式。加大实习实训在教学中的比重，创新顶岗实习形式，强化以育人为目标的实习实训考核评价。健全学生实习责任保险制度。积极推进学历证书和职业资格证书"双证书"制度。开展校企联合招生、联合培养的现代学徒制试点，完善支持政策，推进校企一体化育人。开展职业技能竞赛。

（十六）建立健全课程衔接体系

适应经济发展、产业升级和技术进步需要，建立专业教学标准和职业标准联动开发机制。推进专业设置、专业课程内容与职业标准相衔接，推进中等和高等职业教育培养目标、专业设置、教学过程等方面的衔接，形成对接紧密、特色鲜明、动态调整的职业教育课程体系。全面实施素质教育，科学合理设置课程，将职业道德、人文素养教育贯穿培养全过程。

（十七）建设"双师型"教师队伍

完善教师资格标准，实施教师专业标准。健全教师专业技术职务（职称）评聘办法，探索在职业学校设置正高级教师职务（职称）。加强校长培训，实行五年一周期的教师全员培训制度。落实教师企业实践制度。政府要支持学校按照有关规定自主聘请兼职教师。完善企业工程技术人员、高技能人才到职业院校担任专兼职教师的相关政策，兼职教师任教情况应作为其业绩考核评价的重要内容。加强职业技术师范院校建设。推进高水平学校和大中型企业共建"双师型"教师培养培训基地。地方政府要比照普通高中和高等学校，根据职业教育特点核定公办职业院校教职工编制。加强职业教育科研教研队伍建设，提高科研能力和教学研究水平。

（十八）提高信息化水平

构建利用信息化手段扩大优质教育资源覆盖面的有效机制，推进职业教育资源跨区域、跨行业共建共享，逐步实现所有专业的优质数字教育资源全覆盖。支持与专业课程配套的虚拟仿真实训系统开发与应用。推广教学过程与生产过程实时互动的远程教学。加快信息化管理平台建设，加强现代信息技术应用能力培训，将现代信息技术应用能力作为教师评聘考核的重要依据。

（十九）加强国际交流与合作

完善中外合作机制，支持职业院校引进国（境）外高水平专家和优质教育资源，鼓励中外职业院校教师互派、学生互换。实施中外职业院校合作办学项目，探索和规范职业院校到国（境）外办学。推动与中国企业和产品"走出去"相配套的职业教育发展模式，注重培养符合中国企业海外生产经营需求的本土化人才。积极参与制定职业教育国际标准，开发与国际先进标准对接的专业标准和课程体系。提升全国职业院校技能大赛国际影响。

五、提升发展保障水平

（二十）完善经费稳定投入机制

各级人民政府要建立与办学规模和培养要求相适应的财政投入制度，地方人民政府要依法制定并落实职业院校生均经费标准或公用经费标准，改善职业院校基本办学条件。地方教育附加费用于职业教育的比例不低于30%。加大地方各级人民政府经费统筹力度，发挥好企业职工教育培训经费以及就业经费、扶贫和移民安置资金等各类资金在职业培训中的作用，提高资金使用效益。县级以上人民政府要建立职业教育经费绩效评价制度、审计监督公告制度、预决算公开制度。

（二十一）健全社会力量投入的激励政策

鼓励社会力量捐资、出资兴办职业教育，拓宽办学筹资渠道。通过公益性社会团体或者县级以上人民政府及其部门向职业院校进行捐赠的，其捐赠按照现行税收法律规定在税前扣除。完善财政贴息贷款等政策，健全民办职业院校融资机制。企业要依法履行职工教育培训和足额提取教育培训经费的责任，一般企业按照职工工资总额的1.5%足额提取教育培训经费，从业人员技能要求高、实训耗材多、培训任务重、经济效益较好的企业可按2.5%提取，其中用于一线职工教育培训的比例不低于60%。除国务院财政、税务主管部门另有规定外，企业发生的职工教育经费支出，不超过工资薪金总额2.5%的部分，准予扣除；超过部分，准予在以后纳税年度结转扣除。对不按规定提取和使用教育培训经费并拒不改正的企业，由县级以上地方人民政府依法收取企业应当承担的职业教育经费，统筹用于本地区的职业教育。探索利用国（境）外资金发展职业教育的途径和机制。

（二十二）加强基础能力建设

分类制定中等职业学校、高等职业院校办学标准，到2020年实现基本达标。在整合现有项目的基础上实施现代职业教育质量提升计划，推动各地建立完善以促进改革和提高绩效为导向的高等职业院校生均拨款制度，引导高等职业院校深化办学机制和教育教学改革；重点支持中等职业学校改善基本办学条件，开发优质教学资源，提高教师素质；推动建立发达地区和欠发达地区中等职业教育合作办学工作机制。继续实施中等职业教育基础能力建设项目。支持一批本科高等学校转型发展为应用技术类型高等学校。地方人民政府、相关行业部门和大型企业要切实加强所办职业院校基础能力建设，支持一批职业院校争创国际先进水平。

（二十三）完善资助政策体系

进一步健全公平公正、多元投入、规范高效的职业教育国家资助政策。逐步建立职业院校助学金覆盖面和补助标准动态调整机制，加大对农林水地矿油核等专业学生的助学力度。有计划地支持集中连片特殊困难地区内限制开发和禁止开发区初中毕业生到省（区、市）内外经济较发达地区接受职业教育。完善面向农民、农村转移劳动力、在职职工、失业人员、残疾人、退役士兵等接受职业教育和培训的资助补贴政策，积极推行以直补个人为主的支付办法。有关部门和职业院校要切实加强资金管理，严查"双重学籍""虚假学籍"等问题，确保资助资金有效使用。

（二十四）加大对农村和贫困地区职业教育支持力度

服务国家粮食安全保障体系建设，积极发展现代农业职业教育，建立公益性农民培养培训制度，大力培养新型职业农民。在人口集中和产业发展需要的贫困地区建好一批中等职业学校。国家制定奖补政策，支持东部地区职业院校扩大面向中西部地区的招生规模，深化专业建设、课程开发、资源共享、学校管理等合作。加强民族地区职业教育，改善民族地区职业院校办学条件，继续办好内地西藏、新疆中职班，建设一批民族文化传承创新示范专业点。

（二十五）健全就业和用人的保障政策

认真执行就业准入制度，对从事涉及公共安全、人身健康、生命财产安全等特殊工种的劳动者，必须从取得相应学历证书或职业培训合格证书并获得相应职业资格证书的人员中录用。支持在符合条件的职业院校设立职业技能鉴定所（站），完善职业院校合格毕业生取得相应职业资格证书的办法。各级人民政府要创造平等就业环境，消除城乡、行业、身份、性别等一切影响平等就业的制度障碍和就业歧视；党政机关和企事业单位招用人员不得歧视职业院校毕业生。结合深化收入分配制度改革，促进企业提高技能人才收入水平。鼓励企业建立高技能人才技能职务津贴和特殊岗位津贴制度。

六、加强组织领导

（二十六）落实政府职责

完善分级管理、地方为主、政府统筹、社会参与的管理体制。国务院相关部门要有效运用总体规划、政策引导等手段以及税收金融、财政转移支付等杠杆，加强对职业教育发展的统筹协调和分类指导；地方政府要切实承担主要责任，结合本地实际推进职业教育改革发展，探索解决职业教育发展的难点问题。要加快政府职能转变，减少部门职责交叉和分散，减少对学校教育教学具体事务的干预。充分发挥职业教育工作部门联席会议制度的作用，形成工作合力。

（二十七）强化督导评估

教育督导部门要完善督导评估办法，加强对政府及有关部门履行发展职业教育职责的督导；要落实督导报告公布制度，将督导报告作为对被督导单位及其主要负责人考核奖惩的重要依据。完善职业教育质量评价制度，定期开展职业院校办学水平和专业教学情况评估，实施职业教育质量年度报告制度。注重发挥行业、用人单位作用，积极支持第三方机构开展评估。

（二十八）营造良好环境

推动加快修订职业教育法。按照国家有关规定，研究完善职业教育先进单位和先进个人表彰奖励制度。落实好职业教育科研和教学成果奖励制度，用优秀成果引领职业教育改革创新。研究设立职业教育活动周。大力宣传高素质劳动者和技术技能人才的先进事迹和重要贡献，引导全社会确立尊重劳动、尊重知识、尊重技术、尊重创新的观念，促进形成"崇尚一技之长、不唯学历凭能力"的社会氛围，提高职业教育社会影响力和吸引力。

国务院

2014 年 5 月 2 日

中共中央办公厅、国务院办公厅
《关于推动现代职业教育高质量发展的意见》
（2021 年 10 月 12 日）

职业教育是国民教育体系和人力资源开发的重要组成部分，肩负着培养多样化人才、传承技术技能、促进就业创业的重要职责。在全面建设社会主义现代化国家新征程中，职业教育前途广阔、大有可为。为贯彻落实全国职业教育大会精神，推动现代职业教育高质量发展，现提出如下意见。

一、总体要求

（一）指导思想

以习近平新时代中国特色社会主义思想为指导，深入贯彻党的十九大和十九届二中、三中、四中、五中全会精神，坚持党的领导，坚持正确办学方向，坚持立德树人，优化类型定位，深入推进育人方式、办学模式、管理体制、保障机制改革，切实增强职业教育适应性，加快构建现代职业教育体系，建设技能型社会，弘扬工匠精神，培养更多高素质技术技能人才、能工巧匠、大国工匠，为全面建设社会主义现代化国家提供有力人才和技能支撑。

（二）工作要求

坚持立德树人、德技并修，推动思想政治教育与技术技能培养融合统一；坚持产教融合、校企合作，推动形成产教良性互动、校企优势互补的发展格局；坚持面向市场、促进就业，推动学校布局、专业设置、人才培养与市场需求相对接；坚持面向实践、强化能力，让更多青年凭借一技之长实现人生价值；坚持面向人人、因材施教，营造人人努力成才、人人皆可成才、人人尽展其才的良好环境。

（三）主要目标

到 2025 年，职业教育类型特色更加鲜明，现代职业教育体系基本建成，技能型社会建设全面推进。办学格局更加优化，办学条件大幅改善，职业本科教育招生规模不低于高等职业教育招生规模的 10%，职业教育吸引力和培养质量显著提高。到 2035 年，职业教育整体水平进入世界前列，技能型社会基本建成。技术技能人才社会地位大幅提升，职业教育供给与经济社会发展需求高度匹配，在全面建设社会主义现代化国家中的作用显著增强。

二、强化职业教育类型特色

（四）巩固职业教育类型定位

因地制宜、统筹推进职业教育与普通教育协调发展。加快建立"职教高考"

制度，完善"文化素质+职业技能"考试招生办法，加强省级统筹，确保公平公正。加强职业教育理论研究，及时总结中国特色职业教育办学规律和制度模式。

（五）推进不同层次职业教育纵向贯通

大力提升中等职业教育办学质量，优化布局结构，实施中等职业学校办学条件达标工程，采取合并、合作、托管、集团办学等措施，建设一批优秀中等职业学校和优质专业，注重为高等职业教育输送具有扎实技术技能基础和合格文化基础的生源。支持有条件的中等职业学校根据当地经济社会发展需要试办社区学院。推进高等职业教育提质培优，实施好"双高计划"，集中力量建设一批高水平高等职业学校和专业。稳步发展职业本科教育，高标准建设职业本科学校和专业，保持职业教育办学方向不变、培养模式不变、特色发展不变。一体化设计职业教育人才培养体系，推动各层次职业教育专业设置、培养目标、课程体系、培养方案衔接，支持在培养周期长、技能要求高的专业领域实施长学制培养。鼓励应用型本科学校开展职业本科教育。按照专业大致对口原则，指导应用型本科学校、职业本科学校吸引更多中高职毕业生报考。

（六）促进不同类型教育横向融通

加强各学段普通教育与职业教育渗透融通，在普通中小学实施职业启蒙教育，培养掌握技能的兴趣爱好和职业生涯规划的意识能力。探索发展以专项技能培养为主的特色综合高中。推动中等职业学校与普通高中、高等职业学校与应用型大学课程互选、学分互认。鼓励职业学校开展补贴性培训和市场化社会培训。制定国家资历框架，建设职业教育国家学分银行，实现各类学习成果的认证、积累和转换，加快构建服务全民终身学习的教育体系。

三、完善产教融合办学体制

（七）优化职业教育供给结构

围绕国家重大战略，紧密对接产业升级和技术变革趋势，优先发展先进制造、新能源、新材料、现代农业、现代信息技术、生物技术、人工智能等产业需要的一批新兴专业，加快建设学前、护理、康养、家政等一批人才紧缺的专业，改造升级钢铁冶金、化工医药、建筑工程、轻纺制造等一批传统专业，撤并淘汰供给过剩、就业率低、职业岗位消失的专业，鼓励学校开设更多紧缺的、符合市场需求的专业，形成紧密对接产业链、创新链的专业体系。优化区域资源配置，推进部省共建职业教育创新发展高地，持续深化职业教育东西部协作。启动实施技能型社会职业教育体系建设地方试点。支持办好面向农村的职业教育，强化校地合作、育训结合，加快培养乡村振兴人才，鼓励更多农民、返乡农民工接受职业教育。支持行业企业开展技术技能人才培养培训，推行终身职业技能培训制度和在岗继续教育制度。

（八）健全多元办学格局

构建政府统筹管理、行业企业积极举办、社会力量深度参与的多元办学格局。健全国有资产评估、产权流转、权益分配、干部人事管理等制度。鼓励上市公司、行业龙头企业举办职业教育，鼓励各类企业依法参与举办职业教育。鼓励职业学校与社会资本合作共建职业教育基础设施、实训基地，共建共享公共实训基地。

（九）协同推进产教深度融合

各级政府要统筹职业教育和人力资源开发的规模、结构和层次，将产教融合列入经济社会发展规划。以城市为节点、行业为支点、企业为重点，建设一批产教融合试点城市，打造一批引领产教融合的标杆行业，培育一批行业领先的产教融合型企业。积极培育市场导向、供需匹配、服务精准、运作规范的产教融合服务组织。分级分类编制发布产业结构动态调整报告、行业人才就业状况和需求预测报告。

四、创新校企合作办学机制

（十）丰富职业学校办学形态

职业学校要积极与优质企业开展双边多边技术协作，共建技术技能创新平台、专业化技术转移机构和大学科技园、科技企业孵化器、众创空间，服务地方中小微企业技术升级和产品研发。推动职业学校在企业设立实习实训基地、企业在职业学校建设培养培训基地。推动校企共建共管产业学院、企业学院，延伸职业学校办学空间。

（十一）拓展校企合作形式内容

职业学校要主动吸纳行业龙头企业深度参与职业教育专业规划、课程设置、教材开发、教学设计、教学实施，合作共建新专业、开发新课程、开展订单培养。鼓励行业龙头企业主导建立全国性、行业性职教集团，推进实体化运作。探索中国特色学徒制，大力培养技术技能人才。支持企业接收学生实习实训，引导企业按岗位总量的一定比例设立学徒岗位。严禁向学生违规收取实习实训费用。

（十二）优化校企合作政策环境

各地要把促进企业参与校企合作、培养技术技能人才作为产业发展规划、产业激励政策、乡村振兴规划制定的重要内容，对产教融合型企业给予"金融+财政+土地+信用"组合式激励，按规定落实相关税费政策。工业和信息化部门要把企业参与校企合作的情况，作为各类示范企业评选的重要参考。教育、人力资源社会保障部门要把校企合作成效作为评价职业学校办学质量的重要内容。国有资产监督管理机构要支持企业参与和举办职业教育。鼓励金融机构依法依规为校企合作提供相关信贷和融资支持。积极探索职业学校实习生参加工伤保险办法。

加快发展职业学校学生实习实训责任保险和人身意外伤害保险，鼓励保险公司对现代学徒制、企业新型学徒制保险专门确定费率。职业学校通过校企合作、技术服务、社会培训、自办企业等所得收入，可按一定比例作为绩效工资来源。

五、深化教育教学改革

（十三）强化双师型教师队伍建设

加强师德师风建设，全面提升教师素养。完善职业教育教师资格认定制度，在国家教师资格考试中强化专业教学和实践要求。制定双师型教师标准，完善教师招聘、专业技术职务评聘和绩效考核标准。按照职业学校生师比例和结构要求配齐专业教师。加强职业技术师范学校建设。支持高水平学校和大中型企业共建双师型教师培养培训基地，落实教师定期到企业实践的规定，支持企业技术骨干到学校从教，推进固定岗与流动岗相结合、校企互聘兼职的教师队伍建设改革。继续实施职业院校教师素质提高计划。

（十四）创新教学模式与方法

提高思想政治理论课质量和实效，推进习近平新时代中国特色社会主义思想进教材、进课堂、进头脑。举办职业学校思想政治教育课程教师教学能力比赛。普遍开展项目教学、情境教学、模块化教学，推动现代信息技术与教育教学深度融合，提高课堂教学质量。全面实施弹性学习和学分制管理，支持学生积极参加社会实践、创新创业、竞赛活动。办好全国职业院校技能大赛。

（十五）改进教学内容与教材

完善"岗课赛证"综合育人机制，按照生产实际和岗位需求设计开发课程，开发模块化、系统化的实训课程体系，提升学生实践能力。深入实施职业技能等级证书制度，完善认证管理办法，加强事中事后监管。及时更新教学标准，将新技术、新工艺、新规范、典型生产案例及时纳入教学内容。把职业技能等级证书所体现的先进标准融入人才培养方案。强化教材建设国家事权，分层规划，完善职业教育教材的编写、审核、选用、使用、更新、评价监管机制。引导地方、行业和学校按规定建设地方特色教材、行业适用教材、校本专业教材。

（十六）完善质量保证体系

建立健全教师、课程、教材、教学、实习实训、信息化、安全等国家职业教育标准，鼓励地方结合实际出台更高要求的地方标准，支持行业组织、龙头企业参与制定标准。推进职业学校教学工作诊断与改进制度建设。完善职业教育督导评估办法，加强对地方政府履行职业教育职责督导，做好中等职业学校办学能力评估和高等职业学校适应社会需求能力评估。健全国家、省、学校质量年报制度，定期组织质量年报的审查抽查，提高编制水平，加大公开力度。强化评价结果运用，将其作为批复学校设置、核定招生计划、安排重大项目的重要参考。

六、打造中国特色职业教育品牌

（十七）提升中外合作办学水平

办好一批示范性中外合作办学机构和项目。加强与国际高水平职业教育机构和组织合作，开展学术研究、标准研制、人员交流。在"留学中国"项目、中国政府奖学金项目中设置职业教育类别。

（十八）拓展中外合作交流平台

全方位践行世界技能组织 2025 战略，加强与联合国教科文组织等国际和地区组织的合作。鼓励开放大学建设海外学习中心，推进职业教育涉外行业组织建设，实施职业学校教师教学创新团队、高技能领军人才和产业紧缺人才境外培训计划。积极承办国际职业教育大会，办好办实中国-东盟教育交流周，形成一批教育交流、技能交流和人文交流的品牌。

（十九）推动职业教育走出去

探索"中文+职业技能"的国际化发展模式。服务国际产能合作，推动职业学校跟随中国企业走出去。完善"鲁班工坊"建设标准，拓展办学内涵。提高职业教育在出国留学基金等项目中的占比。积极打造一批高水平国际化的职业学校，推出一批具有国际影响力的专业标准、课程标准、教学资源。各地要把职业教育纳入对外合作规划，作为友好城市（省州）建设的重要内容。

七、组织实施

（二十）加强组织领导

各级党委和政府要把推动现代职业教育高质量发展摆在更加突出的位置，更好支持和帮助职业教育发展。职业教育工作部门联席会议要充分发挥作用，教育行政部门要认真落实对职业教育工作统筹规划、综合协调、宏观管理职责。国家将职业教育工作纳入省级政府履行教育职责督导评价，各省将职业教育工作纳入地方经济社会发展考核。选优配强职业学校主要负责人，建设高素质专业化职业教育干部队伍。落实职业学校在内设机构、岗位设置、用人计划、教师招聘、职称评聘等方面的自主权。加强职业学校党建工作，落实意识形态工作责任制，开展新时代职业学校党组织示范创建和质量创优工作，把党的领导落实到办学治校、立德树人全过程。

（二十一）强化制度保障

加快修订职业教育法，地方结合实际制定修订有关地方性法规。健全政府投入为主、多渠道筹集职业教育经费的体制。优化支出结构，新增教育经费向职业教育倾斜。严禁以学费、社会服务收入冲抵生均拨款，探索建立基于专业大类的职业教育差异化生均拨款制度。

（二十二）优化发展环境

加强正面宣传，挖掘宣传基层和一线技术技能人才成长成才的典型事迹，弘扬劳动光荣、技能宝贵、创造伟大的时代风尚。打通职业学校毕业生在就业、落户、参加招聘、职称评审、晋升等方面的通道，与普通学校毕业生享受同等待遇。对在职业教育工作中取得成绩的单位和个人、在职业教育领域作出突出贡献的技术技能人才，按照国家有关规定予以表彰奖励。各地将符合条件的高水平技术技能人才纳入高层次人才计划，探索从优秀产业工人和农业农村人才中培养选拔干部机制，加大技术技能人才薪酬激励力度，提高技术技能人才社会地位。

安徽省职业教育改革实施方案

皖教职联〔2019〕1 号

为贯彻落实全国教育大会精神和《国家职业教育改革实施方案》，制定本方案。

目标任务：坚持以习近平新时代中国特色社会主义思想为指导，把职业教育摆在教育改革创新和经济社会发展中更加突出的位置，到 2022 年，全省职业院校（含技工院校，下同）教学条件基本达标，主要办学指标中部领先、达到发达省份平均水平。重点建设 10 所左右高水平应用型本科院校、20 所左右高水平高等职业学校、80 所左右高水平中等职业学校和一批骨干特色专业（群），争取若干所高职院校进入国家"双高计划"。重点建设 20 个左右省级"双师型"教师培养培训基地和 100 个左右省级教师教学创新团队，"双师型"教师占专业课教师总数超过 60%。推动建设 100 个左右省级高水平专业化产教融合实训基地，培育认定 500 个左右产教融合型企业，建成 20 个左右省级示范性职业教育集团。经过 5—10 年努力，职业教育基本完成办学格局、发展方式和培养模式三个重要转变。

一、完善职业教育和培训体系

（一）提高中等职业教育发展水平

调整优化高中阶段教育结构，把发展中等职业教育作为普及高中阶段教育和建设现代化职业教育体系的重要基础，落实好职普比大体相当要求。强化省市统筹，推进布局结构调整规划实施，县域内集中力量办好一所综合性、多功能的职业学校。改革省属中等职业学校管理体制，支持将省直部门、单位所属中等职业学校划转到所在市管理。启动实施中职学校办学水平评估，推动达标建设。建立全省高中阶段统一招生录取平台。将动手实践内容纳入中小学相关课程和学生综合素质评价。（牵头责任单位：省教育厅、各市人民政府；配合单位：省委编办、省财政厅、省人力资源社会保障厅等）

（二）推进高等职业教育高质量发展

实施特色高水平高职院校和专业建设计划。建立"职教高考"制度，分类考试成为高职院校招生主渠道，其中面向中职毕业生的录取比例 2022 年达 60% 以上；改革完善分类考试招生录取办法，鼓励更多中职学校毕业生、普通高中毕业生和退役军人、退役运动员以及下岗职工、农民工、新型职业农民等接受高等职业教育。对中职毕业生由高职院校按"专业技能测试成绩"择优录取，对普通高中毕业生按"职业适应性全省统一测试成绩"择优录取，对退役军人等社会成员由高职院校按"综合素质测试成绩"择优录取。支持市域内或职教集团内开展中高职衔接人才培养，推进中高职一体化办学。根据高等学校设置制度规定，将符合条件的技师学院纳入高等学校序列。（牵头责任单位：省教育厅；配合单位：省人力资源社会保障厅、省农村农业厅、省退役军人厅等）

（三）完善高层次应用型人才培养体系

采取招生计划、专业学位授权点设置等倾斜性政策措施，加快推动有条件的普通本科高校向应用型转变。鼓励独立学院转设为本科层次职业院校，支持有条件的高职院校开展本科层次职业教育试点。普通本科高校新增招生计划主要用于高层次技术技能人才培养，逐步扩大应用型本科高校面向职业院校毕业生的招生计划，2022年达到招生总计划30%以上。启动中职、高职与本科高校联合开展长学制人才培养试点。服务军民融合发展，落实好退役军人进入职业院校和普通本科高校接受教育和培训的政策规定。（牵头责任单位：省教育厅；配合单位：省退役军人厅等）

（四）开展高质量职业培训

落实职业院校实施学历教育与培训并举的法定职责，推动职业院校面向在校学生和全体社会成员广泛开展职业培训。重点围绕现代农业、先进制造业、现代服务业、战略性新兴产业，在10个左右技术技能人才紧缺领域大力开展职业培训。引导行业企业深度参与技术技能人才培养培训，落实职工参与培训的相关政策待遇。进一步简政放权，政府补贴的职业技能培训项目全部向具备资质的职业院校和培训机构开放，按规定落实职业培训补贴政策，加强监管，保证质量。支持优质社会培训组织依据国家有关法规和标准开展职业技能培训。（牵头责任单位：省教育厅、省人力资源社会保障厅；配合单位：各市人民政府）

二、健全职业教育制度和标准

（五）完善企业和社会力量举办职业教育制度

充分发挥企业重要办学主体作用，鼓励支持有条件的企业特别是大企业举办高质量职业教育，可按照政府购买服务等方式给予支持。建立产教融合型企业认证制度，对进入目录的产教融合型企业给予"金融+财政+土地+信用"的组合式激励，并按规定落实相关税收政策。纳入产教融合型企业建设培育范围的试点企业兴办职业教育符合条件的，可按投资额30%抵免该企业当年应缴教育费附加和地方教育附加。支持和规范社会力量兴办职业教育培训，鼓励发展股份制、混合所有制等职业院校和各类职业培训机构。完善企业经营管理和技术人员与学校领导、骨干教师相互兼职兼薪制度。完善民办职业教育准入、审批和负面清单制度，建立健全退出机制。（牵头责任单位：省经济和信息化厅、省国资委、省教育厅、省人力资源社会保障厅；配合单位：省发展改革委、省地方金融监管局、

省自然资源厅、省财政厅、省税务局、省国资委等，各市人民政府）

（六）启动1+X证书制度试点工作

支持职业院校积极参与1+X证书制度试点。鼓励职业院校学生在获得学历证书的同时，积极取得多类职业技能等级证书。职业院校内实施的职业技能等级证书与其他职业技能等级证书具有同等效力，持有证书人员享受同等待遇。（牵头责任单位：省教育厅；配合单位：省人力资源社会保障厅、省发展改革委、省财政厅、省市场监管局等）

（七）建立学习成果认定、积累和转换制度

积极参与职业教育国家"学分银行"建设和改革试点，有序开展学历证书和职业技能等级证书所体现的学习成果的认定、积累和转换。加快推进学分制改革，构建更加灵活的学籍管理制度。在职职工继续教育课程学习成果，纳入"学分银行"管理。对接国家资历框架，有序推进学历证书、国家职业资格证书、职业技能等级证书互通衔接。（牵头责任单位：省教育厅；配合单位：省人力资源社会保障厅等）

三、促进产教深度融合校企协同育人

（八）推进工学结合、校企合作

借鉴"双元制"等模式，推行校企共同制定人才培养方案，强化双主体育人。建立健全适应产业发展的专业设置及动态调整机制。支持校企合作建设一批在线共享精品课程和规划教材等优质教学资源。适应"互联网+职业教育"发展，推进虚拟工厂等网络学习空间建设和普遍应用。培育建设一批多元主体、广泛参与的省级示范性职业教育集团。落实好《安徽省职业教育校企合作促进办法》。规模以上企业按所学专业对口或相近原则，在职工总数2%范围内安排学生实习岗位。校企合作和社会服务中学校获得的智力、专利、教育、劳务等报酬作为增量部分纳入绩效工资总量，由学校按规定自行处理。（牵头责任单位：省教育厅；配合单位：省国资委、省经济和信息化厅、省人力资源社会保障厅、省财政厅等）

（九）打造一批高水平实训基地

通过政府牵头、政策引导、统筹资源、示范带动，建设一批集实践教学、社会培训、企业真实生产和社会技术服务于一体的实训基地。支持校企共建一批校内外生产性实习实训基地。探索建立多方参与、互利共赢、开放共享的实训基地运营模式，为社会公众、职业院校在校生取得职业技能等级证书和企业提升人力资源水平提供有力支撑。（牵头责任单位：各市人民政府；配合单位：省财政厅、省发展改革委、省国资委、省经济和信息化厅、省教育厅、省人力资源社会保障厅、省商务厅等）

（十）多措并举打造"双师型"教师队伍

从 2019 年起，职业院校和应用型本科高校相关专业教师，原则上从具有 3 年以上企业工作经历并具有高职以上学历的人员中公开招聘，特殊高技能人才（含具有高级工以上职业资格人员）可适当放宽学历要求；2020 年起，除"双师型"职教师范毕业生外，不再从应届毕业生中招聘。建立健全职业院校兼职教师自主聘任办法，推动企业技术技能人才和职业院校教师双向流动。支持有条件的师范院校和工科院校举办职业技术师范教育。实施职业院校教师素质提升计划，落实教师 5 年一周期的全员轮训制度。培育建设一批高水平、结构化教师教学创新团队。定期组织选派职业院校专业骨干教师出国（境）研修访学。完善"双师型"教师认定办法和职业院校教师职称评审制度。（牵头责任单位：省教育厅；配合单位：省人力资源社会保障厅等，各市人民政府）

四、完善技术技能人才培养保障政策

（十一）健全经费投入机制

全省各级政府要建立与办学规模、培养成本、办学质量等相适应的财政投入制度。优化教育支出结构，新增教育经费向职业教育倾斜，加大对职业教育的投入。完善中等职业学校生均拨款制度，在继续巩固落实好高等职业教育生均财政拨款水平达 12000 元的基础上，根据发展需要和财力可能逐步提高拨款水平。对非营利性民办职业学校在政府补贴、政府购买服务、基金奖励、捐资激励、土地划拨、税费减免等方面按规定给予扶持。完善职业院校学生资助制度，落实对建档立卡等家庭经济困难学生的倾斜政策。（牵头责任单位：省财政厅；配合单位：各市人民政府）

（十二）创新编制管理和岗位设置管理

建立职业院校编制动态调整机制，探索创新职业院校编制管理方式，适时启动编制周转池制度试点。建立健全职业院校岗位设置统筹管理和动态调控机制，支持职业院校主管部门在核定的岗位总量、结构比例和最高等级限额内集中调控使用，更好地实现按需设岗、人岗相宜。（牵头责任单位：省教育厅；配合单位：省委编办、省人力资源社会保障厅、省财政厅等）

（十三）提高技术技能人才待遇水平

逐步提高技术技能人才待遇，鼓励企业职务职级晋升和工资分配向关键岗位、生产一线岗位和紧缺急需的高层次、高技能人才倾斜。对取得科技攻关、技术革新成果的高技能人才，按规定通过奖金、股权等形式，从成果转化收益中给予奖励。建立省级技术技能大师库，支持技术技能大师到职业院校担任兼职教师或设立大师工作室。推动职业院校毕业生在落户、就业、机关事业单位招聘、职称评审、职级晋升等方面与普通高校毕业生享受同等待遇。按照国家有关规定加大对职业院校参加技能大赛成绩突出人员的表彰奖励力度。营造良好的舆论氛围，大力培育和传承工匠精神。（牵头责任单位：省人力资源社会保障厅；配合单位：省教育厅等，各市人民政府）

（十四）加强职业教育办学质量督导评价

建立完善职业教育质量评价体系，实施职业教育年度报告制度，全面推进教学工作诊断与改进制度。完善职业教育督导评估办法，建立定期督导评估和专项督导评估制度，落实督导报告、公报、约谈、限期整改、奖惩等制度。将职普比大体相当和生均拨款政策的落实、办学绩效等职业教育发展情况作为市、县政府履行教育职责督导考核的重要内容，把督导结果作为政策支持、绩效考核、表彰奖励的重要依据。（牵头责任单位：省教育厅、省人力资源社会保障厅；配合单位：各市人民政府）

五、做好改革组织实施工作

（十五）加强党对职业教育工作的全面领导

坚持以习近平新时代中国特色社会主义思想特别是关于职业教育的重要论述武装头脑、指导实践、推动工作。加强党对教育事业的全面领导，全面贯彻党的教育方针。充分发挥党组织的领导核心和政治核心作用，牢牢把握学校意识形态工作领导权，将党建工作与学校事业发展同部署、同落实、同考评。加强职业院校基层党组织标准化、规范化建设。实施新时代立德树人工程，推进"三全育人"综合改革试点，培养德技双馨的高素质技术技能人才。（牵头责任单位：省教育厅、省人力资源社会保障厅；配合单位：各市人民政府）

（十六）完善职业教育工作部门联席会议制度

建立健全省、市、县三级职业教育工作部门联席会议制度，统筹协调区域内职业教育工作。全省各级教育行政部门负责区域内职业教育工作的统筹规划、综合协调，同级教育行政部门、人力资源社会保障以及其他有关部门在职责范围内，分别负责有关的职业教育工作。各成员单位要加强沟通协调，形成工作合力。（牵头责任单位：省教育厅、省人力资源社会保障厅；配合单位：各市人民政府）

（十七）组建职业教育指导咨询专家组织

组建安徽省职业教育指导咨询委员会，提高政府决策科学化水平，并对职业院校开展指导、考核、评估等。健全完善行业职业教育教学指导委员会，充分发挥行业主管部门和组织的重要作用。加强省、市、县教育行政等部门职业教育教科研队伍建设，提高科研能力和教学研究水平。（牵头责任单位：省教育厅、省人力资源社会保障厅；配合单位：各市人民政府）

（十八）建立先行先试创新发展激励机制

创建安徽省国家职业教育创新发展实验区，实施"皖江经济带职业教育产教融合创新发展""皖北振兴和大别山等革命老区脱贫攻坚技术技能人才创新培养"项目建设，鼓励在推进区域职业教育创新发展、特色发展以及服务"一带一路""长三角高质量一体化发展""乡村振兴"和"脱贫攻坚"等重大战略方面先行先试，提供可复制可借鉴可推广的经验。对真抓实干、改革成效显著的市，优先纳入省级职业教育改革试验区建设，在特色高水平职业院校和专业建设、产教融合型实训基地建设、现代职业教育质量提升计划等重大项目中予以倾斜支持。（牵头责任单位：省教育厅、省人力资源社会保障厅；配合单位：各市人民政府）

教育部　安徽省人民政府
关于整省推进职业教育一体化高质量发展
加快技能安徽建设的意见

皖政秘〔2021〕221号

教育部各司局、有关直属单位，安徽省各市人民政府，省政府各部门、各直属机构，各相关高校：

为深入贯彻落实习近平总书记对职业教育的重要指示和全国职业教育大会精神，推动现代化美好安徽建设，教育部、安徽省人民政府就整省推进职业教育一体化高质量发展，加快技能安徽建设提出如下意见。

一、总体要求

（一）指导思想

以习近平新时代中国特色社会主义思想为指导，深入贯彻落实习近平总书记考察安徽重要讲话指示精神，完整、准确、全面贯彻新发展理念，围绕安徽"三地一区"建设和产业高质量发展，把职业教育摆在更加突出的战略位置，紧扣"一体化"和"高质量"两个关键，加大职业教育制度创新、政策供给和投入力度，加快构建现代职业教育体系，增强职业教育适应性，推动技能长入经济、嵌入科技、汇入生活、渗入人心、融入文化，为建设现代化美好安徽提供强大人才和技能支撑，为构建中国特色现代职业教育体系和建设技能中国提供安徽方案。

（二）总体目标

通过部省共建，到2025年，安徽技能型社会建设的体制机制更加完善，发展活力进一步激发；技能人才培养体系更加健全，中等职业教育与普通高中教育规模、职业高等教育与普通高等教育规模实现大体相当，高素质技术技能人才、能工巧匠、大国工匠的数量居全国第一方阵；职业院校办学条件大幅改善，技能人才供给结构进一步优化，对产业优化升级、科技创新和经济社会发展的支撑引领能力进一步增强；技能人才的社会地位和经济待遇明显提升，技能文化氛围更加浓厚，形成职业教育纵向贯通，不同类型教育横向融通，产业、专业、就业"三业"联通，教育链、人才链、产业链、创新链"四链"接通的职业教育一体化发展格局，成为现代职业教育体系建设和职业教育一体化高质量发展的示范区、技能型社会的标杆区，为构建国家重视技能、社会崇尚技能、人人学习技能、人人拥有技能的技能型社会打造安徽样板。

二、主要任务

（一）深化体制机制改革，激发建设技能型社会活力

1. 推进管理体制改革

健全完善省市两级政府统筹、以市为主的职业教育管理体制，落实教育部门对职业教育工作统筹规划、综合协调、宏观管理的法定职责，教育部门、人力资源社会保障部门和其他有关部门在规定的职责范围内，分别负责有关的职业教育工作。完善省、市、县三级职业教育工作部门联席会议制度。打破多头管理、条块分割的藩篱，建立市、县范围内各级各类职业院校学历教育的教育教学、学生管理、学籍学历等业务，由教育部门统一管理的体制。

2. 深化办学体制改革

健全政府统筹管理、行业企业积极举办、社会力量深度参与的多元办学格局。支持行业部门和国有企业办好现有的职业院校，落实企业办学主体责任，依法依规筹措所属职业院校生均经费。对纳入产教融合型企业建设培育范围的试点企业，兴办职业教育的投资符合规定的，可按投资额的30%比例，抵免该企业当年应缴教育费附加和地方教育附加。鼓励上市公司、行业龙头企业积极举办高质量职业教育；鼓励民营企业依法依规参与举办职业教育。出台政策文件，支持和规范以股份制、混合所有制的形式举办职业教育。

3. 完善技能人才选拔、评价和激励制度

完善"文化素质+职业技能"的评价方式。克服"五唯"顽瘴痼疾，安徽省委教育工作领导小组牵头，清理在人才招聘、工资待遇、选拔使用、考核评价、表彰激励、合理流动、社会保障等方面对技术技能人才的歧视政策。打通职业院校毕业生在就业、落户、职称评审、职级晋升等方面的通道，与普通院校毕业生享受同等待遇。建立优秀技能人才技能资格破格申报、技能等级直接认定制度。支持符合条件的高技能人才申报工程系列专业技术职务。深化收入分配制度改革，建立技能导向的技术工人长效激励机制，鼓励企业事业单位按规定设立高技能人才岗位津贴、带徒津贴等，对聘用的高技能人才实行年薪制、股权制、期权制等分配方式。

4. 落实学校办学自主权

加强职业教育治理体系与治理能力现代化建设，依法制定章程，建立职业院校、行业、企业、社区等共同参与的学校理事会。学校在限额内，自主设立内设机构并报机构编制部门备案。学校按规定自主编制招聘计划，明确招聘岗位、条件、时间，招聘方案报事业单位人事综合管理部门备案后，公开发布信息，自主招聘各类人才。在岗位总量限额和职称结构比例内，学校自主设置岗位，自主聘用人员。

（二）健全技能培养体系，搭建技能学习平台

5. **强化中职教育的基础地位**

进一步调整优化中职学校布局结构，每县（市、区）原则上集中精力办好 1 所多功能、现代化的中职学校，到 2025 年全省中职学校数量调减到 200 所左右。全面实施中职学校分类达标建设和"双优计划"，到 2022 年底中职学校全部达到国家设置标准，其中 80% 以上达到省颁 B 类以上办学标准。对达到省颁 A 类标准的中职学校，允许设置高职专业学院。2022 年起，实行高中阶段学校全省同一平台、同一批次录取，保持高中阶段教育职普比稳中有升。支持安徽创建 50 所左右国家级优质中职学校和一批优质专业。

6. **巩固职业专科教育的主体地位**

集中力量建设一批中国特色高水平高职院校和专业，增强优质高职资源示范辐射作用。支持安徽创建 15 个左右国家"双高计划"学校和专业群；调整优化高职院校结构，规范和加强弹性学制管理，推进高职高质量扩招。支持高职院校与中职学校组建区域性、行业性联合职业技术学院，在中职学校设置分校或分院，重点培养五年一贯制高素质技术技能人才；部省共建 1—2 所优质高职院校。

7. **稳步发展高层次职业教育**

以优质高职院校为基础，稳步发展本科层次职业教育。加快推进有条件的普通本科高校向应用型转型。积极发展职业技术师范教育，支持有条件的应用型本科高校转办职业技术师范类院校。支持具有硕士学位授予权的普通本科高校与产教融合型企业联合培养专业硕士。

8. **大力开展职业技能培训**

在县域范围内加强各类职业培训资金和项目统筹，并面向具备资质的所有职业院校和培训机构开放。完善职业院校开展培训的激励政策，将符合条件的院校、职业教育培训评价组织、职业技能等级证书清单纳入"两目录一系统"，并按规定给予培训补贴。学校培训工作量可按技能等级和学时比例折算成全日制学生培养工作量，与绩效工资总量增长挂钩。允许职业院校将一定比例的培训收入纳入学校公用经费。

9. **完善不同层次职业教育纵向贯通机制**

继续探索中职学校与高职院校"3+2""五年一贯制"、中职学校对口职业本科高校"3+4"以及高职院校与职业本科高校"3+2"衔接培养模式，长学制培养高端技术技能人才。支持安徽增加本科和专业学位研究生招生计划。一体化设计中职、职业专科、职业本科培养体系，推动各层次职业教育的专业设置、培养目标、课程体系、培养过程衔接贯通。

10. **促进不同类型教育横向融通**

推进各级各类学校实施全员职业教育。建立基础教育阶段职业启蒙教育制

度，完善职业启蒙教育内容体系，推进职业院校资源面向基础教育全面开放，开展职业体验活动。探索将职业技能课程纳入义务教育阶段学校和普通高中教学计划，原则上每周不少于1学时。在普通高中探索发展以专项技能培养为目的的特色综合高中。推动普通高中和中等职业学校开展课程互选、师资共享、学分互认、学籍互转。积极推进1+X证书制度实施，有序推进学历证书、职业资格证书、职业技能等级证书衔接互通。建设安徽省"学分银行"，设立终身学习账号，接入"长三角地区开放教育学分银行"，探索职业教育国家"学分银行"落地工作机制和实现路径，实现基于能力标准的普通教育、职业教育、继续教育之间学习成果认定、积累和转换，为国家资历框架建设提供试点经验。促进职业教育、社区教育、老年教育等协同发展，加快构建服务全民终身学习的教育体系。

（三）提高技能培养质量，促进人人拥有技能

11. 实施立德树人工程

深化思政课改革创新，加强思政课教学名师和教学科研团队建设，着力改革思政课教学方法与手段，推进思政课教育与信息技术深度融合，提高思政课教学效果。全面推进课程思政建设，坚持德技并修、育训结合，把德育融入课堂教学、技能培养、实习实训等各环节，转变专业课教师理念，提升育人能力，挖掘各类课程所含思政元素，分类开发相关资源和案例，体现安徽特色。深化"三全育人"综合改革。选树一批思政课程和课程思政教学名师及教学科研团队，选树一批思政课程和课程思政建设先行院校及示范课程。

12. 实施产教融合校企合作工程

建设安徽省产教融合信息共享服务平台，绘制安徽产教谱系图，合理确定、动态调整职业院校布局和专业结构。以城市为节点、行业为支点、企业为重点，建设一批产教融合型城市、行业、企业。支持具有条件的城市、职业院校、企业和职教集团积极参与国家职业教育产教融合试点。建设一批国家级示范性职教集团和产教融合实训基地。支持安徽行业龙头企业设立1+X职业技能等级证书。建立省级产教融合型企业认证制度，落实"金融+财政+土地+信用"的组合式激励政策。加快推进安徽省校企合作立法工作。推动职业院校在企业建设实习实训基地、企业在职业院校建设培养培训基地，校企共建共管产业学院、企业学院，引企入校、引校进企、送教上门，延伸职业院校办学空间。吸引大型企业和社会资金参与，建设若干智能制造协同创新平台、产教融合集成平台等。经济和信息化部门把企业参与校企合作的情况，作为各类示范企业认定的重要参考；教育、人力资源社会保障部门把校企合作成效，作为职业院校办学业绩与水平评价、工作目标考核的重要内容。

13. 实施高水平专业建设工程

主动服务安徽"三地一区"建设，重点建设300个左右高水平中职专业

（群）、150 个左右高水平高职专业（群）。重点发展一批新一代信息技术等十大新兴产业相关专业，加快建设一批幼儿保育、学前、护理、康养、家政等人才紧缺领域专业，改造升级一批传统产业相关专业，淘汰一批供给过剩、滞后于产业需求的相关专业，扶持一批涉农相关专业。推进中职学校与高职院校加强专业群对接，中职学校每个专业群联合行业领军企业或行业组织、高职院校共建 1 个产教联合体，促进中高职、校企育人、学习就业无缝衔接；高职院校每个专业群联合世界一流企业或行业领军企业建设 1 所特色产业学院，共同制定人才培养方案，共同开发课程标准和打造教学创新团队，共同设立研发中心和开发高端认证证书。全面推进订单培养和现代学徒制。研究出台校企命运共同体建设相关办法，推动形成校企共商共建共享的高水平专业群建设模式，推进"岗课赛证"融通育人。支持安徽每年承办 5—6 个全国职业院校技能大赛项目，并成为主赛区。

14. 实施"双师型"教师队伍建设工程

修订完善"双师型"教师省级标准和认定办法。坚持培养、引进、选育并举，畅通"双师型"教师入口。加强高校职业技术师范类专业建设，支持高水平工科院校开办职业技术师范专业，建立普通高等院校、职业院校与行业企业联合培养"双师型"教师机制，提升培养能力。建立"双渠道"教师招聘制度，2021 年起从持有相关领域职业技能等级证书毕业生、职业技术师范专业毕业生和具备 3 年以上企业工作经历并具有高职以上学历的人员中招聘专业课教师。对符合条件的获得技能奖项的高技能人才，可按国家有关规定以直接考察方式公开招聘到与所获技能奖项相关的岗位任教。校企共建一批省级"双师型"教师培养培训基地和教师企业实践基地。探索建立企业培训师制度，鼓励引导企业高技能人才参与职业教育人才培养培训工作。建设一批省级技术技能大师工作室、教师教学创新团队和教师技艺技能传承创新平台。深化高职院校编制周转池制度改革，探索建立更有活力效率、更具"双聘""双师型"教师队伍建设特色的人员编制保障方式。建立符合类型教育、跨界教育特点的绩效工资制度，院校通过校企合作、技术服务、社会培训、自办企业等项目所得扣除必要成本外的净收入，可提取 60% 用于劳动报酬，单列核增单位绩效工资，纳入单位绩效工资管理，追加单位绩效工资总量。在分配时重点向参与校企合作、承担 X 证书考核培训任务等项目的人员倾斜。对承担培训任务较重、年培训量超过学制教育在校生人数、培训收入稳定的公办职业院校可以突破当地公务员津贴补贴平均水平 2 倍封顶限制，最高可上浮 50%，不作为下一年度绩效工资总量的基数。普通教师可按规定在校企合作企业兼职取酬。

15. 实施实习实训基地建设工程

支持职业院校建设一批示范性虚拟仿真实训基地。通过组合投融资、多校联建、校企共建等方式，建设一批校企共建共享的实习实训基地。推进市域公共实训基地建设，在每个设区市建设1—2个集实践教学、社会培训、企业真实生产和社会技术服务于一体的公共实训基地。在区域中心城市，建成10个左右集技术技能人才培养、服务社会大众就业创业能力提升于一体的综合性培训基地。鼓励和支持社会力量以多种方式筹建集企业职工培训、实习实训和社会服务于一体的多功能实习实训基地。

16. **实施技能公共服务建设工程**

将技能公共服务建设纳入基本公共服务清单，拓宽投入渠道，鼓励社会资本参与加快技能开发的基础设施建设和运营管理，优化服务运行机制。整合基本劳动技能和生活休闲技能等资源，建设一批"技能公园"和技能体验馆。建设覆盖社区（村）的"技能服务站"，统筹社区教育中心、乡镇综合文化站等资源，优化技能公共服务。推行"互联网+培训"，办好安徽继续教育网络园区和安徽全民终身学习网，构建"一站式"技能学习数字环境。制定技能学习数字资源开发标准，通过政府购买服务，引导企业、职业院校、开放大学、职业培训机构等，开发技能学习数字资源和职业培训包，向职业教育薄弱地区和重点群体开放。持续开展终身学习品牌项目建设，办好全民终身学习活动周。

（四）提升技能服务能力，赋能美好安徽建设

17. **开展重点产业技能提升行动**

探索产业链技能供应链长制。围绕安徽"十四五"重点产业布局，聚焦以"芯屏器合"为标识的新兴产业、以新型"铜墙铁壁"为代表的传统产业、以"融会观通"为主体的现代服务业、以"大智移云"为牵引的数字经济，由职业院校牵头组建重点产业链职业教育联盟，对接产业链精准培养技能人才，培养未来产业变革的"高精尖缺"和"卡脖子"领域人才。与行业企业深度合作，建设兼具产品研发、工艺开发、技术推广、大师培育功能的技术技能平台，服务重点行业和支柱产业发展。实施重点产业"大国工匠"行动计划，与行业龙头企业联合研制开发高水平技能标准和资源，合作共建新专业、开发新课程、开展联合培养，支撑重点产业高质量发展。

18. **开展重点区域技能提升行动**

围绕安徽"一圈五区"区域发展需求，分类建设一批与当地产业紧密对接的优质中职、职业专科和职业本科院校，满足区域发展对多层次多样化技能人才的需求。在合肥都市圈，以国家产教融合型城市建设为抓手，推行技能集聚化发展，将合肥打造成全国职教名城。在合芜蚌国家自主创新示范区，建设职业教育创新发展高地，重点提升技能人才创新能力，服务企业技术创新和产业转型升级。在皖江城市带承接产业转移示范区，持续实施安徽产业工人素质提升工程，重点满足皖江经济带世界级先进制造业集群建设需求。在皖北地区和皖西大别山

革命老区，实施职业教育协作行动计划，帮扶职业教育薄弱地区学校，加强技能供给基础能力建设，重点服务乡村经济和中小微企业发展。在皖南国际文化旅游示范区，建设一批技能大师工作室，以乡土工艺、传统技艺等非物质文化遗产的挖掘和保护为重点，推进中华优秀传统文化和徽派技艺传承创新。

19. 开展重点人群技能提升行动

聚焦需要赋予技能的群体，深入实施农民工求学圆梦行动和"两后生"技能成才行动。聚焦需要更新、提升技能的群体，对新入伍士兵开展技能人才培养工作，对退役军人、下岗失业人员、高素质农民、企业在职员工广泛开展职业技能提升行动，提升就业创业能力。聚焦需要终身学习技能的群体，实施老有所学行动，大力推动"互联网+"新型老年大学，开发适合老年群体学习和使用的技能学习课程与项目，推进提升老年人运用智能技术能力和水平。健全省、市、县、乡、村五级老年教育网络。

20. 开展重点战略技能提升行动

服务长三角一体化发展战略，共建区域职业教育协作试验示范区。组建一批长三角职业教育集团，推进优质职教资源共建共享。与长三角其他区域优质职业院校开展专业共建、师资双向交流、管理干部挂职交流等。服务乡村振兴战略，组织职业院校培养引领乡村振兴的人才队伍和高素质农民。面向家庭农场、农民合作社和农业社会化服务组织等新型农业经营主体和服务主体，推进田间课堂、网络教室等培训方式，建设技能型乡村。服务"一带一路"建设，支持有条件的职业院校与"一带一路"沿线国家（区域）开展职业教育国际交流合作，实施"中文+职业技能"项目，建设一批"鲁班工坊"，为"走出去"企业、合作国家（区域）培养国际化技术技能人才。

（五）厚植技能文化土壤，营造崇尚技能氛围

21. 构建技能人才荣誉体系

构建安徽特色的技能人才表彰奖励体系。从 2022 年开始，省政府将高技能人才纳入各类专家、拔尖人才的评价管理范围，每两年选拔 300 名左右安徽省技术能手，评选 100 名安徽省技能大奖、50 名江淮杰出工匠，颁发荣誉证书并进行奖励。支持设区市建立褒扬激励机制，对企业引进高技能人才进行奖励。鼓励企业建立首席技师制度，给予专项津贴。在评选表彰省级劳动模范，推选五一劳动奖章、青年五四奖章、三八红旗手等时，对高技能人才给予一定倾斜。

22. 传承弘扬工匠精神

开展大国工匠和劳动模范进校园、职业院校开放日、企业开放日、面向中小学生的职业体验、面向社会的便民服务、职教成果展示等活动，大力弘扬劳模精神、劳动精神、工匠精神。探索以市场化方式在职业院校设立"江淮工匠"励志奖学金。加强对安徽本土工匠精神的研究，促进具有安徽特色的工匠精神与职

业教育的结合，培育社会认可职业教育的文化土壤。推动中华优秀传统文化和非遗技艺传承创新，在职业院校建设一批非物质文化遗产传承项目。建设以非遗传承创新为特色的职业技术学院。

23. 加大技能安徽宣传力度

推动在合肥建设安徽省技能博物馆，打造成为长三角区域技能型社会建设的示范基地和形象窗口。将职业体验纳入研学旅行教育教学计划，与劳动教育统筹实施。鼓励以劳动精神和技术技能人才为题材的文艺创作，在各类主流媒体、新媒体的重要版面、黄金时段和优秀栏目中加大对劳动精神和技能人才的宣传力度，展示大国工匠、能工巧匠和高素质劳动者的事迹和形象，激励广大青年走技能成才、技能报国之路。建设"技能安徽"省级主网站，各市建立分网站，加强技能安徽政策的宣传解读。

三、组织保障

（一）加强党的全面领导

充分发挥各级党委教育工作领导小组的议事协调职能和职业院校基层党组织的战斗堡垒作用，牢牢把握社会主义办学方向，确保职业教育改革发展各项任务全面落实。选优配强职业院校领导班子，严格落实意识形态工作责任制，将党建工作与学校事业发展同部署、同落实、同考评。实施职业院校党组织"领航"计划，开展"对标争先"活动，以党建带团建，把党的领导落实到办学治校、立德树人全过程。

（二）建立部省协调推进机制

建立由教育部党组书记、部长和安徽省委书记、省长共同担任组长，教育部分管副部长及安徽省委副书记、省政府分管副省长担任副组长，教育部相关司局以及安徽省职业教育工作联席会议成员单位负责同志为成员的领导小组，负责统筹协调推进技能安徽建设的重大事项。组建由教育部职成司司长和安徽省委相关副秘书长、省政府相关副秘书长、安徽省委教育工委书记、安徽省教育厅厅长牵头的工作专班，负责具体推进工作。教育部提出支持政策清单，安徽省制定工作任务清单。

（三）凝聚技能安徽政策合力

组建技能安徽研究院，开展职业教育改革发展和技能型社会建设理论研究，受委托对职业院校、校企合作企业、培训评价组织的相关情况进行指导、考核、评估等，建设一支适应现代职业教育改革发展需要的教研员队伍。修订《安徽省职业教育条例》，优化职业教育发展法治环境。健全政府投入为主、多渠道筹集职业教育经费的体制。优化支出结构，新增教育经费向职业教育倾斜。巩固提高中高职的生均拨款水平，严禁以学费、社会服务收入冲抵生均拨款，探索建立基于专业大类的职业教育差异化生均拨款制度。完善成本分摊机制，动态调整职业院校学费标准。积极利用地方政府专项债券政策，支持职业院校改善办学条件。将职业教育工作纳入地方经济社会发展考核和地方政府履行教育职责督导评价。每年开展职业教育改革成效明显市、县督查激励工作。

附件：
1. 教育部支持政策清单（略）
2. 安徽省工作任务清单（略）

教育部　安徽省人民政府
2021 年 10 月 20 日

合肥市职业教育改革实施方案（2020—2022年）

2020年9月21日

为贯彻落实《国家职业教育改革实施方案》（国发〔2019〕4号）和《安徽省职业教育改革实施方案》（皖教职联〔2019〕1号），深入推进国家级产教融合型城市试点工作，制定本方案。

目标与任务：坚持以习近平新时代中国特色社会主义思想为指导，把职业教育摆在全市教育改革创新和经济社会发展全局更加突出的位置。到2022年，重点建设1所以上高水平应用型本科院校、2所高水平高等职业院校、10所左右高水平中等职业学校和一批骨干特色专业（群），争取3-5所职业院校进入全国重点建设行列；重点建设2个省级"双帅型"教师培养培训基地和10个左右省级教师教学创新团队，"双师型"教师占专业课教师总数超过50%；推动建设1个国家级和10个左右省级高水平专业化产教融合实训基地，培育100个左右省级产教融合型企业，建成3-5个省级示范职业教育集团。树立国家产教融合型城市试点标杆，等高对接长三角职业教育一体化协同发展，坚持需求导向，对接合肥经济社会发展特别是产业发展战略，为打造"五高地一示范"提供优质人力资源支撑。

一、完善现代职业教育和培训体系

（一）特色发展中等职业教育

调整优化高中阶段教育结构，把发展中等职业教育作为普及高中阶段教育和建设现代职业教育体系的重要基础，落实好职普比大体相当要求。鼓励优质中职学校50%以上招生指标与高职院校开展"3+2"贯通培养。县域内集中力量办好一所公办综合性、多功能的职业学校，形成"一县一校、一校一品"的办学格局，建立城乡职业教育联合体，推进职业教育市级统筹发展。启动实施中职学校办学水平评估。规范中职学校、技工学校的招生行为。鼓励职业院校与中小学联合开展劳动和职业启蒙教育，将动手实践内容纳入中小学相关课程和学生综合素质评价。

（二）高质量发展高等职业教育

支持合肥学院创建合肥大学，实现地方应用型国际化高水平大学目标。支持合肥职业技术学院和合肥幼儿师范高等专科学校地方技能型高水平大学建设，争取列入第二轮中国特色高水平高职院校和专业（群）建设计划。加快推进安徽大学江淮学院转设成市属公办的高质量应用型本科院校。落实"职教高考"制度，稳步推进高职扩招工作，支持更多中职学校和普通高中毕业生以及退役军人、退役运动员、下岗职工、农民工、新型职业农民等接受高等职业教育。在学前教育、护理、养老服务、健康服务、现代服务业等领域，完善合肥市现代职业教育集团内院校开展中高职贯通人才培养方案，支持中高职一体化办学。推进符合条件的技师学院纳入高等学校序列管理。

（三）创新发展高层次应用型人才培养体系

支持合肥学院加强专业学位研究生培养。支持合肥学院举办职业技术师范教育，支持合肥幼儿师范高等专科学校探索职业技术师范教育。支持合肥职业技术学院和合肥幼儿师范高等专科学校与高校开展合作办学，实施本科层次职业教育试点。通过探索中职、高职和本科高校联合开展"3+2""3+4""3+2+2"长学制人才贯通培养试点，系统培养高层次复合型技术技能型人才。推动合肥职业技术学院和合肥幼儿师范高等专科学校省级高水平地方技术技能大学建设工作。

（四）开展高质量职业培训

落实职业院校实施学历教育与培训并举的法定职责，引导行业企业深度参与技术技能人才培养培训。从2020年开始，重点围绕现代农业、先进制造业、现代服务业、战略性新兴产业，推动职业院校面向在校学生和全体社会成员广泛开展职业培训。将职业院校开展培训人数进行合理折算，纳入办学绩效考核。政府补贴的职业技能培训项目全部向具备资质的职业院校和培训机构开放，按规定落实职业培训补贴政策。充分发挥开放大学作用，着力建设全民终身学习公共服务平台，面向全民提供终身教育和技能培训。县（市）政府要加强培训监管，保证培训质量。

二、健全职业教育制度和标准

（五）完善企业和社会力量举办职业教育制度

充分发挥企业重要办学主体作用，鼓励支持新增的职业院校以规模以上企业举办为主，大力发展股份制、混合所有制等专业特色鲜明的职业院校，并按照政府购买服务或项目补贴等方式给予支持。对举办职业教育的产教融合型企业，符合《财政部关于调整部分政府性基金有关政策的通知》（财税〔2019〕46号）规定的，可按投资额30%抵免当年应缴教育费附加和地方教育附加。对办学规模大、质量好的股份制、混合所有制民办职业院校，市、县（市）财政给予奖补。完善民办职业教育准入、审批和负面清单制度，建立健全退出机制。

（六）启动1+X证书制度试点工作

安排专项经费支持职业院校参与教育部1+X证书制度试点。激励优质社会培训组织依据国家有关规定和标准开展职业技能培训。鼓励职业院校学生在获得学历证书的同时，积极取得多类职业技能等级证书。对取得职业技能等级证书的离校未就业高校毕业生，按规定落实职业培训补贴政策。

（七）建立学习成果认定、积累和转换制度

职业院校建立与合肥终身学习网对接的学生个人账号，参与职业教育国家"学分银行"建设和改革试点。中高职院校开展学历证书和职业技能等级证书所体现的学习成果的认定、积累和转换。在职职工继续教育课程学习成果，纳入"学分银行"管理。加快推进学分制改革，建立更加灵活的学籍管理制度，为个性化、多样化学习提供制度基础。依据国家资历框架，有序落实落细学历证书、国家职业资格证书、职业技能等级证书互通衔接。

三、促进产教深度融合校企协同育人

（八）推进工学结合、校企合作

借鉴"双元制"等模式，推行校企共同制定人才培养方案，强化双主体育人。建立合肥市校企合作信息网，定期发布专业评估报告、技术技能人才供需报告等，引导职业院校围绕产业发展建立专业动态调整机制。支持校企合作建设一批在线共享精品课程和规划教材等优质教学资源。适应"互联网+职业教育"发展，推进虚拟工厂等网络学习空间建设和普遍应用。培育建设一批多元主体、广泛参与的国家级、省级示范性职业教育集团。实施产教融合型企业认证制度，对进入目录的市级以上产教融合型企业给予"金融+财政+土地+信用"的组合式激励，并按规定落实相关税收政策。规模以上企业要按照不低于企业职工岗位5%比例设立学生实习和教师实践岗位，安排有经验的技术或管理人员担任实习指导教师，将开展职业教育情况纳入企业履行社会责任报告。职业院校在校企合作和社会服务中获得的智力、专利、教育、劳务等报酬可按一定比例作为绩效工资来源，不纳入绩效工资总额。

（九）打造一批高水平实训基地

完善和拓展合肥市现代职业教育公共实训中心功能，率先打造集资源共享、实践教学、社会培训、企业真实生产和社会技术服务于一体的高水平示范性职业教育产教融合实训基地。允许职业院校和企业利用场地、设备、技术、人员、管理等元素双向投入，合作建立开放共享的实训基地。支持校企共建一批具有辐射引领作用的校内外生产性实习实训基地，鼓励职业院校和企业共建创新创业孵化基地，搭建公共实训中心、校内实训室、企业实训基地、创新创业孵化基地四位一体的实习实训体系。探索建立多方参与、互利共赢、开放共享的实训基地运营管理模式，有力支撑职业技能等级证书的取得和人力资源水平的提升。

（十）多措并举打造"双师型"教师队伍

改革教师引进机制，从2020年起，职业院校和应用型本科高校相关专业教师，原则上从"双师型"职教师范毕业生和具有3年以上企业工作经历并具有高职以上学历的人员中公开招聘，特殊高技能人才（含具有高级工以上职业资格人员）可适当放宽学历要求。建立健全职业院校兼职教师自主聘任办法，完善企业经营管理和技术人员与学校领导、骨干教师相互兼职兼薪制度。丰富和完善兼职教师库，支持技术技能大师到职业院校担任兼职教师或设立大师工作室。培育建设一批高水平、结构化教师教学创新团队。实施职业院校教师素质提升计划，分专业大类建设一批市级"双师型"教师培养培训基地，职业院校教师每年在企业或实训基地实训至少 1 个月，落实教师 5 年一周期的全员轮训和专业课教师到企业实践制度。定期组织选派职业院校专业骨干教师出国（境）研修访学。

四、完善技术技能人才培养保障政策

（十一）健全经费投入机制

县（市）政府要建立与职业教育办学规模、培养成本、办学质量等相适应的财政投入制度。优化教育支出结构，新增教育经费向职业教育倾斜。完善职业院校生均拨款制度，中职生均财政拨款可适当高于普通高中。高职生均财政拨款水平根据发展需要，在现有基础上逐步提高。逐步加大职业教育专项资金投入，重点支持实施现代职业教育质量提升计划、产教融合工程、社会培训等重大项目。扩大职业院校奖助学金覆盖面，完善补助标准动态调整机制，落实对建档立卡等家庭经济困难学生的倾斜政策，完善职业学校学生奖助学金制度。

（十二）创新编制管理和岗位设置管理

建立职业院校编制和岗位设置动态调整机制，缓解缺编和结构性矛盾。按照学校教师编制总数 20% 比例核定兼职教师政府购买岗位数，由用人单位依据市场指导价确定薪金标准。

（十三）提高技术技能人才待遇水平

逐步提高技术技能人才待遇，鼓励企业职务职级晋升和工资分配向关键岗位、生产一线岗位和紧缺急需的高层次、高技能人才倾斜。对取得科技攻关、技术革新成果的高技能人才，按规定通过奖金、股权等形式，从成果转化收益中给予奖励。推动职业院校毕业生在落户、就业、机关事业单位招聘、职称评审、职务（级）晋升等方面与普通高校毕业生享受同等待遇。加大对职业院校参加技能大赛成绩突出师生的表彰奖励力度。营造劳动光荣、技能宝贵、创造伟大的时代风尚，宣传展示大国工匠、江淮工匠、合肥工匠和高素质劳动者的事迹和形象，培育和传承工匠精神。

（十四）提升职业教育国际化水平

加强国际化人才培养，依托中德教育合作示范基地，深化职业教育中外合作办学探索，加强与世界高水平职业院校、产业龙头企业开展合作，共同制定人才培养方案，共同推进专业建设，进一步扩大中德职业教育联合培养试点规模，培养具有国际视野、符合国际标准的高技能、高素质人才。鼓励学校在"一带一路"沿线国家设立职业培训基地，提高外国留学生数量，提升我市职业教育国际影响力。

（十五）加强职业教育办学质量督导评价

完善职业教育质量评价体系，建立健全职业教育改革发展风险防范化解机制，实施职业教育年度报告制度。推进教学工作诊断与改进工作，完善职业院校人才培养质量保证体系。完善政府、行业、企业、职业院校等共同参与的质量评价机制，积极支持市中华职教社等第三方机构开展评估，建立定期督导评估和专项督导评估制度。将职普比大体相当和生均拨款政策的落实、办学绩效等职业教育发展情况作为县（市）政府履行教育职责督导考核的重要内容，把督导结果作为政策支持、绩效考核、激励的重要依据。

五、做好改革组织实施工作

（十六）加强党对职业教育工作的全面领导

坚持以习近平新时代中国特色社会主义思想特别是关于职业教育的重要论述武装头脑、指导实践、推动工作。加强党对教育事业的全面领导，全面贯彻落实党的教育方针，保证职业教育改革发展正确方向。充分发挥党组织在职业院校的领导核心和政治核心作用，牢牢把握学校意识形态工作领导权，将党建工作与学校事业发展同谋划、同部署、同落实、同考评。配齐配强民办职业院校第一书记或督导专员，加强职业院校基层党组织标准化、规范化建设。实施新时代立德树人工程，强化教师理论武装，将习近平新时代中国特色社会主义思想纳入教师培训及教材建设全过程，使各类课程与思想政治理论课同向同行，引导广大教师增强"四个意识"、坚定"四个自信"、做到"两个维护"。推进"三全育人"综合改革试点，培养德技双馨的高素质复合型技术技能人才，努力实现职业技能与职业精神培养的高度融合。

（十七）完善职业教育部门联席会议制度

建立市、县两级职业教育部门联席会议制度。合肥市职业教育部门联席会议制度由教育、人力资源社会保障、发展改革、经信、财政、农业农村、国资、税务、扶贫等单位组成，市政府分管教育工作的副市长担任召集人。联席会议制度负责统筹协调区域内职业教育工作，研究解决重大问题，部署职业教育改革创新重大事项，听取成员单位年度有关工作报告及市职业教育指导咨询委员会等方面的意见建议。教育主管部门负责区域内职业教育工作的统筹规划、综合协调、宏观管理，同级人力资源社会保障部门和其他有关部门在职责范围内，分别负责有关的职业教育工作。各成员单位要加强沟通协调，形成合力，推动职业教育改革发展。

（十八）组建职业教育指导咨询专家组织

组建合肥市职业教育指导咨询委员会，提高政府决策科学化水平，并对职业院校开展指导、考核、评估等。健全完善行业职业教育教学指导委员会，充分发挥行业主管部门和组织的重要作用。加强市、县（市）职业教育教科研队伍建设，提高科研能力和教学研究水平。

（十九）建立职业教育创新发展激励制度

创建国家级产教融合型城市，鼓励在推进区域职业教育创新发展、特色发展以及"一带一路""长三角更高质量一体化发展"和乡村振兴、脱贫攻坚等重大战略方面先行先试，提供可复制可借鉴可推广的经验。对校企合作力度大、职业教育发展好、推进职业教育改革成效明显的县（市），优先支持其职业院校专业建设、产教融合型实训基地建设、现代职业教育质量提升计划等重大项目。职业院校、企业、产学研联盟及教师创新团队校企合作成效显著、合作案例受到省级以上表彰的，予以激励。

本方案自公布之日起施行。

中华人民共和国职业教育法

（1996 年 5 月 15 日第八届全国人民代表大会常务委员会第十九次会议通过 2022 年 4 月 20 日第十三届全国人民代表大会常务委员会第三十四次会议修订）

第一章　总　则

第一条　为了推动职业教育高质量发展，提高劳动者素质和技术技能水平，促进就业创业，建设教育强国、人力资源强国和技能型社会，推进社会主义现代化建设，根据宪法，制定本法。

第二条　本法所称职业教育，是指为了培养高素质技术技能人才，使受教育者具备从事某种职业或者实现职业发展所需要的职业道德、科学文化与专业知识、技术技能等职业综合素质和行动能力而实施的教育，包括职业学校教育和职业培训。

机关、事业单位对其工作人员实施的专门培训由法律、行政法规另行规定。

第三条　职业教育是与普通教育具有同等重要地位的教育类型，是国民教育体系和人力资源开发的重要组成部分，是培养多样化人才、传承技术技能、促进就业创业的重要途径。

国家人力发展职业教育，推进职业教育改革，提高职业教育质量，增强职业教育适应性，建立健全适应社会主义市场经济和社会发展需要、符合技术技能人才成长规律的职业教育制度体系，为全面建设社会主义现代化国家提供有力人才和技能支撑。

第四条　职业教育必须坚持中国共产党的领导，坚持社会主义办学方向，贯彻国家的教育方针，坚持立德树人、德技并修，坚持产教融合、校企合作，坚持面向市场、促进就业，坚持面向实践、强化能力，坚持面向人人、因材施教。

实施职业教育应当弘扬社会主义核心价值观，对受教育者进行思想政治教育和职业道德教育，培育劳模精神、劳动精神、工匠精神，传授科学文化与专业知识，培养技术技能，进行职业指导，全面提高受教育者的素质。

第五条　公民有依法接受职业教育的权利。

第六条　职业教育实行政府统筹、分级管理、地方为主、行业指导、校企合作、社会参与。

第七条　各级人民政府应当将发展职业教育纳入国民经济和社会发展规划，与促进就业创业和推动发展方式转变、产业结构调整、技术优化升级等整体部署、统筹实施。

第八条　国务院建立职业教育工作协调机制，统筹协调全国职业教育工作。

国务院教育行政部门负责职业教育工作的统筹规划、综合协调、宏观管理。

153

国务院教育行政部门、人力资源社会保障行政部门和其他有关部门在国务院规定的职责范围内，分别负责有关的职业教育工作。

省、自治区、直辖市人民政府应当加强对本行政区域内职业教育工作的领导，明确设区的市、县级人民政府职业教育具体工作职责，统筹协调职业教育发展，组织开展督导评估。

县级以上地方人民政府有关部门应当加强沟通配合，共同推进职业教育工作。

第九条　国家鼓励发展多种层次和形式的职业教育，推进多元办学，支持社会力量广泛、平等参与职业教育。

国家发挥企业的重要办学主体作用，推动企业深度参与职业教育，鼓励企业举办高质量职业教育。

有关行业主管部门、工会和中华职业教育社等群团组织、行业组织、企业、事业单位等应当依法履行实施职业教育的义务，参与、支持或者开展职业教育。

第十条　国家采取措施，大力发展技工教育，全面提高产业工人素质。

国家采取措施，支持举办面向农村的职业教育，组织开展农业技能培训、返乡创业就业培训和职业技能培训，培养高素质乡村振兴人才。

国家采取措施，扶持革命老区、民族地区、边远地区、欠发达地区职业教育的发展。

国家采取措施，组织各类转岗、再就业、失业人员以及特殊人群等接受各种形式的职业教育，扶持残疾人职业教育的发展。

国家保障妇女平等接受职业教育的权利。

第十一条　实施职业教育应当根据经济社会发展需要，结合职业分类、职业标准、职业发展需求，制定教育标准或者培训方案，实行学历证书及其他学业证书、培训证书、职业资格证书和职业技能等级证书制度。

国家实行劳动者在就业前或者上岗前接受必要的职业教育的制度。

第十二条　国家采取措施，提高技术技能人才的社会地位和待遇，弘扬劳动光荣、技能宝贵、创造伟大的时代风尚。

国家对在职业教育工作中做出显著成绩的单位和个人按照有关规定给予表彰、奖励。

每年5月的第二周为职业教育活动周。

第十三条　国家鼓励职业教育领域的对外交流与合作，支持引进境外优质资源发展职业教育，鼓励有条件的职业教育机构赴境外办学，支持开展多种形式的职业教育学习成果互认。

第二章　职业教育体系

第十四条　国家建立健全适应经济社会发展需要，产教深度融合，职业学校教育和职业培训并重，职业教育与普通教育相互融通，不同层次职业教育有效贯通，服务全民终身学习的现代职业教育体系。

国家优化教育结构，科学配置教育资源，在义务教育后的不同阶段因地制宜、统筹推进职业教育与普通教育协调发展。

第十五条　职业学校教育分为中等职业学校教育、高等职业学校教育。

中等职业学校教育由高级中等教育层次的中等职业学校（含技工学校）实施。

高等职业学校教育由专科、本科及以上教育层次的高等职业学校和普通高等学校实施。根据高等职业学校设置制度规定，将符合条件的技师学院纳入高等职业学校序列。

其他学校、教育机构或者符合条件的企业、行业组织按照教育行政部门的统筹规划，可以实施相应层次的职业学校教育或者提供纳入人才培养方案的学分课程。

第十六条　职业培训包括就业前培训、在职培训、再就业培训及其他职业性培训，可以根据实际情况分级分类实施。

职业培训可以由相应的职业培训机构、职业学校实施。

其他学校或者教育机构以及企业、社会组织可以根据办学能力、社会需求，依法开展面向社会的、多种形式的职业培训。

第十七条　国家建立健全各级各类学校教育与职业培训学分、资历以及其他学习成果的认证、积累和转换机制，推进职业教育国家学分银行建设，促进职业教育与普通教育的学习成果融通、互认。

军队职业技能等级纳入国家职业资格认证和职业技能等级评价体系。

第十八条　残疾人职业教育除由残疾人教育机构实施外，各级各类职业学校和职业培训机构及其他教育机构应当按照国家有关规定接纳残疾学生，并加强无障碍环境建设，为残疾学生学习、生活提供必要的帮助和便利。

国家采取措施，支持残疾人教育机构、职业学校、职业培训机构及其他教育机构开展或者联合开展残疾人职业教育。

从事残疾人职业教育的特殊教育教师按照规定享受特殊教育津贴。

第十九条　县级以上人民政府教育行政部门应当鼓励和支持普通中小学、普通高等学校，根据实际需要增加职业教育相关教学内容，进行职业启蒙、职业认知、职业体验，开展职业规划指导、劳动教育，并组织、引导职业学校、职业培训机构、企业和行业组织等提供条件和支持。

第三章　职业教育的实施

第二十条　国务院教育行政部门会同有关部门根据经济社会发展需要和职业教育特点，组织制定、修订职业教育专业目录，完善职业教育教学等标准，宏观管理指导职业学校教材建设。

第二十一条 县级以上地方人民政府应当举办或者参与举办发挥骨干和示范作用的职业学校、职业培训机构，对社会力量依法举办的职业学校和职业培训机构给予指导和扶持。

国家根据产业布局和行业发展需要，采取措施，大力发展先进制造等产业需要的新兴专业，支持高水平职业学校、专业建设。

国家采取措施，加快培养托育、护理、康养、家政等方面技术技能人才。

第二十二条 县级人民政府可以根据县域经济社会发展的需要，设立职业教育中心学校，开展多种形式的职业教育，实施实用技术培训。

教育行政部门可以委托职业教育中心学校承担教育教学指导、教育质量评价、教师培训等职业教育公共管理和服务工作。

第二十三条 行业主管部门按照行业、产业人才需求加强对职业教育的指导，定期发布人才需求信息。

行业主管部门、工会和中华职业教育社等群团组织、行业组织可以根据需要，参与制定职业教育专业目录和相关职业教育标准，开展人才需求预测、职业生涯发展研究及信息咨询，培育供需匹配的产教融合服务组织，举办或者联合举办职业学校、职业培训机构，组织、协调、指导相关企业、事业单位、社会组织举办职业学校、职业培训机构。

第二十四条 企业应当根据本单位实际，有计划地对本单位的职工和准备招用的人员实施职业教育，并可以设置专职或者兼职实施职业教育的岗位。

企业应当按照国家有关规定实行培训上岗制度。企业招用的从事技术工种的劳动者，上岗前必须进行安全生产教育和技术培训；招用的从事涉及公共安全、人身健康、生命财产安全等特定职业（工种）的劳动者，必须经过培训并依法取得职业资格或者特种作业资格。

企业开展职业教育的情况应当纳入企业社会责任报告。

第二十五条 企业可以利用资本、技术、知识、设施、设备、场地和管理等要素，举办或者联合举办职业学校、职业培训机构。

第二十六条 国家鼓励、指导、支持企业和其他社会力量依法举办职业学校、职业培训机构。

地方各级人民政府采取购买服务，向学生提供助学贷款、奖助学金等措施，对企业和其他社会力量依法举办的职业学校和职业培训机构予以扶持；对其中的非营利性职业学校和职业培训机构还可以采取政府补贴、基金奖励、捐资激励等扶持措施，参照同级同类公办学校生均经费等相关经费标准和支持政策给予适当补助。

第二十七条 对深度参与产教融合、校企合作，在提升技术技能人才培养质量、促进就业中发挥重要主体作用的企业，按照规定给予奖励；对符合条件认定为产教融合型企业的，按照规定给予金融、财政、土地等支持，落实教育费附加、地方教育附加减免及其他税费优惠。

第二十八条　联合举办职业学校、职业培训机构的，举办者应当签订联合办学协议，约定各方权利义务。

地方各级人民政府及行业主管部门支持社会力量依法参与联合办学，举办多种形式的职业学校、职业培训机构。

行业主管部门、工会等群团组织、行业组织、企业、事业单位等委托学校、职业培训机构实施职业教育的，应当签订委托合同。

第二十九条　县级以上人民政府应当加强职业教育实习实训基地建设，组织行业主管部门、工会等群团组织、行业组织、企业等根据区域或者行业职业教育的需要建设高水平、专业化、开放共享的产教融合实习实训基地，为职业学校、职业培训机构开展实习实训和企业开展培训提供条件和支持。

第三十条　国家推行中国特色学徒制，引导企业按照岗位总量的一定比例设立学徒岗位，鼓励和支持有技术技能人才培养能力的企业特别是产教融合型企业与职业学校、职业培训机构开展合作，对新招用职工、在岗职工和转岗职工进行学徒培训，或者与职业学校联合招收学生，以工学结合的方式进行学徒培养。有关企业可以按照规定享受补贴。

企业与职业学校联合招收学生，以工学结合的方式进行学徒培养的，应当签订学徒培养协议。

第三十一条　国家鼓励行业组织、企业等参与职业教育专业教材开发，将新技术、新工艺、新理念纳入职业学校教材，并可以通过活页式教材等多种方式进行动态更新；支持运用信息技术和其他现代化教学方式，开发职业教育网络课程等学习资源，创新教学方式和学校管理方式，推动职业教育信息化建设与融合应用。

第三十二条　国家通过组织开展职业技能竞赛等活动，为技术技能人才提供展示技能、切磋技艺的平台，持续培养更多高素质技术技能人才、能工巧匠和大国工匠。

第四章　职业学校和职业培训机构

第三十三条　职业学校的设立，应当符合下列基本条件：

（1）有组织机构和章程；

（2）有合格的教师和管理人员；

（3）有与所实施职业教育相适应、符合规定标准和安全要求的教学及实习实训场所、设施、设备以及课程体系、教育教学资源等；

（4）有必备的办学资金和与办学规模相适应的稳定经费来源。

设立中等职业学校，由县级以上地方人民政府或者有关部门按照规定的权限审批；设立实施专科层次教育的高等职业学校，由省、自治区、直辖市人民政府审批，报国务院教育行政部门备案；设立实施本科及以上层次教育的高等职业学校，由国务院教育行政部门审批。

专科层次高等职业学校设置的培养高端技术技能人才的部分专业，符合产教深度融合、办学特色鲜明、培养质量较高等条件的，经国务院教育行政部门审批，可以实施本科层次的职业教育。

第三十四条 职业培训机构的设立，应当符合下列基本条件：

（1）有组织机构和管理制度；

（2）有与培训任务相适应的课程体系、教师或者其他授课人员、管理人员；

（3）有与培训任务相适应、符合安全要求的场所、设施、设备；

（4）有相应的经费。

职业培训机构的设立、变更和终止，按照国家有关规定执行。

第三十五条 公办职业学校实行中国共产党职业学校基层组织领导的校长负责制，中国共产党职业学校基层组织按照中国共产党章程和有关规定，全面领导学校工作，支持校长独立负责地行使职权。民办职业学校依法健全决策机制，强化学校的中国共产党基层组织政治功能，保证其在学校重大事项决策、监督、执行各环节有效发挥作用。

校长全面负责本学校教学、科学研究和其他行政管理工作。校长通过校长办公会或者校务会议行使职权，依法接受监督。

职业学校可以通过咨询、协商等多种形式，听取行业组织、企业、学校毕业生等方面代表的意见，发挥其参与学校建设、支持学校发展的作用。

第三十六条 职业学校应当依法办学，依据章程自主管理。职业学校在办学中可以开展下列活动：

（1）根据产业需求，依法自主设置专业；

（2）基于职业教育标准制定人才培养方案，依法自主选用或者编写专业课程教材；

（3）根据培养技术技能人才的需要，自主设置学习制度，安排教学过程；

（4）在基本学制基础上，适当调整修业年限，实行弹性学习制度；

（5）依法自主选聘专业课教师。

第三十七条 国家建立符合职业教育特点的考试招生制度。

中等职业学校可以按照国家有关规定，在有关专业实行与高等职业学校教育的贯通招生和培养。

高等职业学校可以按照国家有关规定，采取文化素质与职业技能相结合的考核方式招收学生；对有突出贡献的技术技能人才，经考核合格，可以破格录取。

省级以上人民政府教育行政部门会同同级人民政府有关部门建立职业教育统一招生平台，汇总发布实施职业教育的学校及其专业设置、招生情况等信息，提供查询、报考等服务。

第三十八条　职业学校应当加强校风学风、师德师风建设，营造良好学习环境，保证教育教学质量。

第三十九条　职业学校应当建立健全就业创业促进机制，采取多种形式为学生提供职业规划、职业体验、求职指导等就业创业服务，增强学生就业创业能力。

第四十条　职业学校、职业培训机构实施职业教育应当注重产教融合，实行校企合作。

职业学校、职业培训机构可以通过与行业组织、企业、事业单位等共同举办职业教育机构、组建职业教育集团、开展订单培养等多种形式进行合作。

国家鼓励职业学校在招生就业、人才培养方案制定、师资队伍建设、专业规划、课程设置、教材开发、教学设计、教学实施、质量评价、科学研究、技术服务、科技成果转化以及技术技能创新平台、专业化技术转移机构、实习实训基地建设等方面，与相关行业组织、企业、事业单位等建立合作机制。开展合作的，应当签订协议，明确双方权利义务。

第四十一条　职业学校、职业培训机构开展校企合作、提供社会服务或者以实习实训为目的举办企业、开展经营活动取得的收入用于改善办学条件；收入的一定比例可以用于支付教师、企业专家、外聘人员和受教育者的劳动报酬，也可以作为绩效工资来源，符合国家规定的可以不受绩效工资总量限制。

职业学校、职业培训机构实施前款规定的活动，符合国家有关规定的，享受相关税费优惠政策。

第四十二条　职业学校按照规定的收费标准和办法，收取学费和其他必要费用；符合国家规定条件的，应当予以减免；不得以介绍工作、安排实习实训等名义违法收取费用。

职业培训机构、职业学校面向社会开展培训的，按照国家有关规定收取费用。

第四十三条　职业学校、职业培训机构应当建立健全教育质量评价制度，吸纳行业组织、企业等参与评价，并及时公开相关信息，接受教育督导和社会监督。

县级以上人民政府教育行政部门应当会同有关部门、行业组织建立符合职业教育特点的质量评价体系，组织或者委托行业组织、企业和第三方专业机构，对职业学校的办学质量进行评估，并将评估结果及时公开。

职业教育质量评价应当突出就业导向，把受教育者的职业道德、技术技能水平、就业质量作为重要指标，引导职业学校培养高素质技术技能人才。

有关部门应当按照各自职责，加强对职业学校、职业培训机构的监督管理。

第五章　职业教育的教师与受教育者

第四十四条　国家保障职业教育教师的权利，提高其专业素质与社会地位。

县级以上人民政府及其有关部门应当将职业教育教师的培养培训工作纳入教师队伍建设规划，保证职业教育教师队伍适应职业教育发展的需要。

第四十五条　国家建立健全职业教育教师培养培训体系。

各级人民政府应当采取措施，加强职业教育教师专业化培养培训，鼓励设立专门的职业教育师范院校，支持高等学校设立相关专业，培养职业教育教师；鼓励行业组织、企业共同参与职业教育教师培养培训。

产教融合型企业、规模以上企业应当安排一定比例的岗位，接纳职业学校、职业培训机构教师实践。

第四十六条　国家建立健全符合职业教育特点和发展要求的职业学校教师岗位设置和职务（职称）评聘制度。

职业学校的专业课教师（含实习指导教师）应当具有一定年限的相应工作经历或者实践经验，达到相应的技术技能水平。

具备条件的企业、事业单位经营管理和专业技术人员，以及其他有专业知识或者特殊技能的人员，经教育教学能力培训合格的，可以担任职业学校的专职或者兼职专业课教师；取得教师资格的，可以根据其技术职称聘任为相应的教师职务。取得职业学校专业课教师资格可以视情况降低学历要求。

第四十七条　国家鼓励职业学校聘请技能大师、劳动模范、能工巧匠、非物质文化遗产代表性传承人等高技能人才，通过担任专职或者兼职专业课教师、设立工作室等方式，参与人才培养、技术开发、技能传承等工作。

第四十八条　国家制定职业学校教职工配备基本标准。省、自治区、直辖市应当根据基本标准，制定本地区职业学校教职工配备标准。

县级以上地方人民政府应当根据教职工配备标准、办学规模等，确定公办职业学校教职工人员规模，其中一定比例可以用于支持职业学校面向社会公开招聘专业技术人员、技能人才担任专职或者兼职教师。

第四十九条　职业学校学生应当遵守法律、法规和学生行为规范，养成良好的职业道德、职业精神和行为习惯，努力学习，完成规定的学习任务，按照要求参加实习实训，掌握技术技能。

职业学校学生的合法权益，受法律保护。

第五十条　国家鼓励企业、事业单位安排实习岗位，接纳职业学校和职业培训机构的学生实习。接纳实习的单位应当保障学生在实习期间按照规定享受休息休假、获得劳动安全卫生保护、参加相关保险、接受职业技能指导等权利；对上岗实习的，应当签订实习协议，给予适当的劳动报酬。

职业学校和职业培训机构应当加强对实习实训学生的指导，加强安全生产教育，协商实习单位安排与学生所学专业相匹配的岗位，明确实习实训内容和标准，不得安排学生从事与所学专业无关的实习实训，不得违反相关规定通过人力资源服务机构、劳务派遣单位，或者通过非法从事人力资源服务、劳务派遣业务的单位或个人组织、安排、管理学生实习实训。

第五十一条　接受职业学校教育，达到相应学业要求，经学校考核合格的，取得相应的学业证书；接受职业培训，经职业培训机构或者职业学校考核合格的，取得相应的培训证书；经符合国家规定的专门机构考核合格的，取得相应的职业资格证书或者职业技能等级证书。

学业证书、培训证书、职业资格证书和职业技能等级证书，按照国家有关规定，作为受教育者从业的凭证。

接受职业培训取得的职业技能等级证书、培训证书等学习成果，经职业学校认定，可以转化为相应的学历教育学分；达到相应职业学校学业要求的，可以取得相应的学业证书。

接受高等职业学校教育，学业水平达到国家规定的学位标准的，可以依法申请相应学位。

第五十二条　国家建立对职业学校学生的奖励和资助制度，对特别优秀的学生进行奖励，对经济困难的学生提供资助，并向艰苦、特殊行业等专业学生适当倾斜。国家根据经济社会发展情况适时调整奖励和资助标准。

国家支持企业、事业单位、社会组织及公民个人按照国家有关规定设立职业教育奖学金、助学金，奖励优秀学生，资助经济困难的学生。

职业学校应当按照国家有关规定从事业收入或者学费收入中提取一定比例资金，用于奖励和资助学生。

省、自治区、直辖市人民政府有关部门应当完善职业学校资助资金管理制度，规范资助资金管理使用。

第五十三条　职业学校学生在升学、就业、职业发展等方面与同层次普通学校学生享有平等机会。

高等职业学校和实施职业教育的普通高等学校应当在招生计划中确定相应比例或者采取单独考试办法，专门招收职业学校毕业生。

各级人民政府应当创造公平就业环境。用人单位不得设置妨碍职业学校毕业生平等就业、公平竞争的报考、录用、聘用条件。机关、事业单位、国有企业在招录、招聘技术技能岗位人员时，应当明确技术技能要求，将技术技能水平作为录用、聘用的重要条件。事业单位公开招聘中有职业技能等级要求的岗位，可以适当降低学历要求。

第六章　职业教育的保障

第五十四条　国家优化教育经费支出结构，使职业教育经费投入与职业教育发展需求相适应，鼓励通过多种渠道依法筹集发展职业教育的资金。

第五十五条　各级人民政府应当按照事权和支出责任相适应的原则，根据职业教育办学规模、培养成本和办学质量等落实职业教育经费，并加强预算绩效管理，提高资金使用效益。

省、自治区、直辖市人民政府应当制定本地区职业学校生均经费标准或者公用经费标准。职业学校举办者应当按照生均经费标准或者公用经费标准按时、足额拨付经费，不断改善办学条件。不得以学费、社会服务收入冲抵生均拨款。

民办职业学校举办者应当参照同层次职业学校生均经费标准，通过多种渠道筹措经费。

财政专项安排、社会捐赠指定用于职业教育的经费，任何组织和个人不得挪用、克扣。

第五十六条　地方各级人民政府安排地方教育附加等方面的经费，应当将其中可用于职业教育的资金统筹使用；发挥失业保险基金作用，支持职工提升职业技能。

第五十七条　各级人民政府加大面向农村的职业教育投入，可以将农村科学技术开发、技术推广的经费适当用于农村职业培训。

第五十八条　企业应当根据国务院规定的标准，按照职工工资总额一定比例提取和使用职工教育经费。职工教育经费可以用于举办职业教育机构、对本单位的职工和准备招用人员进行职业教育等合理用途，其中用于企业一线职工职业教育的经费应当达到国家规定的比例。用人单位安排职工到职业学校或者职业培训机构接受职业教育的，应当在其接受职业教育期间依法支付工资，保障相关待遇。

企业设立具备生产与教学功能的产教融合实习实训基地所发生的费用，可以参照职业学校享受相应的用地、公用事业费等优惠。

第五十九条　国家鼓励金融机构通过提供金融服务支持发展职业教育。

第六十条　国家鼓励企业、事业单位、社会组织及公民个人对职业教育捐资助学，鼓励境外的组织和个人对职业教育提供资助和捐赠。提供的资助和捐赠，必须用于职业教育。

第六十一条　国家鼓励和支持开展职业教育的科学技术研究、教材和教学资源开发，推进职业教育资源跨区域、跨行业、跨部门共建共享。

国家逐步建立反映职业教育特点和功能的信息统计和管理体系。

县级以上人民政府及其有关部门应当建立健全职业教育服务和保障体系，组织、引导工会等群团组织、行业组织、企业、学校等开展职业教育研究、宣传推广、人才供需对接等活动。

第六十二条　新闻媒体和职业教育有关方面应当积极开展职业教育公益宣传，弘扬技术技能人才成长成才典型事迹，营造人人努力成才、人人皆可成才、人人尽展其才的良好社会氛围。

第七章　法律责任

第六十三条　在职业教育活动中违反《中华人民共和国教育法》《中华人民共和国劳动法》等有关法律规定的，依照有关法律的规定给予处罚。

第六十四条　企业未依照本法规定对本单位的职工和准备招用的人员实施职业教育、提取和使用职工教育经费的，由有关部门责令改正；拒不改正的，由县级以上人民政府收取其应当承担的职工教育经费，用于职业教育。

第六十五条　职业学校、职业培训机构在职业教育活动中违反本法规定的，由教育行政部门或者其他有关部门责令改正；教育教学质量低下或者管理混乱，造成严重后果的，责令暂停招生、限期整顿；逾期不整顿或者经整顿仍达不到要求的，吊销办学许可证或者责令停止办学。

第六十六条　接纳职业学校和职业培训机构学生实习的单位违反本法规定，侵害学生休息休假、获得劳动安全卫生保护、参加相关保险、接受职业技能指导等权利的，依法承担相应的法律责任。

职业学校、职业培训机构违反本法规定，通过人力资源服务机构、劳务派遣单位或者非法从事人力资源服务、劳务派遣业务的单位或个人组织、安排、管理学生实习实训的，由教育行政部门、人力资源社会保障行政部门或者其他有关部门责令改正，没收违法所得，并处违法所得一倍以上五倍以下的罚款；违法所得不足一万元的，按一万元计算。

对前款规定的人力资源服务机构、劳务派遣单位或者非法从事人力资源服务、劳务派遣业务的单位或个人，由人力资源社会保障行政部门或者其他有关部门责令改正，没收违法所得，并处违法所得一倍以上五倍以下的罚款；违法所得不足一万元的，按一万元计算。

第六十七条　教育行政部门、人力资源社会保障行政部门或者其他有关部门的工作人员违反本法规定，滥用职权、玩忽职守、徇私舞弊的，依法给予处分；构成犯罪的，依法追究刑事责任。

第八章　附　则

第六十八条　境外的组织和个人在境内举办职业学校、职业培训机构，适用本法；法律、行政法规另有规定的，从其规定。

第六十九条　本法自 2022 年 5 月 1 日起施行。

参考文献

［1］习近平．深化体制机制改革　激发人才发展活力——习近平总书记在中央人才工作会议上的重要讲话引发热烈反响［EB/OL］．（2021-09-30）［2021-11-23］．http：//politics. people. com. cn/n1/2021/0930/c1001-32244364. html.

［2］中华人民共和国教育部．"十四五"规划和2035年远景目标纲要提出建设高质量教育体系［EB/OL］．（2021-03-13）［2021-09-30］．http：//www. moe. gov. cn/jyb_ xwfb/s5147/202103/t20210314_ 519710. html.

［3］教育部．教育部关于以就业为导向深化高等职业教育改革的若干意见教高〔2004〕1号［J］．中国职业技术教育，2004（19）：6-7.

［4］鲁昕．深化高等职业教育改革创新——在全国高职高专校长联席会议2015年年会上的讲话［EB/OL］．（2015-10-24）［2022-07-09］．http：//www. hbly. edu. cn/hblyzjjt/info/1015/1270. htm.

［5］潘懋元．建立高等职业教育独立体系刍议［J］．教育研究，2005（5）：26-29.

［6］严雪怡，杨金土，孟广平．联合国教科文组织国际教育标准分类（ISCED）［J］．机械职业教育，1997（10）：41-45.

［7］郭庆志．新时期高等职业教育质量保障制度建设的思考［J］．中国职业技术教育，2016（5）：14-17.

［8］新华社．中共中央办公厅　国务院办公厅印发《关于推动现代职业教育高质量发展的意见》［EB/OL］．（2021-10-12）［2022-04-05］．http：//www. gov. cn/zhengce/2021-10/12/content_ 5642120. htm.

［9］光明网．我国建成世界规模最大职业教育体系［EB/OL］．（2021-04-12）［2022-04-05］．https：//m. gmw. cn/baijia/2021-04/12/1302225979. html.

［10］中国教育报．教育部等九部门印发《职业教育提质培优行动计划（2020—2023年）》——职业教育进入提质培优新阶段［EB/OL］．（2020-09-30）［2022-03-21］．http：//www. moe. gov. cn/jyb_ xwfb/xw_ zt/moe_ 357/2021/2021_ zt04/zcfb/pyxd/baodao3/202009/t20200930_ 492576. html.

［11］教育部职业教育与成人教育司．"高等职业教育质量稳步提升，一批

高水平学校快速成长"有关情况［EB/OL］.（2016－06－28）　［2022－07－09］.http：//www.moe.gov.cn/jyb_ xwfb/xw_ fbh/moe_ 2069/xwfbh_ 2016n/xwfb_ 160628/160628_ sfcl/201606/t20160628_ 269903.html.

　　［12］教育部.关于推进中等和高等职业教育协调发展的指导意见（教职成〔2011〕9号）［Z］.2011－08－30.

　　［13］教育部.中等职业教育改革创新　行动计划（2010-2012年）（教职成〔2010〕13号）［Z］.2010－11－27.

　　［14］教育部发展规划司.2021年全国教育事业统计主要结果［EB/OL］.（2022－02－28）［2022－03－01］.https：//www.sohu.com/a/526265194_ 257321.

　　［15］搜狐网.2022年突破"五大重点"！教育部发布会聚焦职业教育工作［EB/OL］.（2022－02－23）［2022－04－05］.https：//www.sohu.com/a/524914403_ 121106822.

　　［16］李志刚.高职教育规模与经济发展水平的相关性研究［J］.职教论坛，2013（7）：30－33.

　　［17］崔宇馨，石伟平.新发展格局下加强中等职业教育基础地位面临的问题与对策建议［J］.教育与职业，2021（12）：19－26.

　　［18］杨金土.我国本科教育层次的职业教育类型问题［J］.教育发展研究，2003（1）：5　9.

　　［19］徐国庆，等.职业本科教育的内涵、国际状况与发展策略［J］.机械职业教育，2020（3）：1－6，24.

　　［20］陈小虎."应用型本科教育"：内涵解析及其人才培养体系建构［J］.江苏高教，2008（1）：86－88.

　　［21］匡瑛，李琪.此本科非彼本科：职业本科本质论及其发展策略［J］.教育发展研究，2021，41（3）：45－51.

　　［22］梁艳清，等.关于发展本科层次高等职业教育的几点思考［J］.教育与职业，2010（6）：5－7.

　　［23］宗诚，聂伟.试论我国本科层次职业教育发展的理路［J］.高等工程教育研究，2020（4）：137－141.

　　［24］丁晨，闫玮.本科职业教育建设的时代诉求、现实困境与适切路径［J］.教育与职业，2020（9）：13－19.

　　［25］张宝臣，祝成林.高职本科发展的关键是专业人才培养目标及课程设置［J］.职业技术教育，2014，35（6）：50－53.

　　［26］叶青，石开玉.安徽职业教育发展的历史、现状和前景［J］.产业科技论坛，2017（15）：114－115.

　　［27］李和平.美好安徽"十三五"成就巡礼安徽省"十三五"教育事业改

革发展成就 [EB/OL]. (2020-11-26) [2022-07-09]. http: //jyt. ah. gov. cn/xwzx/jyyw/40382645. html.

[28] 张晓路, 吴静波, 倪永强. 安徽职业教育发展现状分析与对策思考 [J]. 职业时空, 2009, 5 (07): 36-38.

[29] 陈贤忠, 程艺. 安徽教育史 [M]. 合肥: 安徽教育出版社, 2006.

[30] 鲁学生, 朱光应. 安徽省高等职业教育发展研究 [J]. 长春工业大学学报 (高教研究版), 2013 (1): 70-71.

[31] 周心懿, 余丙炎. 基于区域经济社会发展需要的技术技能型人才培养结构研究——以安徽省为例 [J]. 安阳师范学院学报, 2019 (3): 46-48.

[32] 安徽省人民政府. 安徽省 2020 年国民经济和社会发展统计公报 [EB/OL]. (2021-03-16) [2021-09-05]. https: //www. ah. gov. cn/zfsj/tjgb/2020n/553965781. html.

[33] 安徽省教育厅. 安徽省 2014 年中等职业与成人教育工作要点 [EB/OL]. (2014-04-24) [2021-09-06]. http: //jyt. ah. gov. cn/public/7071/39917443. html.

[34] 安徽省教育厅. 2019 年安徽省中等职业教育专业情况分析报告 [EB/OL]. (2020-06-03) [2021-10-09]. http: //jyt. ah. gov. cn/tsdw/zyycrjyc/tzgg/39980704. html.

[35] 安徽省职业与成人教育学会调研组. 关于合肥市职业教育情况的调研报告 [EB/OL]. (2017-01-08) [2022-07-09]. https: //www. docin. com/p-1829596197. html.

[36] 亳州职教. 2022 年安徽省中等职业教育专业情况分析报告 [EB/OL]. (2022-07-05) [2022-07-18]. https: //mp. weixin. qq. com/s/4T9fTEXLCQ7wHh9ShKyAbg.

[37] 沈光化. 合肥年鉴. 2003 [M]. 合肥: 黄山书社, 2004.

[38] 葛政. 合肥年鉴. 2005 [M]. 合肥: 黄山书社, 2005.

[39] 邢长航. 合肥年鉴. 2007 [M]. 合肥: 黄山书社, 2007.

[40] 胡玉兰. 合肥年鉴. 2013 [M]. 合肥: 黄山书社, 2013.

[41] 黄群英. 合肥年鉴. 2016 [M]. 合肥: 时代出版传媒股份有限公司、黄山书社, 2016.

[42] 王德梄. 合肥年鉴. 2018 [M]. 时代出版传媒股份有限公司、黄山书社, 2018.

[43] 许朝山. 地方产业转型升级背景下高职院校职业设置及优化机制研究. 中国科技大学公共学院博士学位论文, 2020.

[44] 徐馨荷. 合肥市产业结构现状、问题及对策研究 [J]. 时代金融,

2016（14）：77－78.

［45］顾晨嬰.服务地方视角下合肥市职业教育发展战略研究［J］.中国教育学刊，2015（S2）：33－34.

［46］大江晚报.安徽"十三五"服务业发展规划出台加快合肥等市产业结构调整［EB/OL］.（2017－02－09）［2022－05－12］.http：//365jia.cn/news/2017－02－09/A325CD4BE9A3C38D.html.

［47］李德才，等.合肥市产业结构调整与职业技能型人才需求研究报告［R］.2018－12－4.

［48］李德才，王能引.合肥市新兴产业发展与人才培养探析［J］.合肥学院学报，2018（4）：41－45.

［49］戈弋，李庆丰.合肥市职业教育发展的成就、问题与对策［J］.安徽职业技术学院学报，2021（6）：55－58.

［50］中共合肥市委、合肥市人民政府.关于加快发展现代职业教育的实施意见（合发〔2015〕8号）［Z］.2015－03－27.

［51］合肥市人民政府.《关于进一步吸引优秀人才支持重点产业发展的若干政策（试行）》［EB/OL］.（2020－09－30）［2021－11－23］.http：//www.hefei.gov.cn/ssxw/xwfbh/xwfbhsl/105465319.html.

［52］贺星岳，等."双高计划"建设背景下高职院校教师专业发展的逻辑及推进策略［J］.现代教育管理，2019（9）：96－101.

［53］李晓东.基于岗位能力视角的高职"双师型"教师认定标准及培养路径研究［J］.现代教育管理，2019（8）：76－81.

［54］林宇.准确把握和落实高等职业教育创新发展行动计划［J］中国职业技术教育，2016（17）：10－14.

［55］王春燕.我国现代职业教育课程体系的整体构建［J］.中国职业技术教育，2017（32）：48－51.

［56］中华人民共和国人力资源和社会保障部.关于职业院校毕业生参加事业单位公开招聘有关问题的通知［EB/OL］.（2021－10－22）［2022－04－05］.http：//www.mohrss.gov.cn/xxgk2020/fdzdgknr/zcfg/gfxwj/rcrs/202111/t20211102_426608.html.

［57］王晓华.产业转型升级背景下高职教育专业设置透视——以在杭高职高专院校为例［J］.中国高教研究，2013（2）：107－110.

［58］王丽新，李玉龙.高职院校"岗课赛证"综合育人的内涵与路径探索［J］.中国职业技术教育，2021（26）：5－11.

［59］张奇，张雪莲.我国职业院校现代学徒制的实践方略探究［J］.教育理论与实践，2019（3）：15－17.

[60] 谢仁凤."中国制造2025"背景下职业院校现代学徒制人才培养模式构建 [J].职教论坛，2017 (18)：34－38.

[61] 罗士喜，等.高等职业院校试行现代学徒制的现状与对策 [J].现代教育管理，2017 (5)：93－97.

[62] 龚方红，等.职业院校现代学徒制的理论架构及运行机制 [J].教育与职业，2016 (17)：15－18.

[63] 周琳，梁宁森.现代学徒制建构的实践症结及对策探析 [J].中国高教研究，2016 (1)：103－106.

[64] 徐国庆.我国职业教育现代学徒制构建中的关键问题 [J].华东师范大学学报 (教育科学版)，2017 (1)：30－38，117.

[65] 赵文蕾，滕跃民.高职院校人才培养模式：多维度创新教育 [J].黑龙江高教研究，2011 (9)：73－75.

[66] 王鑫明.论"人工智能+"现代学徒制创新型人才培养体系的构建 [J].教育与职业，2020 (8)：56－62.

[67] 许珍.高职院校创新人才培养探究 [J].天府新论，2012 (3)：157－159.

[68] 林俊."十四五"时期我国高等职业教育深化改革的导向、任务与路径 [J].教育与职业，2022 (4)：5－12.

[69] 蔡文伯，田璐.高等职业教育高质量发展：路径黏性、迟滞效应与引导策略 [J].职业技术教育，2022 (4)：11－17.

后　记

　　研究合肥市职业教育发展问题基于两个方面的原因：一是由于个人工作需要；二是由于学校发展需要。2018 年 10 月，学校要求笔者担任中德应用型高等教育研究与交流中心主任，从此，研究应用型人才和技能型人才的培养问题，便成了笔者的分内之事。2020 年，学校为了申报教育硕士学位点，又要求笔者在职业教育方面重点准备相关材料。在此背景下，中心申报了合肥市职业教育研究课题"合肥市产业结构调整与职业技能型人才需求研究"（Zj201605），得到立项并取得研究成果。之后，在这方面的研究没有间断。本书的出版面世，也是得益于工作的驱动。

　　职业教育研究是个系统性的课题，涉及的问题非常广泛，因此在写作时笔者广泛学习了有关政策文件和法律规定，大量借鉴了有关专家、学者的理论成果。限于篇幅，有的在参考文献中做了明确标注，有的没有列出具体参考书目，在此表达感谢和抱歉之情。

　　本书的框架由笔者拟定。在成书过程中，安徽文达信息工程学院给予了大力支持，安徽绿海商务职业学院陈孝云董事长提出了很好的指导性建议。全书由笔者和王曲云副教授共同完成，书的初稿写作由笔者担任，王曲云对书稿进行了部分修改。安徽大学高等教育研究所 2020 级硕士研究生曹梦婷承担了资料收集、整理及数据校正任务。

　　本书的顺利出版离不开合肥大学科研处、安徽文达信息工程学院的大力支持和合肥工业大学出版社的鼎力帮助，在此深表谢意！

　　由于我们研究视野和学术水平有限，本书难免存在疏漏和不当之处，敬请同行专家和广大读者不吝赐教。

李德才

2024 年 1 月于合肥大学南艳湖校区

图书在版编目(CIP)数据

合肥市职业教育研究与实践/李德才,王曲云著.—合肥:合肥工业大学出版社,2024.6

ISBN 978－7－5650－5239－2

Ⅰ.①合…　Ⅱ.①李…　②王…　Ⅲ.①职业教育—教育研究—合肥
Ⅳ.①G719.2

中国版本图书馆 CIP 数据核字(2021)第 002305 号

合肥市职业教育研究与实践

李德才　王曲云　著		责任编辑　郭娟娟
出　版	合肥工业大学出版社	版　次	2024 年 6 月第 1 版
地　址	合肥市屯溪路 193 号	印　次	2024 年 6 月第 1 次印刷
邮　编	230009	开　本	710 毫米×1010 毫米　1/16
电　话	人文社科出版中心:0551－62903200	印　张	11.25
	营销与储运管理中心:0551－62903198	字　数	221 千字
网　址	press.hfut.edu.cn	印　刷	安徽联众印刷有限公司
E-mail	hfutpress@163.com	发　行	全国新华书店

ISBN 978－7－5650－5239－2　　　　　　　定价:49.00 元
如果有影响阅读的印装质量问题,请与出版社营销与储运管理中心联系调换。